JN442765

# 아름다운 우리 술

한국전통음식연구소 윤숙자 소장과 무형문화재 권희자 선생의 전통주 제조비법

2007년 01월 08일 초판 발행
2008년 09월 17일 2판 발행
2011년 10월 29일 3판 발행
2014년 06월 10일 3판 2쇄 발행

**지 은 이** · 윤숙자, 권희자
**펴 낸 이** · 최정환
**펴 낸 곳** · (주)질시루, (사)한국전통음식연구소
**출판등록** · 1999년 2월 22일 제300-2002-38호
**주 소** · 서울시 종로구 와룡동 164-2 인산빌딩
**전 화** · 02)741-5411~4
**팩 스** · 02)741-7848
**홈페이지** · www.kfr.or.kr
**디 자 인** · 인디콤(02-3141-9706)
**사 진** · 백경호, 정마수
**기획진행** · 고승혜, 임효진, 임채홍

**값 26,000원**
ISBN 978-89-92881-16-6

※ 잘못 만들어진 책은 바꿔 드립니다.
이 책은 저작권법에 의해 보호를 받는 저작물이므로 무단 전재나 복제를 금합니다.

# 아름다운 우리술

## 술을 빚는 사람의 손은 아름답습니다.
## 오늘도 우리의 술은 술 빚는 이의 정성으로 맛있게 익어갑니다.

'술은 신이 내린 가장 큰 선물' 이라는 말이 있습니다. 옛 어른들은 술을 신과 인간, 인간과 인간을 하나로 잇는 매개체로 여겼으며, 인간의 삶 속에서 희로애락을 함께 나누는 절친한 벗으로 노래하였습니다. 술은 인류가 만든 가공음료 중에서 가장 역사가 오래된 것으로 사람이 사는 곳에는 언제, 어느 곳에서나 술이 있었습니다. 우리 민족은 고대로부터 술을 빚고 즐겼으며 또한 술을 다스릴 줄 아는 지혜와 슬기가 있었습니다. 오랜 역사와 독창적인 문화를 바탕으로 우리만의 독특한 술과 문화를 창조하였으며, 집집마다 다양한 비법의 가양주를 빚어오며 아름답고 훌륭한 전통주 문화를 꽃피워 왔습니다.
우리 조상들은 술을 마신다고 하지 않고 먹는다고 표현하며 술을 단순한 기호음료가 아니라 음식이라고 생각해 왔습니다. 그래서 술 자체뿐만 아니라 따르는 그릇까지 중요하게 여길 만큼 술을 고귀한 음식으로 여겨왔으며, 술은 음식이기 때문에 오미(五味)가 잘 조화된 술이 좋은 술이라고 하였습니다. 또한 음식에 대한 우리 민족의 전통적인 약식동원(藥食同源) 사상은 술에도 녹아들어 과하지도 모자라지도 않게 먹는 술은 그대로 약이 되어 우리 몸을 이롭게 한다고 하였습니다. 지역마다 집집마다 독특한 재료를 써서 누룩을 만들고 산과 들에서 구해 오는 꽃이나 열매, 그리고 약초들이 모두 술의 재료가 되었으며, 좁은 국토에서 빚어진 술이라고는 믿어지지 않을 정도로 다양한 술을 즐겨왔습니다.

그간 우리 술을 연구하고 가르치면서 저희는 술을 사랑하고 아름다운 문화를 이어온 우리 조상들의 멋과 운치, 넉넉함과 여유로움, 술을 빚는 정성과 정갈한 마음가짐, 삶과 음식에 대한 철학과 슬기를 배웠습니다. 그리고 또 한편으로는 그렇게 아름답고 찬란했던 우리의 술 문화와 전통이 단절되고 왜곡되어 그 맥이 끊겨가는 현실에 대한 안타까움 또한 느꼈습니다. 그런 아쉬움 속에 보다 많은 사람들이 아름다운 우리 술과 문화를 함께 접하고 즐길 수 있기를 바라는 마음에서 이 책을 처음 펴낸 것이 2007년 1월이었는데, 5년여가 지난 지금은 많은 변화와 더불어 희망적인 모습들이 보이고 있습니다. 무엇보다 건강에 대한 관심과 우리 술에 대한 사회 전반의 인식 전환은 우리 전통주 부활의 커다란 토양이 되고 있으며, 전통주를 문화상품으로 인식하고 지원에 나서고 있는 정부와 우리의 전통주를 상품화하여 세계적인 명주로 만들어 가겠다는 기업체들의 움직임은 분명 긍정적인 신호로 여겨집니다. 이러한 노력들이 결실을 맺어나간다면 우리 술이 세계의 명주들과 어깨를 나란히 할 수 있는 날도 머지않아 올 것이라 믿습니다.

# 머리글

이 책은 크게 3부로 나누어 아름다운 우리 술에 관한 이야기와 함께 실제로 술을 빚는 과정을 체계적으로 전달하고자 노력하였습니다. 그리고 이번 개정판에서는 초판 발행 이후 변화된 상황을 반영하여 전통주의 새로운 연구성과와 더불어 새로이 발굴하고 개발한 다양한 우리 술의 제조방법과 다양한 정보 등을 추가하고 보완하였습니다. 제 1부 아름다운 우리 술 이야기에서는 전통주의 이론적 뒷받침을 위해 전통주의 역사적 흐름과 문화론, 누룩이야기, 우리 조상들의 술 빚는 철학인 육재 이야기, 밑술과 덧술, 우리 술의 분류, 주조에 이용되는 미생물, 주류검사, 전통주 관능검사, 세시풍속과 절기주 등을 서술하였습니다. 제 2부 아름다운 우리 술 빚기는 현재 고서를 통해 전해오는 주방문과 여기저기 흩어져 있던 우리 술의 주방문을 모으고, 손에서 손으로 전해지며 명맥을 이어오고 있는 전통주의 제조비법과 함께 현대 양조기법을 접목하여 개발한 우리 술의 제조방법을 선별하여 실었습니다. 또한 막걸리에 대한 높은 관심을 반영하여 다양한 막걸리와 전통주 칵테일 등을 소개하고 있습니다. 이번 개정판에서 추가한 제 3부 아름다운 우리 술 음식 만들기에서는 막걸리와 청주, 소주 등 우리 술에 어울리는 음식 만드는 법을 소개하였습니다. 또한 부록에서는 전통주 부재료인 한약재의 효능과 개정된 주세법 등을 수록하여 독자 여러분께 다양하고 알찬 정보를 드리고자 노력하였습니다.

아무쪼록 이 책을 통해 독자여러분이 우리 고유의 전통술들을 직접 재현해 봄으로써 우리 술의 아름다움과 우수성을 몸으로 배우고 익히며 더 나아가 현대의 양조기법을 접목하여 우리 술 문화가 한 단계 발전될 수 있는 계기가 되었으면 합니다. 또한 우리의 전통주가 우리 조상들의 철학처럼 생활 속에 함께 하며 '넘치지도 모자라지도 않는' 친근한 벗으로 사랑받기를 바라는 마음입니다.

끝으로 이 책이 나올 수 있도록 깊은 관심과 격려를 아끼지 않으신 (주)질시루의 최정환회장님과 따뜻한 애정으로 이 책의 방향을 제시해 주셨던 이명숙원장님께도 깊은 감사를 드립니다. 또한 수많은 실험조리의 과정을 함께 해 주신 한국전통음식연구소의 연구원 선생님들, 편집을 맡아주신 인디콤의 식구들을 비롯한 여러 지인들에게도 고마움을 전합니다.

2011년 10월 29일

**윤숙자, 권희자**

# 저자소개

## (사)한국전통음식연구소장 / 이학박사 윤 숙 자

(사)한국전통음식연구소장
(사)대한민국전통음식총연합회 회장
떡 박물관 관장
대한민국 명장(조리부문) 심사위원
한국 전통식품 명인 심사위원(농 · 식품부)

### 약 력

숙명여자대학교 대학원 식품영양학과 석사
단국대학교 대학원 식품영양학과 박사
배화여자대학 전통조리학과 교수 역임
전국대학조리학과 교수협의회 회장 역임
2007 뉴욕 UN본부 한국음식 페스티벌 주최
2007 남북정상회담 만찬 자문위원(북한방문)
2007~2012 국경일 한식축제 만찬 운영(일본, 중국, 태국, 베트남, 프랑스, 영국, 아르헨티나, 헝가리, 사우디아라비아, 이란, 이스라엘)
2007 한국농식품수출 기여공로 대통령 훈장 『철탑산업훈장』 수상
2008 한국 농 · 식품 홍보대사
2006~2008 한국음식조리법 표준화 연구개발사업
2007~2010 국외 한식당의 문화적 고품격화 사업(중국, 일본, 홍콩, 베트남, 미국 LA · 뉴욕)
2009~2011 영국런던템즈페스티발 축제운영
2010~2011 한식 StarChef 양성교육
2011 해외 7개도시 한식요리강사 업그레이드 교육
2010~2014 해외 한식당 종사자 교육(미국 LA, 뉴욕, 영국, 동경, 파리, 연변, 인도네시아, 뉴질랜드)
2014 서울특별시 문화상(문화산업분야) 수상
2014 한국국제요리경연대회 국무총리상 수상
2014 대한민국한류대상 전통문화(한식부문) 대상 수상

## 서울시 삼해주 무형문화재 기능보유자 권 희 자

이화여자대학교 졸업
1997 제1회 서울시 무형문화재 전시회(디자인 센타) / 1998 남산 한옥마을 전승공예 전시회
1988 인사아트센타 무형문화재 전시회 / 2000 동아일보 일민미술관 무형문화재 전시회
2001 프랑스 마르세이유 무형문화재 전시회 / 2002 프랑스 파리 무형문화재 전시회
2003 역사박물관 무형문화재 전시회 / 2004 일본 오사카 무형문화재 전시회
2005 독일 베를린 무형문화재 전시회 / 2006 미국 워싱턴 무형문화재 전시회
2011 술 품질인증 평가위원
現 (사)한국전통음식연구소 전통주 전임강사

# 차 례



## 제1부
## 아름다운 우리 술 이야기

## 제2부
## 아름다운 우리 술 빚기

### 1. 단양주(單釀酒)

## 2. 이양주(二釀酒)



## 3. 삼양주(三釀酒)

## 4. 사양주(四釀酒)



## 5. 혼양주(混釀酒)



## 6. 침출주(浸出酒)



## 7. 개량누룩을 이용한 술 빚기



## 8. 전통주의 대변신 칵테일

제3부

# 아름다운 우리 술 음식 만들기

## 1. 막걸리와 어울리는 음식



## 2. 청주와 어울리는 음식



## 3. 소주와 어울리는 음식



## 〈부록〉

# 아름다운 우리 술 이야기

## 제1부
## 아름다운 우리 술 이야기

# 1. 전통주 문화론(傳統酒 文化論)

술은 인류가 만든 가공 음료 중에서 가장 역사가 오래된 것으로, 오랜 옛날부터 자연 발생적으로 생긴 술을 인간이 우연히 마시게 되면서 술의 역사가 시작된 것으로 보인다. 즉, 과일이나 곡류와 같은 당질 원료에 야생 미생물이 자연적으로 생육하여 술이 생성되었고, 이러한 발효 산물을 우연한 기회에 사람들이 마셔본 결과 기호에 맞는다는 것을 알게 되었으며, 점차적으로 이런 발효현상을 터득하고 그 지역의 기후와 풍토에 맞는 술을 빚어서 마시게 되었다.

술에 관한 재미있는 일화 중에 '야생 원숭이술' 이야기가 있다. '시미즈세이찌' 란 일본사람이 젊어서 입산수도를 하였다. 오랜 기간 야생생활을 하는 중에 원숭이들과 사귀게 되었는데 그들도 술을 담가 먹는다는 놀라운 사실을 발견하게 되었고, 그 술은 다름 아니라 산중에서 흔히 발견할 수 있는 도토리와 머루를 이용하여 만든 도토리술과 머루주였다는 것이다. 특히 '시즈미세이찌' 가 놀랍게 생각했던 점은 도토리는 원숭이들이 씹어서 담그고, 머루는 그냥 자연 상태로 술이 되도록 기다렸다는 사실이라고 한다. 또한「위서물길국전(緯書勿吉國傳)」의 "곡물을 씹어서 술을 빚는데 능히 취할 수 있다"고 한 것과「지봉유설(之峯類說)」(1613년)의 처녀들이 씹어서 만드는 미인주(美人酒),「유구표류기(琉救漂流記)」(1477년)의 오끼나와의 일일주 등을 들 수 있다. 이들은 모두 침 속의 당화효소제인 프티알린(ptyalin)을 이용한 것으로 인류 최초의 술은 과실주와 함께 이러한 형태의 술이었을 것이다.

또한 북방계 민족의 유목민들은 양의 젖(羊乳)이나 말의 젖(馬乳)을 짜서 며칠을 그대로 두었다가 마셨는데, 젖 속의 유당이 알코올을 발효시켜 자연스럽게 유주(乳酒)가 생기게 되었으며 유목민들은 이것을 음료수처럼 마셨다고 한다.

## (1) 고문헌(古文獻)에 나타난 전통주

우리 술의 종류나 제법에 관한 기록은 주로 식생활서(食生活書)나 조리서에서 찾아볼 수 있다. 식생활에 관하여 기술한 고문헌은 고려시대의 불교 관계 서적 외에 조선시대 초기까지 남아있는 것이 거의 없다. 만드는 방법은 개인 또는 각 가정의 것이라고 보았고, 의서나 농서는 국왕이나 국가재정을 위해 국가에서 간행하였으며 우리나라의 조리서는 사대부가(士大夫家)에서 자기네 집의 전통요리비법을 적어 두거나 며느리를 통하여 계승시켰던 것이고, 또 몇몇 판매용 조리서가 나온 것이 전부이다.

우리나라에 남아있는 가장 오래된 음식에 관한 서적은 1500년대 김수(1481~1552)가 지은 「수운잡방(需雲雜方)」이 있으며, 허균이 지은 「도문대작(屠門大爵)」(1611년)은 광해군 시대 전국 8도의 식품재료와 각종 유명한 음식을 소개하고 있다. 이 책은 허균이 강화도로 귀양 가서 거친 음식을 먹게 되자 전에 맛있게 먹었던 음식을 생각하면서, 이를 도문(푸줏간) 앞에서 대작(크게 침을 흘림)하는 것과 같다하여 붙여진 이름으로 여기에 2종의 술이 나와 있다.

1670년경 비로소 한글로 된 전문조리서가 나오기 시작하는데 그것이 「음식디미방(閨壼是議方)」이다. 이 책은 당시 대부분 한문조리서가 중국의 여러 조리법을 그대로 인용한 것과 달리 저자인 안동 장씨가 스스로 해서 먹어왔던 조리법을 그대로 기록해 놓아 식품학적 가치가 뛰어나다. 총 132항목 중 술에 관한 것이 51종에 달하고 있는 것으로 보아 술 빚기가 그 시대 가정주부의 일 중에 매우 중요한 일이었음을 입증하고 있다. 이와 비슷한 시기의 한글 조리서로서 작자미상의 「주방문」이 있는데 이는 「음식디미방(閨壼是議方)」이 자손과 며느리들을 위해 펴낸 책이라면 「주방문」은 널리 보급을 위한 조리서로서 총 138항목의 음식 중 27종의 술이 소개되고 있다.

1700년대는 조리서가 많이 나와 「음식보(飮食譜)」에는 12종목의 전통주 제법이 서술되어 있고, 1715년 생활백과 사전에 해당되는 홍만선의 「산림경제(山林經濟)」 술(酒)편에는 61종의 전통주 제법이 비교적 자세히 기록되어 있다. 이 책은 1827년 방대한 백과사전인 서유구의 「임원십육지(林園十六誌)」의 모체(母体)가 되었는데 「임원십육지(林園十六誌)」는 그 시대의 생활백과를 완성시킨 거작으로 총 51책에 농업에 관한 일반사항, 목축, 수렵, 어조(漁釣), 의약, 향음주례, 관혼상제, 인문지리학 등에 관한 기술사항을 집대성한 책으로 181종의 술에 관한 기록이 기재되어 있다.

1815년 빙허각이씨(李氏)의 「규합총서(閨閤叢書)」에는 삼일주 등 26종의 술이 서술되었으며, 이 책은 「규합총서(閨閤叢書)」를 번역한 「부인필지(夫人必知)」(1915년)의 모체(母体)가 되었다. 1800년경 「규곤요람(閨壼要覽)」과 1837년 「양주방(釀酒方)」에 이어, 1860년대 「김승지댁주방문(金承旨宅酒方文)」, 1890년 「시의전서(是議全書)」등에 다양한 전통술이 서술되어 있다.

1900년대에는 1916년 「조선세시기(朝鮮歲時期)」, 1921년 방신영의 「조선요리제법(朝鮮料理諸法)」, 1924년 이용기의 「조선무쌍신식요리제법(朝鮮無雙新式料理製法)」, 1949년 「동국세시기(東國歲時記)」등 많은 책에 우리 술이 나오게 되어 전통주 발전이 면면히 기록되어 있다.

시대별로 고문헌에 나타난 전통주를 살펴보면 구체적인 양조법이 기술되어 있는 책 외에도 시집이나 산문, 역사서 등에도 술 이름이 언급되어 술로 인한 풍류가 대단했음을 알 수 있다.

## (2) 술의 어원

술의 어원은 밝혀진 것이 없으나 술이 빚어지는 과정으로 미루어 그 본디 말(語原)은 '수블' 또는 '수불'로 보는 견해가 많다. 즉, 술은 찹쌀을 쪄서 식힌 뒤 누룩과 주모(酒母)를 버무려 섞고 일정량의 물(用水)을 부어 발효시키는데, 혐기상태에서 열을 가하지 않더라도 어느 정도의 시간이 지나면 부글부글 끓어오르면서 거품이 괴어오르는 화학적인 변화현상은 옛 사람들에게 참으로 신비롭고 경이로운 경험이었을 것이다. 이 신비롭고 경이로운 현상을 보고 그들은 '물에서 난데없이 불이 붙는다.'는 생각에서 '수불'이라 하였을 것이다.

이에 관한 기록으로 고려말엽 기록인 「계림유사(鷄林有史)」에 '수(suə-puət)'자로 기록되어 있고, 「조선관역어(朝鮮官譯語)」에는 '수본(數本)(su~pun)'으로 적고 있으며 조선시대 문헌에는 '수울' 혹은 '수을'로 기록되어 있어 결국 '수불'이 수블→수울→수을→술로 변하게 되었음을 유추할 수 있다. '주(酒)' 자의 기원 역시 술의 양조과정에서 만들어진 것으로 추측된다. 즉 '주(酒)' 자의 '유(酉)'는 그 훈(訓)이 닭 유, 익을 유, 서 유로서 '유(酉)' 자는 원래 밑이 뾰족한 독 모양의 상형문자에서 변천된 것으로, 술의 침전물을 모으기 위해 밑이 뾰족한 독에서 발효시켰을 것이라는 추측에서 유래된 익을 유(酉)와 양조 용수의 물 수(水)가 합쳐져서 술을 뜻하는 술 '주(酒)'가 되었다고 한다. 그 연유는 초창기의 술이 곡류를 이용한 탁주였으므로, 술 항아리 안에서 익은 걸쭉한 곡주(穀酒)를 막걸리처럼 물을 첨가하여 걸러냈을 것이라는 추측이 가능하기 때문이다.

## (3) 고전(古典) 속의 우리 술 이야기

### 동명성왕 탄생 비화

'하룻밤에 만리장성을 쌓는다'라는 이야기가 있다. 이처럼 하룻밤의 이야기로 탄생한 동명성왕의 이야기에 술이 등장한다. 「제왕운기(帝王韻紀)」(1287년)에 동명성왕의 탄생신화가 술에 얽혀 있음을 찾을 수 있다. 태양신인 하백(河伯)에게는 유화, 선화, 위화라는 세 명의 딸이 있었다. 세 딸들은 더위를 피해 지금의 압록강인 청하의 웅심연에서 놀고 있었는데 마침 이 모습을 보고 있던 천제(天帝)의 아들인 해모수가 세 처녀의 아름다운 모습에 반해 새로 궁실을 지어 세 처녀를 초대하였다. 이 때 초대에 응한 세 처녀가 술대접을 받은 후 만취하여 돌아가려 하자, 해모수가 세 처녀와 함께 할 것을 간청하였으나 선화와 위화는 도망을 치고, 맏언니 유화만이 인연을 맺게 되어 탄생한 아이가 바로 고구려를 건국한 동명성왕, 즉 '주몽'이라는 이야기가 전해져 온다. 이 때 세 처녀가 마신 술이 곡주였으리라 추측된다.

### 마음의 애환을 달래주는 술, 막걸리의 유래

막걸리의 유래는 정확히 알려진 바는 없으나 내려오는 이야기가 많다. 한 가지는 단군신화와 얽힌 이야기로 환웅이 웅녀(熊女)와 혼인해 아이를 낳으니 그가 바로 단군왕검(壇君王儉)이다. 왕검이 평양성에 도읍을 정하고 비로소 조선을 세웠다. 단군이 백성들에게 농사짓는 법을 가르치고 가을에 곡식을 수확해 신께 제를 올렸는데 이 때 햇곡식으로 떡, 술 그리고 소를 잡아서 제단에 올렸다. 농업은 하늘 아래 사는 사람들이 살아가는 근본이라 하여 신이 가르쳐 주신 농사법에 의해 생산한 곡식을 제로 올린다는 뜻으로 '신농제(神農祭)'라 했고, 햇곡식으로 빚은 술을 '신농주(神農酒)'라 하였다. 이 술은 막걸리 같은 탁주로 추정되며 농촌에서 막걸리를 마시는 것은 신농주에서 유래된 것으로 보인다.

또한, 모주(母酒)는 광해군 때 부원군 김제남의 처가 만든 술이라는 설이 있다. 조선왕조 제15대 왕인 광해군은 왕위에 오르는 과정에서 갈등을 빚었고, 당시 연흥 부원군 김제남이 역신으로 몰리게 되어 사형을 당하고 그의 부인인 노씨는 제주로 귀양을 가게 되었다. 노씨 부인은 귀양살이 하는 동안 이웃집 술장수에게 청주를 거르고 남은 찌꺼기를 얻어다가 물을 붓고 다시 걸러 허연 쌀뜨물 같은 것을 팔았는데, 그 맛이 매우 좋아 이 술을 찾는 이가 많았다고 한다. 인조반정 이후 노씨 부인은 서울로 다시 돌아왔고 제주도민들은 노씨부인을 모친같이 사모하는 마음으로 이 탁주를 모주라 불렀다고 한다.

### 임금님도 반한 막걸리

조선 10대 왕인 연산군은 폭군으로도 유명하지만 한 시대를 풍미한 주당(酒黨)으로도 유명했다고 한다. 연산군은 자기 신세를 한탄하며 술로 나날을 보냈는데, 1504년 연산군일기를 보면 "막걸리 한잔으로 천 가지 근심을 잊어버린다."고 쓰여 있고, 1506년 일기에도 막걸리에 취해 다가오는 광란을 예감하는 기록이 있다. 강화도령으로 유명한 철종은 궁에서 먹는 산해진미에 만족을 느끼지 못하고 옛 고향과 음식을 그리워했다고 한다. 강화도의 갈대숲에서 어린 시절을 보냈던 철종은 고향의 향수를 못 잊어 왕비에게 "왜 궁중에는 막걸리가 없느냐"고 물어 철종비가 친정집 노비에게 직접 막걸리를 구해 왕에게 바쳤다는 이야기가 있다. 이처럼 막걸리는 농주로 서민의 설움을 달래기도 했지만, 모든 권력을 가진 왕도 차마 그 맛을 잊지 못하게 하는 정말 특별한 술임에 틀림이 없다.

# 2. 전통주(傳統酒)의 역사적 흐름

술에 대한 기원은 6세기경 중국의 「제민요술(濟民要術)」에 양조법이 기록되어 있다. 이 책에서는 발효가 끝나면 단번에 여과해 버리는 청주에 대해 설명하고 있는데, "누룩과 물, 곡물의 셋을 같은 비율로 섞어 술을 빚는다."고 하였다. 이것이 일정한 규정에 따라 빚은 좋은 청주, 이른 바 '법주(法酒)'이고, 식물 약재를 쓰는 특이한 청주와 산국(山菊)을 쓰는 청주들에 대한 설명도 있다. 이러한 「제민요술(濟民要術)」의 양조법이 우리나라에도 들어와 삼국 및 통일신라시대에 이러한 술들이 있었으며, 이것이 일본에도 전해졌다.

## (1) 상고시대(전통주 형성기)

우리나라 최초의 술에 대한 기록은 「제왕운기(帝王韻記)」(1287년) 동명성왕(東明聖王)의 건국담에 술에 얽힌 이야기가 「고삼국사(古三國史)」에 인용되어 있다. 우리나라는 상고시대부터 농업이 가장 중요한 산업이었으므로, 고구려 건국담에 나오는 술은 곡주(穀酒)였을 것이다. 따라서 전래 전통주는 삼국 형성 이전 상고시대부터 시작되어, 가을 추수가 끝나면 술과 떡을 빚어 천신제를 올리는 풍속이 이어져 왔다.

## (2) 삼국시대 및 통일신라(전통주 발아기)

삼한시대 및 고구려에서는 제천, 영고, 동맹 등의 제천 행사에서 "주야음주가무(晝夜飮酒歌舞) 하였다."는 기록과, 고구려 여인에 대한 전설과 관련된 곡아주(穀蛾酒)가 중국 문헌「태평어람(太平御覽)」(983년)에 기록되어 있다.「해동역사(海東繹史)」(1765년),「지봉유설(芝峯類說)」(1613년)에는 신라주(新羅酒)의 기록이 있으며,「삼국사기(三國史記)」(1145년),「삼국유사(三國遺事)」(1512년),「고려도경(高麗圖經)」(1123년),「제민요술(齊民要術)」(530~550년) 등에 우리나라 술에 대한 기록이 있다. 삼국시대의 술은 꽤 다채로웠을 것으로 짐작되며, 이미 이때부터 청주와 탁주의 구별이 시작되었음을 알 수 있다. 삼국사기(三國史記)」(1145년),「삼국유사(三國遺事)」(1512년)에 미온(美醞), 지주(旨酒), 요례(醪醴) 등의 말이 나온다. 미온, 지주는 좋은 술이요, 요례는 막걸리나 예주를 가리키는 것으로 짐작할 수 있다.

이렇듯이 삼국시대는 '전통주의 발아기(發芽期)'로 술을 빚는 데 누룩을 처음 사용하였다. 탁주를 막걸리라고 하는데, '막'은 '조잡(粗雜)'의 뜻을 나타내고 '걸리'는 '거른다'의 의미로 지어졌다.「삼국지(三國志), 고구려전(高句麗全)」(290년경)에 고구려의 건국 초기인 28년에 '지주(旨酒)'를 빚어 한(漢)나라의 요동태수를 물리치는 등 양조기술이 뛰어났다고 했다. 또한 중국인들 사이에서는 "고구려는 자희선장양(自喜善藏釀)하는 나라"로 주목을 받은 바 있었다고 한다. 곡주 양조기술을 일본에 전하였다는 사실로, 일본의 문헌인「고사기(古事記)」(712년)에 의하면, 응신황 때 백제사람 인번(仁番, 수수보리)이 일본에(270~312년) 새로운 술 빚는 방법을 전하여 주신(酒神)으로 모셔졌다고 한다. 이러한 기록으로 미루어 이미 삼국시대에는 곡물을 원료로 한 곡주가 정착되었음을 알 수 있다. 이에 따른 기록으로는 중국 문헌인「주서(周書)」(627~649년)에서 백제 후기의 양조기술이 중국과 대등할 정도로 안정된 틀을 이루고 있음을 찾아 볼 수 있으며, 이때 누룩을 이용한 양조기술인 주국(酒麴)은 물론, 맥아(엿기름)를 이용한 감주발효법(甘酒醱酵法)이 정착되었다.

통일신라시대로 이어지면서부터 다양한 곡주들이 개발되기 시작하여 상류사회에서는 이미 청주류의 음용이 성행하였고, 혼인의 납폐(納幣)음식에도 술(酒)과 단술(醯)이 포함되고 있음을 알 수 있다.

## (3) 고려시대(전통주 성장기)

고려시대에는 여러 종류의 양조기법이 성장기(成長期)를 맞이하게 되었다. 중국의 사신인 서금이 지은「고려도경(高麗圖經)」에 보면 우리나라 술은 청탁이 분명한 청주와 탁주였음을 시사하고 있다. 고려시대는 술의 다양화 및 질적 변화를 가져온 시기로, 과실류의 혼양조법(混釀造法), 약재를 이용한 채용혼양주법(菜用混釀酒法), 곡주를 이용한 재제주류(再製酒類)에 속하는 자주류(煮酒類) 양조기술(釀造技術)의 정착단계이자 '곡주의 개발기'라고 할 수 있다. 그 예로 「고려도경(高麗圖經)」(1123년)에서는 "주류문화와 예주문화의 보편화로 감주(甘酒), 점감주(粘甘酒)가 공식 연회석상을 지배하였으며, 전통 탁주인 이화주(梨花酒)와 궁중의 식온좌고(食醞左庫)에서는 청법주(淸法酒)가 빚어졌으며, 서민 사회에서도 막걸리가 보편화 되었다." 는 기록 외에, "고려에는 찹쌀이 없기에 멥쌀로 술을 빚는다.", "고려의 술은 맛이 박하고 빛깔이 짙은 술을 마신다.", "잔치 때 마시는 술은 맛이 달고 빛깔이 짙으며, 사람이 마셔도 별로 취하지 않는다." 등으로 고려의 술을 평하고 있다. 「동국이상국집(東國李相國集)」(1168~1241년)의 저자 이규보의 시(詩)에 "발효된 술밑을 압착하여 맑은 청주를 얻는데 겨우 4~5병을 얻을 뿐이다."고 하였으니, 「제민요술(齊民要術)」(530~550년)에 기록된 것처럼 압착한 청주가 있었음을 알 수 있다. 「고려사(高麗史)」(1053년)에는 "궁중에서는 양온서(良醞署)라는 부서를 두어 왕이 마시는 청주와 법주를 빚어 질항아리에 넣어 명주로 봉해서 저장하였다" 고 하였다.

소주에 대한 것이 고려시대의 한 기록에 나오는데 이것은 이미 그 당시에 외국의 술이 도입되었음을 뜻한다. 이 소주를 두고서 원나라에서는 '아라길주', 만주어로는 '알키', 우리나라 개성에서는 '아락주'라 함을 볼 때 그 전파 경로가 짐작된다. 우리나라의 증류주는 칭기즈칸의 손자 홀필렬이 일본을 원정할 때에 한반도에 진출하여 개성을 거쳐 그들의 병참기지로 삼았던 안동에서 다시 전진 기지인 제주도로 함께 건너갔다. 그래서 소주라면 개성, 안동, 제주의 것을 치게 되었다. 실은 소주는 칭기즈칸이 '대서정(代西征)'을 했을 때 아라비아에서 가지고 온 선물이라고 한다. 알코올이라는 말은 아라비아어에 어원을 두고 있다. 소주를 고은 뒤 남은 찌꺼기를 '아락' 또는 '아래기' 라고 한다. 소주는 그렇게 고려 때에 전래되어 조선조에 들어서 더욱 애용된 것으로 보인다.

고려 전기(前期)에 유입된 외래주로는 북방계 민족의 유주(乳酒), 계향어주(桂香御酒), 중국의 유명 청주 및 약용 증류주 등이 있고 남만사회로부터 과실주 문화가 들어 왔다. 고려시대의 주국(酒麴)은 소맥국(小麥麴)과 미국(米麴)으로 빚었다. 고려 후기에는 몽고와 접촉을 통해 마유주(馬乳酒)가 들어오고, 원나라를 통한 서역사회로부터 포도주 문화가, 중국으로부터는 특급 곡주류(上尊酒, 白酒)가 유입되면서 증류주 문화가 들어와 소주가 보급되었으며, 전래 곡주에 증류법을 접목시켜 노주문화(露酒文化)를 정립시켰다.

## (4) 조선시대(전통주의 전성기)

조선시대 술은 대부분이 고려시대에 이어져 내려온 것들로, 이 시대에 이르러 양조기술상의 고급화 추세를 나타냈으며, 전통주의 전성기(全盛期)를 맞이하였다. 양조 원료에서는 찹쌀의 재배가 많이 보급되어 멥쌀 위주에서 찹쌀로의 전환이 뚜렷했으며, 양조기법이 발달하여 단양주 위주에서 중양법(重釀法)을 이용한 증류주가 급속도로 신장되었고 점차 고급화 되었다. 특히 백로주와 삼해주, 이화주, 청감주, 부의주, 향온주, 하향주, 춘주, 국화주, 백자주, 호도주 등이 자주 빚어진 기록이 있다. 조선시대 명주(名酒)로는 삼양주류에 속하는 춘주(春酒)로 지칭되었던 서울의 약산춘, 전라도 여산의 호산춘, 충주의 노산춘, 평양의 벽향주, 김제와 충주의 청명주, 제주도의 초정주, 한산 소곡주, 두견주, 도화주, 송순주 등을 들 수 있다.
이와 같이 조선시대에 이르러서는 그 전성기를 이룩하게 되어 집집마다 독특한 비법의 가양주들이 빚어져 500여 년간 가양주문화(家醸酒文化)가 활짝 꽃피우게 된다. 예로부터 우리 조상들은 집안에서 제사를 모시고 집안의 경조사에 쓰일 음식을 장만하였으며 술을 빚어 쓰는 풍속이 있었다. 그래서 지역마다 또는 집집마다 독특한 재료를 써서 누룩을 만들고 꽃이나 열매, 그리고 산야에서 구해오는 약초들이 모두 술의 재료가 되었다. 그래서 좁은 국토에서 빚어진 술이라고는 믿어지지 않을 정도로 다양하게 많은 술이 빚어졌다. 이것은 우리 조상들의 술에 대한 독특한 생각과 가양주문화(家醸酒文化)가 있었기 때문이다. 즉 전통술을 단순한 기호음료가 아니라 음식이라고 생각했다.

그래서 술을 마신다고 하지 않고 술을 먹는다는 표현이 있는 것으로 미루어 보아도 알 수 있다. 술이 음식이기 때문에 오미(五味)가 잘 조화된 맛있는 술이 좋은 술이라고 하였고, 음식이기에 과하지도 모자라지도 않게 먹는 것이라고 생각했다. 또, 가양주문화(家醸酒文化)가 번성한 이유로는 역대 왕조의 금주정책으로 인해, 양조장에서의 대량 양조보다 집에서 빚어 마시는 가양주가 널리 퍼져 있어 다양하고 독특한 술들이 전해져 내려오게 되었다. 또한 우리 민족에게는 고대로부터 음식이 곧 좋은 약(藥)이라는 '약식동원(藥食同源)'의 사상이 자리 잡고 있었으며, 술의 부재료로 몸에 좋은 약재를 사용해 술을 빚었기 때문에, 생약재의 고유한 약효 외에 술은 적당히 마시면 몸을 이롭게 하는 약이 된다고 생각해 왔다.

조선후기에는 혼양주류 기법으로 과하주와 송순주 등이 있었다. 조선시대 술과 관련하여 술 이름과 만드는 방법 등을 수록하고 있는 문헌은 「증보산림경제(增補山林經濟)」, 「음식디미방(閨壼是義方)」, 「주방문(酒房文)」 등 여러 문헌이 있다. 술 이름이 다양해서 흰 노을과 같다하여 '백하주', 개미 알이 뜬 것 같다 하여 '부의주', 푸른 파도 빛을 띤다 해서 '녹파주', 연꽃 향기가 난다 하여 '하향주' 등 운치 있는 전통주들의 이름이 유명하다. 조선시대 술 빚기는 누룩을 이용한 방법이 일반화되면서 여러 가지 양조와 관련한 전문 용어들이 나타난다. 실례로 밑술(酒母)은 「증보산림경제(增補山林經濟)」에서는 '목' 이라 하고 「음식디미방(閨壼是義方)」 및 「주방문(酒房文)」 에서는 밑술 또는 석임이라 하며 술 만드는 방법에서는 술밑 이라고 표기했음을 읽을 수 있다.

증류주로는 단순발효주 외 6종과 환소주류(甘紅露-평양), 착색소주류(紅酒-전남 진도)외 2종, 가향소주(竹瀝膏-황해도, 梨薑膏-전북 전주) 등 10여종이 기록되고 있다. 조선 후기 말엽에 증류주의 보급이 성행한 가운데 양조 곡주가 한말에도 이어져, 각 지방별로 남부지방의 탁주, 북부지방의 소주, 중부지방의 약주 등이 널리 이용되었다. 외래문화의 도입으로 중국계의 재제주류와 유럽계의 샴페인, 위스키, 보드카 등과 그 외의 많은 외래주가 우리의 전통주와 함께 공존하게 되었다. 한말의 술 제조는 주로 곡자(麴子 : 밀가루+막누룩, 밀가루+밀기울+막누룩)를 이용하여 탁주(濁酒), 약주(藥酒)를 만들었으며 곡자를 만들어 내어 팔기도 하였다.

## (5) 근대(전통주 침체기)

근대에 접어들면서 우리나라 북부지방에는 중국의 소주가 들어오고, 1876년 강화도조약이 체결됨에 따라 일본에서 알코올이 수입되어, 일본의 탁주와 청주도 만들어지게 되었다. 일본의 청주는 상품명의 하나인 '정종(正宗)' 이라는 이름으로 널리 퍼졌다. 1907년에는 일본인들이 '주세법'을 제정하여 1909년에 주세령을 시행하여 세금징수를 하기 시작하였다. 1934년 일본은 보다 효율적으로 많은 주세(세금)를 받아들이기 위하여 자가양조(自家釀造)를 못하도록 엄하게 단속하였다. 그 이후 술 빚기에 따른 여러 가지를 통제하게 됨에 따라 그토록 다채롭고 훌륭하던 우리의 누룩이나 술은 매우 단순화, 규격화 되었고 전통적인 술은 법적으로 만들지 못하게 제재를 받게 되었다. 이렇게 단속이 심하게 되자 지나가던 길손을 맞이해 주던 전국 8도의 수많은 주막들이 모두 사라지게 되어, 그렇게 많던 좋은 술과 음식들이 주막과 함께 모두 자취를 감추게 되어 우리 술이 쇠퇴의 길을 걷게 되었다. 더욱이 해방 후 식량부족으로 인해 외국산 양곡을 도입하여 소주, 막걸리, 약주 등의 제조 시 잡곡 외에 밀가루, 옥수수, 고구마, 당밀 등을 섞어 빚었다. 이에 따라 우리 술의 주질(酒質)이 떨어짐으로써 서민층은 막걸리와 소주를 많이 이용하고, 중산층에서는 맥주와 양주를 이용하게 되었다.

## (6) 현대(전통주 부활기)

제사나 혼사 등에 쓰기 위해 몰래 빚어 사용하는 것으로 명맥을 이어가던 전통주는 국권이 회복된 광복 후에도 서양 술의 급속한 유입과 식량의 부족, 정부의 미흡한 주세 정책으로 인하여 발전을 보지 못하였다. 그리하여 70여 년간 전통주의 긴 침체기를 보내야만 했다. 다행히 1980년대 후반에 쌀의 과잉생산과 1988년 서울올림픽 개최를 계기로 전통술의 복원과 발굴이 시작되었고, 드디어 1995년 주세법 개정(판매를 목적으로 하지 않으면 가정에서 술을 빚을 수 있도록 허용)으로 다시 우리의 가양주를 재현할 수 있게 되었다. 1995년 1월 1일 조세법 처벌법 제8조(무면허주류제조)에 '개인의 자가소비를 위한 제조를 제외한다'라는 문구가 추가되었는데, 이를 통해 판매목적이 아닌 자가소비를 위해 술 제조 시 처벌받지 않게 되어 자가 양조의 길도 열렸다.

그 이전에는 무면허 주류제조를 하여 판매하는 자는 3년 이하 징역 또는 300만 원 이하 벌금에 처하고 범칙물건을 몰취할 뿐 아니라 주세를 추징한다고 되어있어서 자가양조 또한 불법이었던 것이다. 2010년 8월에는 '전통주 등의 산업진흥에 관한 법률'이 제정되어, 전통주 등의 품질향상과 산업진흥에 필요한 사항을 정하여 경쟁력을 강화하고 농업의 부가가치를 높여 농업인의 소득증대와 국가경제 발전에 이바지하는 길이 열렸다. 또, 2011년 1월부터는 '술 품질인증제도'를 시행하게 되었다. 국립농산물 품질관리원은 술 품질기관으로 한국식품연구원을 지정하였으며, 품질인증 대상은 일차적으로 탁주(막걸리), 약주, 청주, 과실주 등 4개 주종으로 하게 되었다. 술 품질인증제 시행에 따라 우리 술의 품질 고급화와 양조기술 향상 등을 기대할 수 있게 되어 앞으로 우리 술이 서양의 와인이나 일본의 사케에 못지않은 큰 발전이 있게 되리라 생각한다.

## (7) 전통주의 우수성과 대중화 · 세계화

최근 들어 우리 술에 대한 관심과 소비가 증가하고 있다. 국민소득 증가, 건강한 삶의 추구를 위한 웰빙 욕구, 와인 열풍 등으로 우리 전통주가 일상에서 쉽게 즐길 수 있는 문화상품의 하나로 변신했다. 서민의 술로 대표되었던 막걸리가 2009년 정부의 적극적인 전통주 홍보에 힘입어 국내 편의점에서 판매되는 주류 중 1위를 차지하였고 일본, 미국 등 각지에 수출량이 증가하였으며, 국제회의 건배주로 변신하는 등 우리 전통주의 대중화, 세계화 가능성을 보여주고 있다. 이제 술은 한 나라를 대표하는 국가 브랜드이다. 세계적으로 유명한 프랑스의 와인, 독일의 맥주, 러시아의 보드카, 멕시코의 데킬라, 일본의 사케 등은 모두 자국의 술을 브랜드화 하여 세계적인 이미지를 구축하였다. 이제 우리나라도 한국을 대표하는 명주를 개발하고 한식과 함께 우리 술을 세계적인 명주로 육성해야 한다. 따라서 우리 술의 우수성을 널리 홍보하여 전통주의 세계화를 이루워야 하겠다.

**우리 술의 좋은 점은 첫째, 누룩이 다양하고 다양한 종류의 곡물을 사용한다는 것이다.** 그래서 전통주에서 특유의 깊은 맛과 향을 느낄 수 있다. 우리나라 전통주는 재료에서 나는 향이 아니라 곡물과 누룩의 발효과정에서 사과향, 복숭아향, 딸기향, 꽃향기 등이 자연스레 퍼져 나와 와인이나 위스키에 견주어도 전혀 손색이 없을 만큼 오묘한 맛과 깊은 향을 가지고 있다.

**둘째, 세계적으로 이슈가 되고 있는 웰빙에 딱 맞는 술이다.**

쌀을 기본으로 하여 다양한 약재를 넣고 빚어 전통의 방법으로 발효시킨 우리의 전통주는 건강에 관심이 높은 현대인들에게 단순한 술이 아닌 몸을 이롭게 하는 술로 인식되고 있다. 금산의 인삼주나 보은의 대추술 등 많은 지역의 명주들은 역사와 전통을 지닌 길이 보존해야할 우리의 문화유산이라 하겠다.

## 우리 전통주의 대중화 · 세계화 전략은 다음과 같다.

### 첫째, 현대인들의 다양한 기호를 충족시킬 수 있는 전통주 개발이 필요하다.

전통주용 원료 품종의 개발을 비롯하여 젊은층, 여성을 만족시킬 수 있는 맛을 개발해야 한다. 다양성을 추구하기 위해 가양주와 지역 특산품을 활용한 전통주 개발이 필요하다. 다양한 맛과 알코올 도수가 다양한 전통주를 개발할 뿐만 아니라 주재료를 쌀 이외에 다양한 농산물, 약재 등 몸에 좋은 약리성분을 지닌 식재료를 이용한 전통주를 개발함으로써 현대인의 오감(五感)을 충족시켜야 할 것이다.

### 둘째, 전통주를 이용한 다양한 관광상품 개발이 필요하다.

최근 지자체의 활발한 활동으로 각 지역의 특산물을 이용한 전통주나 민속주를 개발하여 홍보하고 있으나 단순한 개발과 판매에서 끝날 것이 아니라 이를 축제, 전통체험마을과 연결하여 관광상품화 하는 것이 필요하다. 독일의 맥주축제와 같이 지역의 축제와 연관 지어 관광상품화 하고 우리 술 문화를 적극적으로 홍보하는 것이 필요하다.

### 셋째, 우리나라를 대표하는 명품(名品) 국주 개발 및 선정, 관리 기준, 표기법 등이 체계적으로 정립되어야 한다.

매년 주류 품평회를 개최하여 품질기준 및 전문가 심사결과를 토대로 주종별로 3개 내외의 대표브랜드를 선정, 집중 홍보해야 한다. 소주와 막걸리는 우리나라를 대표하는 술이다. 그러나 아직까지 세계적으로 그 가치를 인정받지 못했으며 국가브랜드 상품화가 되지 못하고 있다. 따라서 국가가 인정하는 대표 술을 선정할 뿐만 아니라 선정기준, 관리기준, 표기법 등 관련 법안을 확고하게 하여 누구나 인정할 수 있도록 법적인 근거를 마련하는 것이 필요하다. 전통주의 정확한 분류 선정기준과 라벨 표기법, 원료사용 기준, 올바른 표기법, 위생 및 안전성 등 전통주 관련 규제가 마련되어야 한다.

### 넷째, 전통주의 계승과 발전을 위해 꾸준한 연구와 지원 대책이 필요하다.

우리나라에는 민속주 기능보유자와 전통식품명인에 대한 지정 및 제도가 있으나 홍보가 활발하지 못하여 인재발굴이 제대로 되고 있지 않거나, 지원제도가 열악하여 계승되지 못하고 사라지는 명주(名酒)가 많다. 따라서 각 지역의 가양주(家釀酒)와 민속주를 조사하여 복원하고, 가업(家業) 및 산업화로 연계될 수 있도록 영세업자를 위한 지원 대책과 체계적인 전문 인력 양성이 필요하다.

### 다섯째, 세계인의 이목(耳目)을 끌 수 있는 용기와 포장법이 개선되어야 한다.

양주와 와인 등은 병 모양이나 라벨의 디자인, 색, 포장케이스 등으로도 제품을 구별할 수 있다. 그러나 우리의 전통주는 대부분이 도자기에 담겨 있으며, 소주나 약주의 경우 유리병에 담겨 있고 막걸리는 PET병에 담겨있는 것이 대부분이다. 우리의 소주나 막걸리가 서양의 양주나 와인에 비해 결코 재료나 제조법에서 뒤지지 않음에도 불구하고 외형적인 면으로 인해 저가의 술로 취급받는 것은 안타까운 일이다. 따라서 우리 술의 명품(名品)화를 위하여 패키지 디자인을 고급화 하고 용기와 포장법을 개선하는 것이 시급하다 하겠다.

**여섯째, 전통주 홍보를 위한 다양한 행사가 계속 개최되어야 한다.**

우리나라가 주최하는 국제행사에 우리나라를 대표하는 공식 건배주로 추천하여 소비자의 인지도와 신뢰도를 제고해야 한다. 또한 주한 외국 대사들을 대상으로 시음회를 개최하여 우리 술을 자연스럽게 세계에 알릴 수 있도록 해야 한다. 또한 많은 사람들이 전통주를 제대로 알고 마시게 하기 위한 기회를 제공해야 한다. 미국에서는 대형마트나 백화점에서 무료 와인 시음행사를 자주 하는 것을 볼 수 있다. 이처럼 외국에서는 자국의 술을 판매하기 위해 다양하고 적극적인 홍보 전략을 펼치고 있는데 비해, 우리의 전통주는 업체 수준에서 홍보가 이루어지므로 다양한 홍보 전략을 구사하기 힘든 것이 현실이다. 일본은 자국의 전통주인 사케를 세계화하기 위해 세계에서 개최되는 대형 박람회 등에서 자국의 전통주를 무료로 시음하는 행사를 꾸준히 개최함으로써 전 세계에 사케를 일본 술로 알리는데 성공하였다. 따라서 우리나라도 현재 시행하고 있는 정부 기관의 해외 박람회 참여를 통한 홍보와 마케팅은 더욱 활발히 계속적으로 진행하여야 할 것이다.

**일곱째, 전통주와 어울리는 한국음식을 함께 알리는 것이 필요하다.**

와인에는 치즈, 맥주에는 소시지 등 각각의 술에는 어울리는 안주나 음식이 있는데 비하여 우리는 아직 미비한 실정이다. 우리도 전통주를 제대로 즐기기 위해 한국음식이나 안주를 함께 개발하여 알리는 것이 필요하다. 최근 한식 세계화 프로젝트와 연계하여 우리 술을 홍보하고 있는데 여기에 우리 술과 어울리는 전통음식을 개발하여 함께 알린다면 파급효과가 크리라 생각된다.

그러나 전통주를 세계화하기 위해 무엇보다도 가장 중요한 것은 먼저 우리 국민의 따뜻한 관심과 사랑이다. 이러한 관심 속에 불고기, 김치에 이어 세계 어느 곳을 가나 우리의 전통주가 한국을 대표하는 명품(名品)술로 판매되는 날을 기대해본다.

# 3. 누룩이야기

## (1) 누룩의 개념

누룩은 밀이나 보리 등 곡류를 분쇄하여 물과 반죽하여 성형한 후, 공기 중의 야생 곰팡이를 자연 번식시켜 각종 효소를 생성 분비하는 국(麴)의 일종이며, 야생효모를 지니고 있으므로 주모(酒母 : 밑술)의 모체 역할을 겸한 일종의 발효제이다. 또 현재에 사용하고 있는 발효제에는 누룩 이외에 전분질 원료에 곰팡이를 인위적으로 번식시킨 입국도 사용하고 있으며, 이 때 별도의 효모를 첨가하여 술을 발효시킨다. 또 밑술(酒母)을 담금하여 효모를 배양 증식시키는 방법으로, 덧술을 하는 양조법에서는 주모도 일종의 발효제 역할을 한다. 그 밖에 밀기울 또는 전분질 원료를 증자하거나 또는 생피 그대로 살균하여 인공적으로 당화 효소 생성 균을 번식시킨 조효소제가 있는데, 이것은 개량 누룩이라고 하여 현재 양조에 많이 이용되고 있다. 그밖에 정제효소제나 종국 등이 있다. 곡류를 이용하여 술을 만들 때 전분질을 당분으로 전환시켜 주어야만 효모가 당분을 분해시켜 알코올이 만들어진다. 이처럼 곡류를 당으로 전환시켜 주는데 필요한 효소는 미생물이나 곡류의 씨앗이 번식할 때 생성되는데, 전자의 대표적인 것이 누룩과 국이며 후자는 맥아(엿기름)이다.

누룩의 원료는 보통 밀인데 지방에 따라서 밀 이외에 보리나 옥수수, 쌀, 녹두 등 다양하게 사용한다. 누룩은 일반적으로 밀을 분쇄하여 물로 반죽하여 원형이나 사각형의 누룩틀에 넣어 단단하게 디뎌 만드는데, 밀의 분쇄도에 따라 또는 밀기울을 어느 정도 많이 포함시키는가에 따라 조곡, 분곡, 백곡으로 나눌 수 있다. 거칠게 밀기울을 그대로 포함시킨 조곡은 탁주, 소주용으로 쓰이고 분곡이나 하얀 밀가루만 취하는 백곡은 주로 약주 만드는데 사용한다.

누룩은 술의 원료인 전분질을 당으로 분해시키고 이것을 다시 효모라는 미생물이 알코올과 탄산가스로 분해시키는 발효원(醱酵源)이므로 술을 빚는데 가장 중요한 재료이다. 그런데 당화 수단으로 서양에서는 엿기름(맥아)를 사용하여 맥주나 위스키 제조에 사용하였고, 동양에서는 국(麴)또는 곡자(麴子)로 당화, 발효하고 있다.

우리나라의 약주와 탁주, 일본의 청주(사께)와 소주, 중국의 황주와 고량주 등 동양의 발효주와 증류주 등의 제조에는 국이나 곡자가 쓰이고 있고, 이러한 국이나 곡자는 대개 쌀, 보리, 밀, 옥수수 등의 전분질 원료에 곰팡이를 번식시킨 것이다. 그 결과 그 균체에 여러 가지 많은 효소군이 생성되어 그것이 전분을 당화하여 당분을 만들고, 단백질을 분해하여 아미노산을 형성하게 된다. 이렇게 만들어진 각종 성분은 효모와 기타 미생물의 증식과 발효에 없어서는 안 될 영양원이 되며, 생성되는 알코올의 풍미와 맛에 미묘한 영향을 준다. 이용하고자 하는 미생물(곰팡이)을 증식시키기 위하여 동양에서는 밀이나 쌀 등 전분질 원료에 그들의 생존에 필요한 적당한 수분과 온도를 유지시켜 곰팡이를 번식시키는 방법을 옛날부터 행하여 왔다. 이것이 바로 습도가 많은 몬순형 기후대인 동양에서 누룩을 만들어 쓰게 된 동기이다. 이렇게 만든 누룩은 또 크게 중국식과 일본식 국으로 나눌 수 있다. 중국식은 생곡류를 가루내고 물로 반죽하여 성형해서 자연적으로 곰팡이를 번식시키는 것이며 우리나라 누룩도 여기에 속한다. 일본식 국은 곡류(쌀)를 증자하여 익혀서 국균을 뿌려 번식시키는 방법을 쓴다.

## (2) 누룩의 역사

술 빚기의 원천인 누룩이 언제부터 사용되었는지 그 발자취를 더듬어 보면, 누룩이 처음 만들어진 시기는 중국의 춘추전국시대(B.C. 5세기경)로 알려져 있으며, 그 이전 「위서물길국전(緯書勿吉國傳)」에 "곡물을 씹어서 술을 빚는데 능히 취할 수 있다."고 한 것으로 미루어 인류 최초의 곡물주(穀物酒)는 미인주(美人酒)로 이 술은 아름답고 건강한 젊은 여인이 곡물을 입으로 씹어 침 속에 효소제인 프티알린(ptyalin)을 이용한 당화작용에 의해 술을 만들었을 것으로 추측된다.

고대 중국의 누룩은 「서경(書經)」에 술을 만들 때 국얼(麴蘖)을 쓴다고 하였는데 국은 곰팡이 균사에 덮여 썩은 것으로 누룩을 지칭한 것이고 얼(그루터기)에 돋은 싹은 보리를 침지하여 싹을 나게 한 맥아를 가리키는 것이었으니 여기서 옛날의 술 빚기에도 누룩법과 맥아법이 함께 쓰였음을 알 수 있다. 누룩은 야생효모를 함께 갖고 있어 술빚기가 편리하여 지금까지 동양권에서 광범위하게 사용, 발전해 오고 있으며 기후 특성상 맥아법은 서양에서 주로 사용되고 있다. 누룩은 크게 떡 누룩(餠麴)과 흩임 누룩(散麴)으로 나눌 수 있으며 떡 누룩에 번식하는 곰팡이는 주로 내부까지 기어드는 발효형(醱酵型)이며 거미줄 곰팡이, 효모, 털곰팡이가 많다. 흩임 누룩은 쌀이나 다른 곡물을 익힌 다음 곰팡이를 낱알에 번식시키는 형태로, 곰팡이는 주로 표면에서 번식하는 호흡형(呼吸型)으로 누룩곰팡이(Aspergillus oryae)가 많다. 우리나라에서는 흩임 누룩보다는 떡 누룩을 주로 이용하여 술을 빚는 형식이다. 일반적으로 흩임 누룩(散麴)은 일본에서 우리나라로 전해진 것으로 알려져 있으나 고대 문화의 이동 경로로 보면 일본식 술도 백제의 주조기술이 전해지기 전까지 미인주(美人酒) 수준에 머물러 있었다고 할 수 있다. 기원전 3~4세기경 백제 사람인 '인번(仁番:수수보리)'이 일본에 누룩과 술 빚는 법을 전하였다는 기록이 일본의 「고사기(古事記)」의 중권 「응신천왕조」 편에 기록되어 있다. 이런 사실로 미루어 누룩이 우리나라에서 만들어진 시기는 삼국시대 이전으로 추측할 수 있다.

우리 조상들의 술 빚기에 없어서는 안 될 중요한 여러 종류의 누룩들은 일제 강점 기간 오랫동안 전통술의 침체로 요즈음에는 보기가 힘들게 되었다. 술을 만드는 방법에는 과실이나 동물의 젖을 발효시켜 만드는 과실주, 유주와 전분질 원료를 누룩이나 맥아로 당화시켜 만드는 곡물양조주의 두 형태로 나누어 볼 수 있는데, 몬순형 아시아권에 속하는 우리는 과거부터 누룩을 사용하여 만든 술이 주종을 이루어 왔으므로 누룩의 가치는 크다고 할 수 있다.

## 제민요술(齊民要術)의 누룩

「제민요술(齊民要術)」의 누룩은 병국과 산국으로 나눌 수 있고 병국은 분국과 신국으로, 산국은 황의와 황정으로 나누어진다. 병국은 밀을 제분하여 뭉쳐서 만든 막 누룩을 말하고, 산국은 곡물 낱알이나 곡분으로 만든 것으로서 흩어져 있는 상태의 낱알 누룩을 말한다. 여기서 분국(焚麴)은 볶은 밀을 제분하여 쓰는 것으로 신국(神麴)보다 발효력이 $\frac{1}{2}$~$\frac{1}{4}$ 정도이고 신국은 낱알을 가루 내어 물을 섞어 빚는 것으로 곰팡이(Rhizopus 균속)는 번식이 용이하나 누룩 만들기의 기간과 조작이 까다롭다. 도꼬마리, 보리 짚, 뽕나무 잎을 누룩에 덮어서 띄우는데 대체로 병국(막 누룩)에는 거미줄 곰팡이와 효모가 많은 것으로 알려졌다. 오늘날 중국과 한국의 누룩은 거의 막 누룩이며 흩임 누룩은 일본에서 이용되고 있다.

## 삼국시대의 누룩

중국 문헌 「유양잡조(酉陽雜俎)」의 주식 편에 낙랑주법이란 말이 나오는데 이것은 낙랑시대엔 술빚기의 체계가 이미 서 있었던 것 같다. 일본의 「고사기(古事記)」에 의하면 백제사람 인번(仁番 : 수수보리)에 의해 백제의 누룩과 술 빚는 법이 일본에 전해졌다는 기록이 나온다.

## 북산주경(北山酒經) 의 누룩

북송 말기 구종석의 「본초연의(本草衍儀)」에 의하면 누룩은 밀가루로 만드는 것이 전통적인 방법이지만 강남 지방에서는 찹쌀가루에 여러 가지 약을 섞어서 만든다 하였다. 또 「북산주경(北山酒經)」에서는 밀가루를 도꼬마리나 야생초의 즙, 한약재 등의 식물을 섞어서 잘 이긴 다음 누룩 틀에 넣고 단단히 밟아서 만든다고 한 바, 일종의 막 누룩이었던 이것을 짚으로 싸서 방에 한 달쯤 두었다가 10일 건조시킨다고 했는데 야생초를 효모 원으로 이용했던 것은 남방주조의 특징이라 할 수 있다. 또 한 가지 특이한 것은 「북산주경(北山酒經)」에는 밀가루로 죽을 쑤어서 유산발효 시킨 산장(酸漿)인 와장(臥漿)으로 주모를 만드는 점이 특이하다. 요즈음 탁주에서 잡균 번식을 막기 위해 젖산을 초기에 투여하는 것과 비슷한 원리인 것 같다.

## 거가필용(居家必用) 속의 누룩

막 누룩과 흩임 누룩이 동시에 나오고 있으며 막 누룩으로는 동양주국(東陽酒麴)이라고 하고 연꽃 도꼬마리, 속대(涑玳)의 잎, 여뀌의 어린 잎 등을 큰 병에 담고 물을 넣어서 7일간 둔 후 잘 이겨서 거르고 그 즙으로 녹두를 삶아둔다. 복숭아씨, 살구씨, 참외씨 등을 갈아서 밀가루와 녹두를 섞어 밟아낸 것을 뽕나무 잎에 싸서 바람이 통하지 않는 곳에서 3~4일 두었다가 누룩방의 창을 열어 통풍시키며 건조시킨다고 그 제법을 설명하고 있다.

또 흩임 누룩의 하나인 홍국의 제법은 찹쌀에다 홍국으로 빚은 술밑을 갈아서 풀처럼 한 국모(國母), 일명 주모를 우선 만들고 멥쌀로 지에밥(고두밥)을 지어서 15등분 하여 각각에 국모를 섞고 마지막에 모아서 한 무더기 쌓아 덮개를 덮어 둔다. 밤새도록 덮개를 덮고 벗기며 품온을 돌보고 다음날 정오쯤부터 2시간마다 셋, 다섯, 열다섯, 무더기로 점차 나누다가 식으면 다시 한 무더기로 하였다가를 되풀이 하는 식으로 품온을 조절하면서 7~8 무더기로 나누어 소쿠리에 받아서 물속에 담그는데, 전부가 물 위에 떠오르면 바로 건져 햇볕에 말린다. 이것이 홍국의 제조법으로 요즈음 일본식 제국법을 연상시키는 합리적 방법이라 하겠다.

## 조선시대의 누룩

조선 성종 때 「사시찬요초(四時纂要抄)」에 의하면 삼복 중에 보리 1되, 밀가루 2되로 누룩을 만들며 녹두즙에 여뀌와 더불어 반죽하여 밟아서 떡처럼 만들어 연잎, 도꼬마리잎으로 싸서 바람이 잘 통하는 곳에 걸어서 말린다. 누룩은 반죽을 단단히 하고 강하게 밟아야만 좋은 누룩이 된다고 하였고 대개 보리와 밀가루를 섞어 만든 막 누룩이었다. 또 「음식디미방(閨壼是義方)」의 누룩은 밀가루 5되에 물 1되씩을 섞어 꽉꽉 밟아 디디고 비오는 날은 더운물을 쓴다고 하였다. 시기는 6월과 7월 초순이 좋으며 이 시기는 더울 때이므로 마루방에 두레씩 매달아 자주 뒤적거리고 썩을 우려가 있을 때는 바람벽에 세워 말린다고 하였다. 또 날씨가 서늘하면 고석(짚방석)을 깔고 서너 두레씩 늘어놓고 위에 또 고석을 덮어놓고 썩지 않게 자주 골고루 뒤집어 가며 띄운다고 했다. 거의 다 뜬 것은 하루쯤 볕에 쬐어 다시 거두어 더 뜨게 한다고 했다.

## 증보산림경제(增補山林經濟, 1766년) 속의 누룩

「음식디미방(閨壼是義方)」의 누룩 만들기와 유사하나 국 대신 곡자를 쓰고 있다. 신미, 을미, 경자 일을 누룩 만들기의 길일로 생각했고 삼복 중에 만들면 벌레가 생기지 않고 초복 이후가 가장 좋으며 중복 뒤나 말복 전이 다음으로 좋고 매월 초하룻날 만들면 좋다고 한다. 「증보산림경제(增補山林經濟)」속에 나타난 누룩의 종류는 진면곡, 요국, 녹두곡, 미국, 추모곡, 이화주법의 곡 만드는 방법이 있다.

### ① 진면곡(眞麵麯)

밀가루를 단단히 반죽하고 원판 상으로 하되 작고 납작하게 하고 도랑이 있다. 이것은 통풍과 과열을 방지하는데 그 목적이 있다.

### ② 요국(蓼麴)

쌀 알맹이에 밀가루를 부착하여 종이 주머니에 넣어 곰팡이 번식을 하고 주머니 속에서 균사 때문에 약간 단단한 덩어리 모양이 된다. 이것은 또 쉽게 낱알 모양으로 환원되니 준 흩임 누룩(散麯)이라 할 수 있다.

### ③ 녹두곡(綠豆麴)

백미와 녹두 각 1되씩을 갈아서 누룩을 만들되 원판은 작고 얇아야 한다.

### ④ 미국(米麴)

쌀가루를 약간 쪄서 누룩을 디디고 솔잎에 묻어 띄운다.

### ⑤ 추모곡(秋麰麯)

가을보리로 누룩을 디딘 것으로 술맛은 순하다.

### ⑥ 이화주법(梨花酒法)

쌀가루를 달걀 크기의 덩어리로 만들어 독 속에 솔잎을 격자로 엮어 넣고 그 위에서 띄우는데 7일이 지나 꺼내어 반나절 말리고 하는 일을 되풀이하여 잘 건조된 후에는 종이 주머니에 넣어둔다.

### ⑦ 향온곡(香醞麯)

녹두, 보리, 밀을 섞어 빻아 녹두즙을 섞어 반죽하여 누룩을 빚고 띄운다.

### ⑧ 당곡(糖麯)

통밀가루 1말에 조청 5홉을 탕수 5홉에 혼합해서 같이 반죽하여 원반형으로 빚어 디딘다. 산성소주를 만들 때 쓰는 누룩이다.

## 한말(韓末, 대한제국 말기)의 누룩

한말의 누룩은 가정에서 소량을 만들어 시장에 내다 팔고 남은 것은 도매상에 맡기기도 했다. 그래서 곡물상에서는 대개 곡자를 판매하였다. 이 시대의 누룩은 분곡과 조곡의 두 종류가 주류를 이루고 그 밖에 사대부가에서는 하얀 밀가루로만 빚어 만든 백곡도 제한적으로 사용되었다.

누룩의 재료로는 지방의 특성에 맞게 밀 이외에도 보리, 옥수수, 녹두 등이 사용되었다. 또 이시기에 곡자의 분류 방법도 다양하였다. 제조시기별로 춘곡(春麴 : 1~3월), 하곡(夏麴 : 5~7월), 추곡(秋麴 : 8~10월), 동곡(冬麴 : 11~12월)으로 나누기도 하고 용도별로 탁주용, 약주용, 소주용, 과하주용이 있고 원료처리 방법에 따라서 조곡, 분곡, 백곡으로 나누기도 하고 또는 모양에 따라 편원형, 원추형, 만두형(평양), 각형, 장방형, 모자형, 월형 등 매우 다양하였다. 또 한말 곡자는 동래 범어사, 양산 통도사 등 사찰의 곡자가 유명하였고 평양과 원산의 만두형 곡자, 절구 모양의 지형인 남한산성과 동래산성의 곡자도 유명하다. 이천의 탁자형 곡자, 경북 오지의 각형 곡자, 전남 목포의 3홉 크기의 곡자도 있었다고 한다.

## 현대의 발효제

발효제는 국과 밑술로 구분되며 국은 전분질 원료에 곰팡이를 번식시킨 것으로 전분을 당화시킬 수 있는 효소를 포함한 물료를 말한다. 따라서 전분질 원료로 술을 빚을 경우에는 국(누룩)의 제조가 필요하나 과일과 같은 당질 원료는 국이 필요치 않다. 현재 국은 전통적인 누룩과 전분질 원료에 곰팡이를 번식시킨 입국과 1960년대 이후 새로이 개발 사용되고 있는 조 효소제와 정제 효소제 등이 있다.

### ① 누룩

누룩은 통밀을 갈아 물과 함께 반죽 성형한 후 공기 중의 곰팡이(국균류)를 자연 번식시켜 각종 효소를 생성하는 국의 일종이며 야생효모를 지니고 있으므로 밑술의 모체 역할을 겸한 발효제이다.

- 국(麴-누룩 국) : 살균한 배지에 원하는 미생물을 인공적으로 접종한 경우
- 국(麯-麴의 약자) : 미생물을 자연 접종하는 경우

### ② 입국(入麴)

전분질 원료를 증자한 후 종국(곰팡이류)을 인위적으로 번식시킨 것이며, 입국의 역할은 전분질의 당화와 향기 부여, 술덧의 오염방지를 하며 별도 효모를 사용해야 한다.

### ③ 조효소제(粗酵素劑)

밀기울 또는 전분질 원료를 증자하거나 생피 그대로 살균하여 인공적으로 당화효소 생성균을 번식시킨 것이다. 그밖에 정제 효소제나 종국 등이 있다. 또 밑술도 발효제에 속한다.

### ④ 정제효소제(精製酵素劑)

고체 및 액체 배지에 당화효소 생성균을 배양시킨 것으로 전분질을 당화 분해시키는 효소를 추출, 분리하여 주류 제조에 사용할 것을 목적으로 제조한 것을 말한다.

### ⑤ 종국(種麴)

종국이란 국을 제조할 때 종균(種菌)으로 사용되는 곰팡이 씨앗으로 특정한 곰팡이의 포자 또는 포자를 함유하는 물료를 말하며, 주세 사무처리 규정상 조제 종국과 분말 종국으로 구분한다. 보통 좁쌀이나 싸라기에 특정한 곰팡이를 번식시켜 많은 포자를 함유하게 하는 것이다.

### ⑥ 밑술(酒母)

밑술은 주모라고도 하며 덧술 하기 전에 담가져 있는 술로서 술의 제조에 필요한 효모를 증식 배양한 것으로, 형태는 알코올 발효가 이루어진 것과 같으나 효모를 중점적으로 증식시킨 것이라 생각하면 된다.

## (3) 누룩의 종류

우리나라에서 상품(上品)의 누룩은 역시 여름(삼복 6~8월)에 만드는 하곡(夏麯)이며 추석 무렵(9~10월) 만드는 추곡(秋麯)은 다음으로 술의 풍미가 좋다고 한다. 누룩의 분류를 크게 나눠보면 계절에 따른 분류와 분쇄도에 따른 분류로 나눌 수 있다.

### 누룩을 만드는 계절에 따른 분류

① 춘곡 : 늦은 봄(4월말~5월)에 만드는 누룩
② 하곡 : 여름(초복~말복)에 만드는 누룩이며 가장 품질이 좋다.
③ 추곡 : 가을(9월~10월초)에 만드는 누룩
④ 동곡 : 겨울에 만든 누룩으로 따뜻한 아랫목에서 띄우는 것이 특징이다.

### 누룩의 재료 분쇄도에 따른 분류

① 조곡 : 재료를 거칠게 빻은 것이며 가장 일반적이다.
② 분곡 : 굵은 체로 밀 껍질을 일부 제거한 것이다.
③ 백곡 : 재료의 겉껍질을 다 제거하여 누룩의 색상이 백색이며 삼해주 등 고급 술을 담글 때 사용한다.
④ 초곡(草麯) : 식물의 즙으로 반죽하여 만든 누룩이다.

### 누룩의 다양한 종류

**① 교동법주곡(校洞法酒麯)**
- 밀을 곱게 빻아 물 대신 찹쌀풀을 쑤어 반죽하여 밟은 누룩
- 법주를 담글 때 사용되는 누룩

**② 청명주곡(淸明酒麯)**
- 밀을 곱게 빻아 물 대신 좋은 청주를 사용하여 반죽하여 밟은 누룩
- 고급 술을 빚을 때 사용

**③ 향온주곡(香醞酒麯)**
- 곱게 빻은 밀에 물 대신 녹두를 갈아 반죽하여 밟은 누룩
- 향온주를 담글 때 사용되는 누룩

**④ 이화누룩**
- 누룩 중에 유일하게 밀이 아닌 곱게 빻은 쌀가루를 이용하여 뭉칠 정도의 물을 넣고 반죽하여 오리알 크기로 둥글게 만든 누룩
- 이화주를 빚을 때 사용하는 누룩

**⑤ 연화누룩**

- 밀을 곱게 빻아 물 대신 연꽃과 연꽃즙을 반죽하여 밟은 누룩
- 연화주를 빚을 때 사용하는 누룩

**⑥ 동래산성누룩**

- 밀을 곱게 빻아 물을 넣고 넓고 얇게 밟은 누룩
- 산성 막걸리를 빚을 때 사용되는 누룩

좋은 누룩을 만든다는 것은 그만큼 좋은 술빚기의 기본이 된다. 우리 전통주도 현대 양조의 발달로 개량 누룩과 효모를 이용하여 품질의 균일화와 맛의 조화를 한결같이 유지할 수 있는 수준까지 올라와 있다. 그러나 술은 다분히 기호음료에 속하므로 전통적 방법으로 누룩을 만들고 술을 빚어 독특한 맛과 향을 유지하는 독창성과 차별성이 경쟁력이 되기도 한다. 다만 누룩의 제조에서 좋은 재료의 선택과 적정한 물의 첨가, 수분과 온도 등 여러 가지 조건이 요구된다. 그 중에서 자연 상태에서 누룩을 띄우기 위하여 주변이 청정지역이어야 한다는 것은 가장 중요한 조건이 된다. 그것은 양조에 필요한 우량 곰팡이(국균속)나 야생 효모가 오염되지 않은 청정지역에 더 많이 생존하고 있기 때문이다. 또 누룩의 크기와 두께는 지역에 따라서 만드는 시기와 일조량과 온도에 따라서 달라질 수 있는데 누룩이 너무 얇으면 발효 시 곰팡이가 충분히 번식하지 못한 상태에서 건조되어 버려 품질이 좋은 누룩을 얻을 수 없으며, 반대로 너무 두꺼우면 가운데 부분이 썩기 쉬우므로 역시 좋은 누룩을 얻을 수 없다.

## (4) 누룩의 제조

곡자는 원료 소맥을 정선하여 빻은 다음 원료량의 20~25%의 신선한 물을 첨가하여 잠시 놓아두었다가 다시 반죽하여 누룩 틀에 넣어서 단단하게 성형한다. 이것을 배양실 온도는 25~30℃ 정도의 곡자 배양실에서 보온 배양하는데, 4일째 되는 날 누룩의 품온이 35~40℃ 정도 상승되며 그 이상 온도가 상승하지 않게 출곡 때까지 하루에 2~3회 헤치기와 가라쌓기를 하여 열 발산이 잘 되도록 하고, 미생물의 성장이 균일하게 잘 되도록 해준다. 출곡 때까지의 시간은 누룩크기에 따라 다르나 20~30일 정도 걸린다. 이렇게 만들어진 곡자는 국균속(Aspergillus), 거미줄곰팡이속(Rhizopus), 털곰팡이속(Mucor) 등의 곰팡이와 효모 등이 번식하여 생성한 각종 효소와 밀 자체가 함유하고 있는 효소를 가지고 있으며, 상당수의 효모도 존재하며 밑술의 종(種)효모 역할을 하게 된다.

밀 선별 → 분쇄 → 살수혼합 → 방치 (30분~1시간) → 성형

→ (4~5일) 주발효 (품온이 오르는 기간, 25~30℃, 7일~10일간) → 후발효 (품온이 서서히 사라짐, 23~28℃, 7일간) → 건조숙성 (7일간) → 보관 (통풍이 잘 되는 곳, 건조한 곳)

# (5) 누룩 만들기의 실제

## 1) 조곡

### 재료 및 분량

통밀 2kg, 물 400cc, 누룩틀, 면보, 신문지, 체

### 누룩 반죽하기

① 통밀을 깨끗이 씻어 말린 다음 가루로 빻는다.
② 가루와 물의 비율을 4:1로 하여 반죽한다.
③ 단단하게 뭉칠 수 있도록 많이 치댄다.

### 누룩 디디기

① 누룩 틀에 면이나 베보자기를 깐다.
② 반죽을 꼭꼭 다져 넣는다.
③ 베보자기 끝을 여며 발로 단단히 디딘다.
④ 돌덩이처럼 단단하게 뭉쳐졌으면 누룩을 빼낸다.

### 누룩 띄우기

① 만든 누룩은 처음 25~30℃ 안팎의 온도에서 쑥이나 볏짚을 덮어 3~4일 정도 선발효시킨다.
② 4~5일 후에 누룩의 품온이 생긴다.
③ 품온이 너무 오르지 않도록 가라쌓기 하여 품온이 40~45℃ 정도를 넘지 않도록 7~10일 유지시킨다.
④ 최고 품온에서 서서히 차가워지면서 완전히 품온이 사라질 때까지 7일 정도 걸린다.
⑤ 차가워진 누룩을 7일간 건조시키면서 숙성시킨다.
⑥ 완전히 건조시켜 통풍이 잘 되고 습기가 없는 곳에 보관한다.

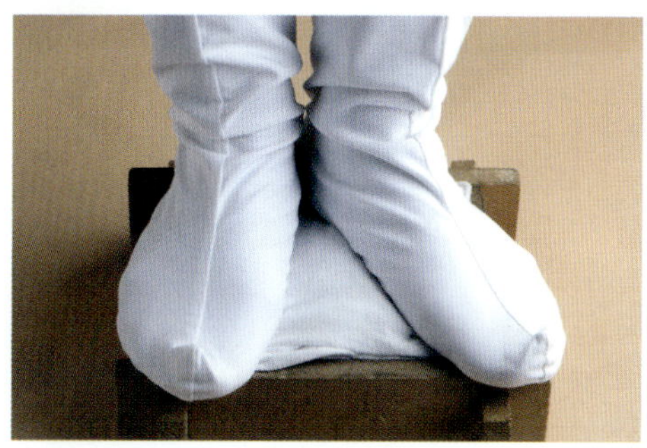

## 2) 향온곡(香醞麯)

### 재료 및 분량

통밀 2kg, 겉보리 200g, 거피녹두 200g

### 만드는 방법

1. 통밀을 깨끗이 씻어 말려서 거칠게 빻는다(이때 통보리를 200g 정도 같이 준비하면 좋다).
2. 녹두를 거피하여 물에 4~5시간 불렸다가 건지면서 맷돌이나 분쇄기에 간다.
3. ②를 체에 걸러 녹두즙을 취한 뒤 분쇄한 후 1의 재료와 부슬부슬하게 버무려 반죽한다.
4. 위의 것은 단단하게 뭉쳐지도록 누룩틀에 담아 돌덩이처럼 단단하게 밟는다.
5. 볏짚이나 쑥을 깔고 덮어 누룩을 20여일 띄운다.

## 3) 이화주조국법(梨花酒造麴法)

### 재료 및 분량

멥쌀 2kg

### 만드는 방법

1. 배꽃 필 무렵, 멥쌀을 깨끗이 씻어 하룻밤 물에 담갔다가 건져 아주 곱게 가루 내어 깁체로 쳐서 내린다.
2. 여기에 물을 조금 뿌려 섞어 오리알 크기의 단단한 덩어리를 여러 개 만든다.
3. 달걀 꾸러미 같은 다북쑥 꾸러미에 넣어 빈섬(空石)에 넣어 두어 7일 후 뒤집어 둔다.
4. 21일 후 황백색 곰팡이가 나와 있으면 바람과 햇볕에 말려 저장해 두고 쓴다.

## (6) 누룩의 보관과 법제

### 누룩의 보관

누룩이 완성되면 햇볕과 바람에 바짝 말린다. 그리고 통풍이 잘 되는 건조한 곳에서 보관해 둔다. 「증보산림경제(增補山林經濟)」에 "누룩은 두 해 묵으면 효능이 없어지고 한 해 묵히면 쓰기에 좋다."고 기록되어 있는데 그것은 시일이 너무 지나면 누룩의 효소 역가가 떨어진다는 사실을 경험적으로 터득한 옛 어른들의 지혜를 엿보게 하는 부분이다.

### 누룩의 법제

옛날부터 누룩은 사용하기 전에 거칠게 부순 다음 2~3일간 밤낮으로 햇볕과 이슬을 맞혀 법제하여 쓴다는 기록이 남아 있다. 누룩의 법제는 술의 변패를 막기 위한 전통 방법 중 하나이다. 햇볕과 이슬은 누룩의 잡균을 살균하고 나쁜 냄새를 제거하며 누룩의 빛깔을 바래게 하며 누룩이 가지고 있는 효소와 효모 포자를 활성화 시키는 역할을 한다. 아주 과학적인 옛 어른들의 지혜가 놀라우며 지금도 전통 누룩(麯子)를 사용할 때 이렇게 법제한다. 또 누룩은 쓰는 용도에 따라 거칠게 부숴 쓰지만 아주 곱게 가루 내어 쓰기도 한다.

## (7) 누룩의 사용방법

술을 담그기 며칠 전에 누룩을 법제하여 사용하는데 소주용이나 일반 탁주용으로는 콩알이나 도토리 크기로 거칠게 빻아 사용했으며 고급약주를 빚을 때 밀가루처럼 곱게 빻아 가루를 내어 고두밥에 버무려 쓰기도 했다. 일반적으로 소주 이외의 술 빚기에서 누룩을 직접 고두밥에 버무리고 물과 섞는 방법을 택할 때 가루를 곱게 할수록 술의 당화 발효에는 도움을 줄 수 있다. 누룩의 효소 작용을 원활하게 하기 위하여 몇 가지 다른 방법을 사용했던 주방문을 접하게 되는데 옛 선인들이 오랜 경험의 축적으로 터득한 지혜일 것이다.

**① 누룩을 그대로 사용(콩알이나 도토리알 정도 크기)**

고두밥에 누룩과 물 등의 재료를 넣고 충분히 잘 버무려 주어야한다. 누룩의 입자가 커서 고두밥과 잘 섞이지 않고 물에 녹는 시간도 늦어져 초기 반응이 느리므로 8시간 후에 불려진 재료를 잘 섞어주도록 한다.

**② 우선 침국(水麯 : 누룩을 물에 담금)하여 술 빚는 방법**

술 담그기 1시간 전에 누룩을 분량의 물(양조용수)에 담가 불려 쓰는 방법이다. 누룩을 그대로 쓸 때보다 효소의 용출이 쉬워 초기 반응이 빠르게 진행되며 당화발효에 유리하다.

### ③ 침국 후 걸러서, 찌꺼기는 버리고 누룩즙만 사용하는 방법

분량의 물에 미리 3~4시간 전 누룩을 넣어 충분히 불린 다음 자루(샤주머니)에 넣고 짠 누룩즙만 취하여 사용하므로 술이 완성되었을 때 동동주처럼 그대로 떠서 마실 수 있다. 한산 소곡주, 부의주 등 많은 주방문에서 이런 방법을 쓰고 있으며 수곡을 만들어 찌꺼기를 걸러내고 누룩 불린 물만 사용하여 빚는 술로 부의주와 동동주 빚기에 사용되는 방법이다.

### ④ 좋은 술에 누룩을 담가 불려 쓰는 방법

이런 방법은 진도 지방의 동방주 빚기에서도 나타나는데 생 막걸리에 누룩을 불렸다가 이것을 고두밥에 버무려 빚는 방법을 씀으로써 단양주이면서 마치 밑술 역할까지 하도록 하는 기법이다.

### ⑤ 조청에 누룩을 불려두었다가 쓰는 방법

또 한 가지는 계명주라는 옛 고구려 술이다. 술 담기 전 조청에 누룩을 불려 두었다가 술 빚는 날 그것을 고두밥과 물에 버무려주는 방법인데 단맛이 두드러진 술이 나온다. 당의 농도가 지나치게 높아(누룩과 조청이 버무려진 상태) 효모의 증식이 원활하지 못한 때문에 알코올 도수가 낮은 술이 된다.

이렇게 누룩의 사용하는 방법이 다양한 것은 지방과 가문, 그 시대의 기호에 따라 여러 가지 기법이 동원되었기 때문이며 누룩의 다양함이 좋은 술을 만들어 왔으므로 가양주 문화의 꽃이라고 할 수 있을 것이다.

# 4. 육재(六材)이야기

술을 담근다, 술을 만든다는 말도 있으나 흔히 우리는 술을 빚는다고 이야기한다. 지에밥과 누룩을 버무려 술을 담그는 일을 가루를 반죽하여 송편이나 경단, 만두를 빚는 것과 같이 솜씨나 정성을 들여 음식을 만드는 것과 같이 생각하였다. 이렇게 술은 음식이며 그 중에서도 발효 음식에 속한다. 음식 만들기 보다는 조금 까다로운 면이 있는 것은 발효음식이기에 눈에 보이지 않는 미생물의 작용에 의해 결과물이 만들어지기 때문에, 시간적으로 짧게는 하루에서 길게는 백 여일 걸려 맛볼 수 있으며, 그보다 더 오랜 기간 숙성을 거쳐 비로소 참맛(眞味)을 발견할 수 있기도 하다. 그래서 우리나라에서는 예로부터 술 빚는 데는 여섯 가지 재료(六材)가 좋아야 좋은 술을 빚을 수 있다고 기록되어 왔다.

① 쌀을 고를 때는 벼가 팰 때부터 고르게 잘 익은 것을 선택해야 한다.
② 누룩은 좋은 것으로 골라 써야 하는데, 여름에 만들어 잘 띄운 것이 좋다.
③ 양조 용수는 좋은 샘물을 써야 한다.
④ 술 담글 때 주변 위생을 깨끗하게 해야 한다.
⑤ 항아리와 같이 좋은 그릇을 사용해야 한다.
⑥ 술이 잘 익도록 온도(品溫)를 잘 맞추어야 한다.

이와 같이 육재(六材)가 중요하다고 한 것은 오랜 옛날부터 경험이 축적되어 얻어진 결과이지만 현대 양조에서 돌아보아도 아주 과학적이고 합리적이라고 할 수 있다. 여기서는 육재(六材)를 현대적인 양조의 입장에서 하나씩 풀어보기로 한다.

## (1) 좋은 쌀의 선택

일반적으로 주류의 원료는 크게 당질원료나 전분질원료로 나눌 수 있다.

### ① 당질원료

포도, 복분자, 사과 등 과일이나 사탕수수, 당밀 등 당분을 함유하는 원료를 말하며 이런 원료는 당화 공정이 필요하지 않으므로 재료에 곧바로 효모를 첨가하여 발효시키면 술을 얻을 수 있다.

### ② 전분질원료

쌀, 보리, 밀, 옥수수 등 곡물과 감자, 고구마 등 원료가 있으며 이런 원료들은 먼저 전분을 당화시켜 당분을 만들고 효모가 당분을 분해시켜 알코올을 얻을 수 있다. 양조 원료로 적합한 쌀은 쌀알이 굵고 흡수성이 좋으며 고두밥을 찔 때 잘 쪄지는 것이 좋다. 저장해 둔 쌀은 성분성상에 변화가 일어난다. 이것은 고미화(古米化)라 하여 쌀의 생명력이 약화되어 발아력이 저하되고 쌀의 전분조직이 경화되며 고미취(古米臭)의 원료물질이 증가하게 되므로 가능한 한 햅쌀을 쓰는 게 좋다. 멥쌀과 찹쌀은 술을 빚을 때 가장 많이 쓰는 재료이다. 쌀의 외피(外皮)에는 단백질, 지방 등의 영양성분이 많으므로 그것이 주질에 영향을 줄 수 있어 고급 술을 빚을 때일수록 도정을 많이 하여 외피(外皮)를 많이 벗겨내고 쓴다. 옛 문헌에 '쌀을 전 날 백세작말 하여 쓰라' 는 말이 나오는데 이것도 같은 맥락에서 맑은 물이 날 때까지 많이 씻어 담갔다 쓰는 방법의 표현이다. 찹쌀은 멥쌀에 비해 물에 잘 녹아 당화가 빨리 진행되고 전분 성분이 다소 비발효성 당으로 남기 때문에 감칠맛이 나는 감미(甘味)를 얻을 수 있어 일반적으로 동동주나 단맛을 내는 고급술을 빚을 때 이용하기도 한다. 옛 주방문에 '쌀은 보통 하루 전 날 씻어 담그라'는 말이 많이 나오는데 요즈음에는 도정이 잘 되어 있으므로 물에 담그는 시간은 4~5시간이면 충분하다고 본다. 다만 쌀의 중심부까지 물이 흡수되어야 쌀을 찔 때 설익지 않는다. 물에 담그는 시간이 너무 짧으면 수분흡수가 부족하고 또 너무 오래 담가두면 쌀 속의 칼륨(K) 또는 칼슘(Ca)등 미네랄 성분이 물에 녹아 없어질 수 있다. 미네랄 성분은 효모 증식에 필요한 영양분이므로 부족하면 발효가 더뎌지거나 이상발효 될 수 있다.

**쌀이나 찹쌀을 고두밥 찌는 과정을 간단하게 정리하면 다음과 같다.**

① 쌀은 여러 번 깨끗이 씻어 물에 4~5시간 전후 담금한다.

② 불린 쌀을 건져 1시간 정도 물 빼기 한 다음 찜통에서 불린 멥쌀은 1시간, 불린 찹쌀은 40분 정도 잘 익게 찐다.

③ 10분 정도 뜸을 들인 후 불을 끄고 고두밥을 펼쳐 식힌다.

## (2) 좋은 누룩의 선택

술 빚는데 가장 중요한 역할을 하는 것은 역시 발효제로 쓰이는 누룩일 것이다. 누룩은 직접 만들어 쓰기도 하고 곡자 회사에서 만들어 파는 것을 쓰기도 한다. 누룩을 집에서 손수 만들어 쓰는 것은 자신만의 독특한 술을 빚는다는 의미에서 좋은 일이나 준비하는 과정이 필요하며, 곡자 회사에서 파는 누룩을 사용하면 훨씬 편하게 술을 담글 수 있다. 술을 담글 때 좋은 누룩을 어떻게 구별할 수 있을까? 우선 육안으로 보아서 겉은 깨끗하고 냄새는 잡냄새가 없이 구수한 것이 좋다. 잘라 보았을 때 누룩의 단면은 조곡일 때, 밝은 회백색을 띠며 균사가 고루 퍼져 있는 것이 좋다. 누룩은 사용하기 전에 콩알이나 도토리 크기로 부숴 법제하여 쓴다.

현대 양조에서는 전통적인 방법으로 만들어 쓰는 누룩 이외에 전분질 원료에 곰팡이(국균)를 번식시킨 입국이 있다. 1960년대 이후 새로이 개발되어 사용해오고 있는 조 효소제와 정제 효소제 등이 고루 쓰이고 있다.

조 효소제는 밀기울, 또는 전분질 원료를 증자하거나 또는 생피 그대로 살균하여 인공적으로 당화효소 생성균(Rhizopus균 혹은 Aspergillus속)을 번식시킨 것이다. 그래서 효소 역가가 일반 전통누룩 보다 4~5배 정도 높다고 할 수 있다. 이렇게 만든 것을 개량누룩이라 하는데 안정적인 양조를 위하여 요즈음 개량누룩이 많이 쓰이고 있다. 이 때 별도 효모를 첨가해 주어야 한다. 개량누룩은 역가를 향상시켜 품질의 균일화를 이룰 수 있으나 술맛이 단조로울 수 있다. 전통누룩은 국균과 효모 그 밖에 곰팡이들의 복합체이므로 고유하고 다양한 맛과 향이 있다. 또 생 전분 당화력도 있으며 각종 유기산에 의한 풍미를 증진시켜 전통주의 고유한 맛을 낼 수 있는 장점이 있다. 그러나 낮은 역가와 품질의 불균일화 또는 만드는 시기의 제약 등 여러 가지 문제점도 있다. 그러므로 앞으로의 과제는 우수한 전통주 제조를 위해 전통누룩의 특성을 규명하고 좋은 누룩을 만들 수 있도록 과학적 접근이 필요하다.

현재 시판되고 있는 누룩의 역가는 300 S.P.(Saccharogenic Power)로 표기되어 있다. S.P.는 전분을 포도당으로 분해시킬 수 있는 능력의 세기를 표시하는데 1㎏의 쌀을 원료로 술을 담글 때 전통곡자 누룩의 사용량은 재료양의 10%(100~120g) 정도로 충분하나 누룩 속의 효모의 개체수가 절대 부족하여 안전 발효를 보장할 수 없으므로 덧술 방법을 시행하거나 누룩의 양을 기본적으로 20% 정도 사용한다. 우리나라 주세법상 약주는 누룩을 원료(쌀)양의 20% 이하 사용하도록 규정되어 있다. 이 책에 있는 주방문에서 20% 누룩양을 사용하는 것으로 기술하였으나 밑술을 기술적으로 잘 관리하여 적기에 사용한다면 누룩양을 10%로 줄이면서 안전주조가 가능하다.

## (3) 술 담글 때 주변을 위생적으로 깨끗이 하여야 한다.

즉 쌀과 누룩을 섞어서 술을 빚을 때 재료나 용기를 깨끗하게 다루어야 한다는 뜻이다. 옛 어른들은 술 빚는 날이면 몸을 깨끗이 하고 의복을 새 옷으로 갈아입고 마음을 단정히 한 후 술을 빚었다는 기록이 있다. 그것은 그만큼 정성을 들였으며 잡균의 오염을 방지하기 위하여 몸과 마음 뿐 아니라 주변 환경도 위생적으로 깨끗이 하였던 것이다.

## (4) 물은 좋은 샘물을 골라서 쓴다.

양조용수는 술의 성분이 될 뿐 아니라 술 빚는 과정 중 모든 재료와 효소의 용제가 되며 물에 있는 미량 무기성분은 발효를 영위하는 미생물의 영양분과 자극제로서 중요한 역할을 하고 있다. 특히 술의 80% 이상이 물이기 때문에 양조용수가 술의 품질에 미치는 영향은 대단히 크다. 그래서 「규합총서」 에 나오는 주방문에 "물맛이 시나우면 술이 또한 아름답지 않은 법이다. 청명일, 곡우일에 강수(江水)로 술을 빚으면 빛깔과 맛이 특별히 아름다우니 때의 기운을 받기 때문이다. 또 가을에 이슬이 많이 내릴 적에 그릇에 이슬을 받아 술을 빚으면 특히 향기롭고 톡 쏘는 맛이 있고 이름이 추로백(秋露百)이라 한다."라는 구절이 나온다. 또 유중림의 「증보산림경제(增補山林經濟)」 에는 "술을 만들 때 샘물의 맛이 달고 맑아야 한다." "물맛이 좋지 않으면 술도 맛이 없다." "술을 빚을 때 물을 끓여 식혀 밥과 누룩을 섞으면 쉬는 것을 막을 수 있다. 여름에는 이 방법이 좋다." 고 기록되어 있다. 현대 양조에서도 양조용수로 쓰는 물은 무색투명하고 잡취가 없으며 중성 내지 약알칼리성이어야 하며 적량의 유효성분을 함유하고 유해 미생물 및 유해성분이 적은 물을 선택하여야 한다. 양조용수의 수질 기준은 음용수의 수질기준에 준한다. 음용수의 수질기준에 적합하더라도 술의 품질을 떨어뜨리거나 불필요한 성분은 가능한 함량을 낮출 필요가 있다. 즉 양조용수의 성분은 유효성분과 유해성분으로 나뉠 수 있으며 유효성분은 미생물의 생육과 발효에 필수적인 칼륨(K)과 마그네슘(Mg), 무기질과 효소의 추출과 안정화에 필요한 칼슘(Ca)과 염소(Cl) 등이 있다. 유해성분으로는 철(Fe), 망간(Mn), 아연(Zn), 구리(Cu) 등의 중금속과 아질산(HNO2), 암모니아, 유기물 등이 있다.

**양조용수로 좋은 물의 순서**

① 갓 퍼 올린 신선한 지하 암반수

② 물맛이 좋은 샘물

③ 시중에서 파는 생수

④ 수돗물을 끓여 식힌 물

## (5) 좋은 그릇을 사용해야 한다.

술 빚을 때 이용하는 기구는 여러 가지 있지만 제일 중요한 것은 술덧을 담는 용기인 항아리를 첫 번째로 들 수 있다. 「음식디미방(閨壼是義方)」에 "첫째, 술독은 잘 익은 관독이 가장 좋고 노란 독도 좋다. 둘째, 독 안팎을 씻고 청솔가지를 많이 넣어 솥을 거꾸로 엎어 쪄서 식혀 쓴다. 셋째, 추울 때는 짚으로 독의 몸을 감아서 엮어 옷을 입히고 독 밑에 두꺼운 나무를 놓고 독을 놓으면 구들이 더워도 온기가 올라오지 못하여 좋다."는 기록이 있다. 예부터 술을 쉬는 용기인 옹기 항아리는 술독으로 오랜 세월 쓰여 왔다.

술을 담그기 전 우선 용량에 맞는 항아리를 선별하여 소독할 필요가 있는데 새 항아리를 장만해 쓰기도 했다. 옛 어른들은 물을 채워 잘 우려서 말린 항아리 속에서 볏짚을 태워 직화로 소독하기도 하고 솥에 물을 끓이고 청솔을 넣은 술독을 엎어놓고 뜨거운 수증기를 쏘여 살균해서 쓰기도 했다. 이것은 모두 잡균의 오염 방지를 위함이다. 술을 빚을 독뿐만 아니라 일체의 그릇이며 주변도 정갈하게 하는 것이 술빚기의 중요 부분인 것이다.

## (6) 술이 잘 익도록 온도를 맞추어야 한다.

미생물의 증식에는 균의 종류에 따라 각각 일정하게 발육할 수 있는 최적 온도가 있는데 일반적으로 발효에 이용되고 있는 미생물인 곰팡이, 효모, 젖산균 등은 보통 23~25℃ 정도에 술을 담금 한 용기를 놓아두면 처음에는 고두밥이 물에 부풀어 올라오고 1일 2~3회 저어주면 누룩 속의 효소의 작용으로 전분질이 당으로 전환되어 묽어지기 시작한다. 이때 효모의 증식이 활발하게 진행되면서 발효가 시작되어 품온이 올라가기 시작한다. 이 때 술덧의 품온이 28℃ 정도를 넘지 않도록 관리해 주는 것이 중요하다. 또 밑술과 덧술을 하는 이양주와 삼양주의 담금에서는 밑술(주모)의 품온 관리도 중요하다. 품온 관리를 잘 하면 우수한 주모가 되고 적당치 못하면 약성 주모가 된다.

보통 밑술 담금 후 20~25℃ 정도로 품온을 지속시키다가 $CO_2$가 발생되면서부터 23℃ 이하가 되게 품온을 관리하는 것이 좋다. 겨울철에는 품온이 올라가서 문제가 생기는 경우는 거의 없고 오히려 품온이 낮아서 발효가 거의 중단되고 있는데도 당화는 진행되어 감패(甘敗)가 되는 경우가 있다. 옛날부터 이런 경우를 방지하기 위해 항아리를 이불로 감싸주어 적당한 온도를 유지시켜 주었다. 봄 또는 가을에는 품온관리에 별 어려움이 생기지 않으나 여름철은 자칫하면 발효온도가 높아져서 약성 주모가 되는 수가 많다. 약성 주모는 품온이 높아서 효모 증식에 저해를 주어서 효모 수가 적은 것 또는 주모가 오래 경과하여 죽은 효모가 많은 것을 말하는데, 밑술을 만드는 목적이 효모의 증식이기 때문에 효모가 가장 잘 번식할 수 있는 품온이 되게 온도관리를 해야 한다. 효모의 번식에 가장 적합한 온도가 25~28℃ 정도이므로 여름철 술독을 냉각해 줄 필요가 있다.

그래서 여름철은 술을 담근 후 발효가 시작되면서부터 반드시 항아리를 찬물에 담가 냉각해 주어야 한다.

예로부터 이렇게 육재(六材) 즉 여러 가지 재료를 잘 선택하고 관리해야 좋은 술을 만들 수 있다고 했는데 지금도 이 조건들은 술 빚기에서 필요한 조건에 해당된다고 볼 수 있다. 술 빚는 일은 복잡하고 어려운 것만은 아니다. 양조의 기본을 이해하고 레시피(recipe)에 따라 술을 담그는 일은 다른 음식보다 훨씬 수월하며 얼마 후에 술이 다 되어 채주할 때의 뿌듯함과 보람은 남다르다 할 수 있다. 좋은 술, 맛깔스러운 술, 더 나아가 아름다운 우리 술을 많이 만들어 잊혀져간 가양주문화(家釀酒文化)를 복원하는 일은 매우 의미 있는 일이다.

# 5. 밑술과 덧술

## (1) 밑술을 하는 이유

주모(酒母)란 술밑을 말하며 술덧의 발효에 관여하는 효모를 집중 배양하는 것이기 때문에 밑술은 일종의 발효제에 속하는 것이다. 주모의 품질은 술덧의 발효와 술의 품질에 큰 영향을 미치게 된다. 그래서 밑술은 한자어로 술의 어머니라는 뜻으로 주모(酒母)라고 표현한 것이며 전통 술 빚기에서 가장 중요한 부분이라 할 수 있다.

술을 담글 때 밑술을 담그는 이유는 첫째는 술의 발효를 도와 알코올 도수를 높이는데 있으며, 둘째는 맛과 향이 좋은 술을 빚기 위해서고, 셋째는 술의 양을 늘리기 위해서다.

단양주 비율=재료량 : 누룩(재료의 20%) : 물(재료의 120~150%)
이양주 비율=재료량 : 누룩(재료의 20%) : 물(재료의 120%)

### 밑술 담금 시 주재료의 처리 방법

① 죽 : 가장 오래된 방법이며 술의 빛깔이 맑으며 발효 기간이 짧아진다. 술을 빨리 만들 수 있는 방법으로 사용되며 대표적으로 일일주, 백하주, 녹파주, 향온주가 술을 담글 때 죽을 사용한다.

② 백설기 : 감칠맛이 뛰어나다. 대표적으로는 국화주, 송절주, 소곡주, 댓잎주, 지황주 등이 있다.

③ 인절미 : 흔한 방법이 아니며 재료의 처리 방법이 힘들고 어려워 널리 이용되지 못하나 감칠맛을 준다. 추모주, 소맥주방, 김천과하주 등이 인절미를 이용하여 술을 빚는다.

④ 개떡 : 맛과 향기가 좋으나 술의 양이 적고 빚기 힘들어 사라지고 말았다. 동정춘이라는 명주, 애주를 담금할 때 개떡을 빚어 사용한다.

⑤ **구멍떡** : 소요되는 재료의 양에 비해 얻어지는 술의 양이 적어 비용부담이 크나 술은 달고 부드럽고 향기가 뛰어나, 과거 부유층이나 사대부가에서 빚어 마시던 고급주에 사용하던 방법이다. 이화주, 감향주, 동양주, 유하주, 정향주, 죽엽춘, 제주오메기술 등에 사용된다.

⑥ **물송편** : 술 빛깔이 맑고 맛과 향이 깨끗하다. 구멍떡이나 개떡 형태의 변형이라고 볼 수 있다.

⑦ **고두밥** : 지에밥이라고도 하며, 술빚기 방법 중 가장 쉬운 방법으로 송화주 외 일반적인 술을 담글 때 사용된다.

⑧ **범벅** : 범벅이란 말은 '설다'와 끓는 물에 잠깐 넣어 슬쩍 '익혀낸다'는 의미를 가진다. 술의 향이 뛰어나고 독한 맛을 주는데 그 방법이 매우 까다로우나 가양주에 널리 이용된다. 삼해주, 사마주 등의 술에 사용된다.

밑술(酒母)의 담금수(水) 배합은 일반 술덧에 비해 급수 비율을 낮추어 담금 농도를 높이는 것이 특징이다. 담근 후 주모의 품온이 오름과 동시에 효모는 증식하고 발효가 왕성하여 괴어오르기 시작한다. 담근 후 8시간 정도 지나면 저어주는데 그 이유는 다음과 같다.

① 용해와 당화가 촉진되고 품온이 균일하게 된다.

② 효모가 증식하는데 필요한 산소를 공급한다.

③ 당분 등의 축적으로 올 수 있는 조기 발효가 방지되는 효과가 있기 때문이다. 담근 날로부터 온도는 되도록 23~25℃ 정도를 유지시켜 4~5일 관리한다.

다시 말해 밑술은 효모증식을 주목적으로 하며 덧술은 알코올 발효를 목적으로 하는 것이다.

## (2) 덧술을 하는 이유

옛 사람들의 오랜 술 빚기 체험 중에 터득하게 된 기법이긴 하겠지만 한 번 담금 하는 단양주 기법에서 밑술을 만들어 두 번, 세 번 덧술을 빚어 술을 앉히는 방법을 터득한 것은 더욱 다양한 술의 품질을 만나게 해주는 계기가 된 것이라고 할 수 있다. 밑술을 담근 후 적절한 시기에 덧술을 해야 하는데 원료양은 2배에서 10배 정도까지 다양하게 늘릴 수 있다. 덧술 담금은 온도를 밑술 담금 보다 1~2℃ 정도 낮은 20~23℃ 정도가 적당하며, 이때는 전분의 당화작용과 당의 발효작용이 병행 되어 일어나게 되며 발효 관리를 잘해 주어야 한다. 덧술을 담근 후 하루 정도(24시간) 지나면서 술덧의 당화와 동시에 알코올 발효가 서서히 진행되기 시작한다. 이때 술덧이 팽창되고 품온은 서서히 올라간다. 초기 2~3일은 가볍게 1일 2~3회 저어주고 품온이 올라가는 것을 방지한다. 즉 효소에 의한 당화와 효모에 의한 알코올 생성이 균형 있게 진행되어야 정상적으로 좋은 술을 얻을 수 있다. 어떤 요인에 의해(대개 겨울철 기온이 지나치게 낮을 때) 당화작용이 알코올 생성보다 지나치게 많으면 포도당이 축적되어 이에 따라 효모의 발효력이 약화되어 발효가 저해 받는데 이를 감패(Sweetification)라 한다. 집에서 술을 담글 때 겨울이면 술독을 이불로 감싸주어야 함은 이 때문이다.

옛 사람들은 덧술 하는 개념을 원래 있던 술에 한 겹 더 위에 술을 덮어 한다고 생각하며 '위 덮는다' 는 표현을 쓰기도 했다. 그래서 처음 담근 술은 밑술이라 하고 나중에 밑술에 보태는 술이라 하여 덧술을 '위덮이' 또는 '우 덮는다' 는 글이 옛 주방문에 많이 나온다. 그리고 밑술 담글 때 옛 주방문에는 다양한 방법들이 나와 있다. 명확하게 구분할 수는 없지만 대체로 나누어 보면 밑술 담금에서 가장 오래된 형태는 '죽' 이었을 것으로 본다. 그런 다음 백설기나 범벅 또는 구멍떡 형태의 다양한 방법이 지역이나 그 집안의 풍속에 따라 달리 하였을 것으로 추측된다.
밑술의 주목적이 효모의 증식에 있다면 덧술은 밑술에서 증식된 효모를 이용하여 안전하게 알코올을 생성시키는데 목적이 있는 것이다. 따라서 좋은 덧술을 만들기 위해서는 반드시 좋은 밑술이 수반되어야 한다. 덧술 담금을 하면 발효기간이 길어지고 술의 품질과 맛, 향이 좋은 고급술을 빚을 수 있으며, 알코올 농도를 높이고, 단양주의 단점을 보완할 수 있다는 장점이 있다. 또한 안정적인 발효를 하여 술 담금의 실패를 줄일 수 있다.

다양한 방법의 밑술 빚기는 술맛이나 향, 알코올 도수 등이 모두 조금씩 다른 다양한 술의 종류를 이끌어 낸 계기가 되었을 것이다. 그것은 밑술의 재료 처리 방법에 따라 당화의 속도, 당분의 생성 또는 효모의 증식도 달라지기 때문이다. 즉 누룩 속에 물이 들어 효소가 추출되는데 죽이나 백설기, 범벅이나 고두밥 등 익힌 정도나 상태에 따라 전분의 당화 속도나 당분으로 전환되는 양(量)이 술의 풍미를 다양하게 만들어 줄 수 있는 것이다. 특히 덧술에는 호화도가 낮은 고두밥이 많이 사용되는데 술이 만들어지는데 필요한 전분질만 빠져나오게 하기 때문이다. 담근 후 당화가 진행되면 누룩 속의 효모가 증식되게 되는데 이때 젖산균과 미생물들도 번식한다. 즉 젖산균은 당류를 발효하여 젖산을 생성하는 세균인데 밑술을 잡균의 침임 없이 순조롭게 효모를 배양하는데 젖산균이 중요한 역할을 한다. 밑술의 ph가 젖산균에 의해 저하되면 비교적 산(酸)에 강한 효모는 생육하기 쉽게 되고, 부패균 등 기타 대부분 세균은 산(酸)을 싫어하기 때문에 자랄 수 없게 되

어 안전주조가 가능하게 된다. 예를 들면 백국균도 산 생성력이 있어 산을 생성하며 생성된 산은 술덧의 ph를 저하시켜 잡균의 오염을 방지하는 역할을 한다. 현대 양조에서는 밑술 담금 시 젖산을 첨가하는 방법을 쓰고 있으나 전통 가양주 담금할 때는 별도로 첨가하지 않고 자연스럽게 자체 생성된 젖산을 이용하고 있다. 이렇게 생성된 젖산균은 또한 효모가 번식하면 미련 없이 후퇴하며 효모의 왕성한 발효를 유지시킬 수 있게 해 준다. 그러나 젖산균은 독소나 불쾌한 냄새가 나지 않는 대신에 과다하게 번식 할 경우 술이 시어지게 하는 산패의 원인이 될 수 있다. 밑술 담근 후 덧술을 한 번 하는 방법을 이양주(二釀酒)라 하고 덧술을 두 번, 세 번 하는 삼양주, 사양주에서는 마지막 덧술 하기 위한 중간 과정을 중 밑술이라 할 수 있다. 덧술하는 형태는 대개 옛날부터 고두밥을 쪄서 하는 방법이 가장 보편화된 방법이다.

## (3) 채주는 어떻게 하는 것이 좋은가?

술이 다 익어서 완성되었을 때 술을 거르는 일을 채주한다고 한다. 옛 사람들은 술독에 성냥불을 켜서 넣어 보면 불이 꺼지지 않는 때를 채주의 시기로 잡았는데 그것은 현재 알코올 발효 시 탄산가스가 배출되는 원리를 이용한 방법과 같은 것이라 할 수 있다. 술덧에 알코올 발효가 일어나는 동안에는 계속해서 $CO_2$가 생성(生成)되므로 부글부글 끓어오르게 되고, 발효가 끝날 무렵부터 잠잠해지면서 맑은 술이 고이고 찌꺼기는 가라앉아 하얀 밥알이 동동 떠 있게 되는 시기가 채주의 적기라고 할 수 있다.

분리된 맑은 술은 찬 곳에서 한 달 정도 숙성하는 동안 오미(五味)가 잘 어우러진 감칠맛 나는 약주가 되는 것이다. 알코올 도수를 높이거나 보관을 더 용이하게 하기 위하여 소주고리에서 증류하여 증류주를 만들기도 하는데 증류주는 오래 보관, 숙성할수록 고급술이 된다.

### 잘 익은 술을 채주하는 방법은 다음과 같다.

① 자배기에 쳇다리를 걸치고 고운 체를 얹어 다 익은 술을 부어 채주를 한다. 술을 부어 채주를 할 때 손에 너무 힘을 주지 않고 가볍게 눌러 채주를 한다. 너무 힘을 주어 채주를 하면 술에 전분질이 너무 많이 나와 술이 탁하고 맛이 텁텁하다.

② 샤주머니에 술을 부어 가볍게 눌러 채주를 한다. 이 또한 채주를 할 때 너무 힘을 주지 않고 채주를 한다.

③ 술이 거의 다 익을 무렵 하루 전에 항아리에 용수를 박아 맑은 술을 채주한다. 술이 잘 익으면 항아리 안의 술덧이 부드러워져서 용수가 잘 들어가지만 술이 잘 익지 않았을 경우 술덧이 빽빽해 용수가 잘 들어가지 않는다. 따라서 용수를 박을 때 술이 잘 익었는지를 알 수 있다.

## (4) 속성주(速成酒)에서 춘주(春酒)까지

술을 빚을 때 온도관리는 무엇보다 중요한데 가장 적당한 온도는 23℃ 안팎이라고 할 수 있다. 위 온도에서라면 20여 일이면 대개 술이 완성되어 채주할 수 있게 될 것이다. 사계절이 뚜렷한 우리나라 기후에서 봄, 가을을 제외하고는 여름은 너무 덥거나 겨울은 너무 추워서 술을 빚을 수 없었을까? 아마도 옛 어른들은 지혜를 모아서 다양한 종류의 주품을 적절하게 개발하여 계절에 순응하며 또는 필요에 따라서 다양한 종류의 가양주를 만들게 되었을 것이다.

### 1) 속성주(速成酒)

급하게 빨리 술이 완성되는 속성주류인 일일주, 삼일주, 칠일주, 십일주, 계명주, 하일청주, 하일점주 등 다양한 속성주 빚는 법이 있다. 이런 술들은 하루나 이틀 만에 술을 완성시켜야 하기 때문에 온도를 높이거나 여름철에 빚는 술이다. 대개는 한 번 담금으로 끝나는 단양주이거나 덧술을 하는 경우라도 일부러 발효온도를 높여준다. 또 한 가지는 미리 누룩을 물에 불려 수곡(水麯)을 만들어 쓰는 것이 속성주(速成酒)에 도움을 줄 수 있으며, 죽을 만들어 빚는 경우에는 따뜻한 곳에서 저어주면 빨리 술을 완성시킬 수 있다. 「규합총서」 에 나오는 일일주(一日酒) 주방문은 "찹쌀을 씻어 담갔다가 가루 내어 죽을 끓인다. 따뜻할 때 고운 누룩가루를 섞어 항아리에 담고 봉하여 따뜻한 곳에 두고 저어주면 하루 만에 술이 된다고 하였다." 삼일주 주방문에도 "미리 누룩을 끓여 식힌 물에 담가 수국을 만들고 고두밥 쪄어 버무린 다음 항아리를 따뜻한 곳에 두면 3일 만에 술이 된다." 고 하였다. 필요에 따라서 빨리 술을 완성시키는 속성주(速成酒)이므로 술의 오묘한 감칠맛을 기대할 수는 없으나 산뜻한 맛과 빨리 완성시킬 수 있다는 점이 매력적이다.

### 2) 춘주(春酒)

속성주류나 보통약주와는 달리 여러 번 덧술을 하여 만들어진 진한 고급약주를 춘주(春酒)라 하는데 특히 옛 문인들이나 사대부 집안에서 빚어 만든 옛 술에 봄 '春'자를 붙인 것으로 추측하기도 한다. 조선시대 술 주(酒)자 대신 봄 춘(春)자가 붙여진 고급술로는 아산춘(雅山春), 약산춘(藥山春), 집성춘(集聖春), 한산춘(韓山春), 노산춘(魯山春) 등이 있다. 또 춘(春)으로 이름 붙여진 술은 아니지만 봄에 저온에서 담금하여 오랜 기간 당화와 발효과정을 거쳐 늦은 봄에야 먹게 되는 고급술들에는 춘주(春酒)류에 속하는 술이 많다.

삼해주, 백하주, 도화주, 두견주 등으로 이른 봄(음력 정월) 저온 담금으로 긴 시간을 서서히 당화와 발효를 진행시켜 맑은 청주만을 채주하여 숙성시킨 술이다. 향(香)이 은은하며 오래 저장해도 변하지 않는 고급술이다. 이런 술은 춘주(春酒)류에 속한다고 볼 수 있다.

### 3) 혼양주

냉장 시설이 전혀 없었던 옛날 더운 여름철에 제사가 들었다든지 혼사나 잔치가 있을 때, 증류주인 소주 이외에 우리 조상들을 또 다른 독특한 술을 빚어 사용하였는데 그것이 혼양주류에 속하는 술이다. 소주는 발효주를 증류시켜 얻는 술이기 때문에 양이 많이 줄어들 뿐 아니라, 맛이 단조로워질 수 있는 대신에 이 혼양주를 만들게 되면 이런 단점들이 보완될 뿐 아니라 또 다른 멋이 숨어 있다고 할 수 있다.

혼양주류에 속해 있는 술로는「규합총서」에 나와 있는 과하주, 송순주, 오종주방문 등이 있다. 이들 술들을 멥쌀이나 찹쌀로 고두밥을 짓고 여기에 누룩과 물을 섞어 술을 빚는데 부재료로는 송순, 대추, 생강, 후추, 육계 등을 넣어 발효시킨다. 발효 과정 중에 적절한 시기를 택하여 소주를 부어주는데, 이 시기와 소주의 양(量)을 잘 조절하여 발효를 끝까지 진행시켜 얻는 술이기 때문에, 그 풍취와 맛이 뛰어나서 보관이 용이한 술들이다. 우리의 술 문화(文化)에서는 한없이 아름답고 오묘함을 느끼게 해주는 부분이라 할 수 있다.

서양에서도 혼양주와 유사한 술 종류가 있다. 와인 등 과일주를 증류해 만든 브랜디를 혼합하는 방법인데, 포르투갈의 단맛이 강한 강화와인인 포트와인(portwine)을 들 수 있다. 이것은 적포도로 와인을 발효시키는 도중에 증류주인 브랜디를 넣어 발효를 중단시키는 방법이다. 스페인산 쉐리(sherry)주도 청포도로 빚은 화이트와인에 브랜디를 첨가한 강화와인으로 유명하며, 이탈리아의 베리뭇(vermouth)은 향료나 식물을 증류주에 담가 그 향이나 색을 우려내서 화이트와인에 섞어 만드는데, 단맛이 강한 스위트와인과 알코올 맛이 강한 드라이와인이 있다. 곡류로 술을 빚으면서 증류주를 첨가하는 혼양주 기법은 더욱 다양하고 창조적인 술의 종류를 탄생시킬 수 있는 분야라고 생각한다.

## (5) 술의 신맛은 어디서 오는가?

발효가 완성되어 채주한 술이 오미(五味)가 잘 조화된 맛있는 술이기를 누구나 원한다. 술에서 약간의 신맛은 맛의 조화에서 필요하며, 발효가 잘된 전통주에서는 발효 중에 생성된 호박산, 능금산 등 유기산의 산미가 있기 마련이다.

다만 술 담금 시, 발효가 중지되며 신맛이 강한 술이 되는 경우는 산패라고 하는데, 원인은 여러 가지 있을 수 있으나, 이것은 효모의 개체수가 부족하여 정상발효가 되지 못한 경우가 가장 많다.

### 1) 발효초기 품온이 높은 경우

발효초기(담근 후 1~3일)에 술덧 중의 효모는 증식을 하여 개체수를 늘려야 되는데 28~30℃의 높은 온도에서는 곧장 발효를 하여, 효모가 소진되므로 보기에는 술덧이 잘 끓어오르는 것 같으나 끓다가 마는 실패한 술이 될 수 있다. 이 때 젖산균이 계속 젖산을 생성하여 산미가 생긴다.

### 2) 단양주(單釀酒)일 경우

전통곡자를 사용하여 술을 담글 때 누룩의 품질이 떨어지거나 또 사용양이 적을 때(10% 미만) 역시 효모의 개체수가 부족하여 알코올 도수가 낮은 술을 얻게 되고, 이때 술덧 중의 젖산이 계속 생기거나 공기 중의 초산균 등에 오염되어 신맛(酸味)이 강한 술이 될 수 있다. 다시 말해, 담금 초기부터 효모의 개체수가 부족하거나 갑작스러운 충격으로 인하여 효모수가 줄어들면 정상발효가 진행되지 못하여 산패가 되는 것이다.

# 6. 우리 술의 분류

우리나라 술, 즉 탁주와 약주의 기원이 언제부터인가는 정확히 알 수 없으나 문헌에 의하면 삼한시대 이전에 전개되어 오랜 세월을 거치는 동안 발전한 것으로 보여 진다. 삼한시대를 거쳐 고려 중기에 이르러 다채로운 양조가 실시되었으며 이때부터 탁주, 약주(청주), 소주 등의 주(酒)종이 명문화되기 시작하였고 조선시대에 와서는 지방, 가정, 계절, 용도 등에 따라 양조방법이 다양해져 그 종류도 대단히 많이 나타났으나 구별하면 약주류, 탁주류, 소주류, 약용주류(家鄕酒類) 등으로 분류할 수 있다. 일반적으로 유명하다고 하는 지방 토속주, 약주류와 약주 제조 시 식물약재 등을 혼화하여 제조하는 약용주류(家鄕酒類)에 속하는 것이 많았다. 이런 주류의 대부분이 그 제조에 있어 양조 원료로는 쌀을 주로 사용하고 발효제로는 누룩만을 사용, 급수비율은 현행보다 적은 것이 많으며 오늘날과 같이 순수 배양한 효모는 사용하지 아니하고 야생효모에만 의존하였으며 1단, 2단, 3단 담금 등으로 제조되었다. 이와 같이 우리나라의 전통주나 토속주는 쌀 등 곡물에 누룩과 물을 섞어 발효시키는 양조곡주와 이를 증류시킨 증류주(소주)류, 이들 곡주류나 증류주에 솔잎, 생약제, 초조목피를 넣어 그 성분과 향기를 우려낸 가향주류 등이 있다.

## (1) 거르는 방법에 의한 분류

전분질 원료에 발효제로 누룩을 버무리고 적당량의 물을 가하여 용기에 담는다. 적당한 온도에서 시간이 지나면 그 용기 속에서 당화와 발효가 이루어져 탄산가스와 술이 나오게 된다. 이 술을 그대로 걸러서 탁하게 마시는 술이 탁주(막걸리)요, 이렇게 채주한 것을 잘 가라앉혀 맑은 술만을 모아 놓으면 청주(약주)를 얻을 수 있다. 일반 양조주는 알코올 도수가 낮아서 (20% 이하) 오래두게 되면 대개 식초가 되거나 부패하게 된다. 이런 결점을 없애기 위해 고안된 것이 소주이다. 옛날 원시적인 방법으로 솥과 솥뚜껑을 이용한 '는지'라 불리던 소주 내림, 또 그보다는 조금 발전된 옹기로 만든 소주 고리를 이용하여 소주를 내리게 되었다. 그밖에 토고리, 동(銅)고리, 쇠(금속)고리 등이 있다.

### 탁주(濁酒), 막걸리

탁하게 빚은 술을 탁주라 하는데 우리나라에서는 가장 역사가 오래된 술이다. 탁주는 고두밥에 누룩을 섞어 빚은 술을 오지 그릇 위에 정(井)자 모양의 거르개를 걸고 체로 막걸러 뿌옇게 텁텁하게 만든 술이다. 삼한시대 이후 양조기술의 발달로 맑은 술인 청주(淸酒)가 등장했지만, 같은 원료를 사용하여 탁하게 빚을 수도 있고 맑게 빚을 수도 있었기 때문에 그 구별이 뚜렷하지 않았다.

### 약주(淸酒), 청주, 맑은 술

탁주에 비하여 맑은 술이며 멥쌀이나 찹쌀로 고두밥을 지어 식힌 후 누룩과 물을 적당량 섞어 20~25℃에서 10~20일 발효시킨 후 숙성되어 술이 괴기 시작하면 용수를 박아 맑은 술을 떠낸다. 또는 멥쌀과 누룩으로 밑술을 먼저 담그고 그 위에 찹쌀을 쪄서 덧술을 하여 만들었는데, 각 가정마다 비법이 많았고 거기에다 인삼이나 다른 약재로 초근목피를 넣어 빚기도 하였다.

### 소주(燒酒), 증류주

발효가 끝나 술이 완성되면 소주고리에 증류하여 알코올 도수를 높여서 휴대가 편리하고 장기보존이 가능하며, 풍미가 좋은 증류주를 얻을 수 있다. 일반 양조주는 알코올 도수가 낮아서 오래 두게 되면 대개 식초가 되거나 부패하게 된다. 이런 결점을 없애기 위해 고안된 것이 증류식 소주이다.

## (2) 담그는 방법에 의한 분류

### 단양주(單釀酒)

쌀이나 찹쌀을 씻어 담갔다 건져 고두밥을 찌고 식으면 적당량의 누룩과 물을 넣어 버무려서 항아리에 담아 두면 온도에 따라 다르지만 10여 일이 지나 술을 얻게 된다. 이렇게 한 번 담금으로 끝마치는 술을 단양주(單釀酒)라 한다. 단양주로는 계명주, 하일주, 하일청주, 하절삼일주, 편주, 동파주, 백하주, 부의주, 옥로주, 점강주, 점강청주, 황화주, 이화주 등이 있다.

· 속성주(速成酒) : 급주(急酒), 급시주(急時酒), 시급주(時急酒), 급청주(急淸酒)

### 이양주(二釀酒)

술 빚는 과정에서 밑술(主母)를 먼저 만들고 한 번 더 덧술 과정을 거치는 양조법이다. 이양주로는 죽엽주, 절주, 두강주, 청명주, 하향주, 향온주, 유화주, 행화춘주, 진양주, 진상주, 일두주, 육병주, 오호주, 일해주, 오병주, 별주, 연해주, 만년향, 당백화조, 단점주, 남성주, 구가주, 경면녹파주, 사절주, 집성향, 소곡주, 벽향주, 백화주, 백하주, 백로주, 녹파주 등이 있다.

### 삼양주(三釀酒)

술을 빚는 과정에서 밑술(主母)을 먼저 만들고 2번의 덧술 과정을 거치는 양조법이다. 삼양주로는 삼해주, 호산춘, 순향주, 성탄향, 삼오주, 일년주 등이 있다.

### 혼양주(混釀酒)

술을 빚는 과정 중에 적당한 시기를 택하여 발효주에 증류주를 가한 다음 발효를 완성시켜서 알코올 도수를 높여서 보관하기 편리하고 독특한 향(香)과 맛을 얻는 양조법이다. 혼양주로는 과하주, 왜미림주, 송순주, 강하주, 녹용주, 구기주 등이 있다.

### 사양주(四釀酒)

밑술 한번과 중 밑술 2번을 거쳐 최종 덧술을 하는 4회 담금을 하는 술로 현대에는 거의 맥이 끊어진 상태이다. 사양주로는 도화주, 사오주, 사마주 등이 있다.

### 오양주(五釀酒)

처음 밑술을 한 후 계속 양(量)을 늘려서 중 밑술을 3번 더한 다음 마지막 다섯 번째 덧술을 하는 술이다. 오양주로는 동파주 등이 있고, 향온주 같은 경우 12번까지 덧술을 할 수 있다고 한다.

## (3) 술 담글 때 넣는 재료에 따른 분류

### 가향약주(加香藥酒)

술에 독특한 향을 주기 위해 꽃, 식물의 잎 등을 넣어 빚는 약주류를 말한다. 꽃이나 잎 등이 갖는 독특한 향미를 우려서 새로운 술을 만든 것이다. 고려시대 이후의 문헌에 나오는 것으로 보아 가향주가 만들어진 역사는 꽤 오래된 것 같다. 가향약주로는 죽엽주, 유화주, 황금주, 송액주, 송절주, 송자주, 송엽주, 송화주, 도화주, 연엽주, 볍주, 닥나무잎술, 국화주, 배화주, 하엽주, 하엽청주, 두견주 등이 있다.

### 약용약주(藥用藥酒)

술을 빚을 때 우리 몸에 좋은 약용 성분이 있는 초근목피(草根木皮)를 함께 넣어 발효시킨 술을 말한다. 위와 같이 여러 가지 분류법이 있으나 양조의 기본 개념은 술을 만드는 재료인 전분질을 곰팡이가 주로 자란 누룩이나 맥아에 생성된 당화효소에 의하여 당분으로 전환되어야 하며, 그렇게 만들어진 당분은 비로소 효모에 의해서 알코올과 탄산가스로 분해된다는 사실이다. 오가피주, 창포주, 복령주, 감국주, 고본주, 무술주, 지황주, 중산황동주, 신선 고본주, 조하주, 밀주, 자주 등이 있다.

## (4) 발효방식에 의한 분류

술은 그 제조방법에 따라 크게 양조주, 증류주, 혼양주, 혼성주 등으로 분류할 수 있는데 양조주는 발효액을 그대로 여과하여 얻는 술이며, 증류주는 발효액을 증류하여 얻게 되고, 혼양주는 양조주를 양조하는 중 적당한 시기에 증류주를 첨가하여 발효를 진행시키는 방식이며, 혼성주는 주정(알코올)에 향초, 당분, 약초, 초근목피 등을 첨가하여 그 향기 성분이나 빛깔을 침출시켜 제조하는 술을 말한다. 또 양조주는 발효방식에 따라 복발효와 단발효로 나누어지며 복발효는 곡류를 주로 사용하여 술을 빚을 때 당화하는 과정을 거쳐야 하는 발효 방식으로 단행 복발효와 병행 복발효로 나눌 수 있다. 병행 복발효는 술덧 중에서 당화하면서 발효가 같은 용기 안에서 행해지는 형식이며 탁주, 약주, 청주가 그 예이다. 단행 복발효란 맥주 제조에서처럼 먼저 맥아를 당화하고 다음 단계로 그 당화된 액을 발효시키는 형식을 말한다. 단발효란 포도 등과 같은 과일은 당분 자체를 함유하고 있으므로 당화라는 과정이 필요하지 않고 알코올 발효만을 행하는 형식을 말한다.

## 1) 증류주

증류란 여러 성분의 액체 혼합물로부터 비점의 차이를 이용하여 목적물을 분리 또는 농축하는 조작이다. 즉 순물질은 각각 고유의 비점을 갖고 있어서 비점이 낮은 물질은 높은 물질에 비해 증기압이 높고 증발하기 쉬운 성질을 갖고 있다. 이 때문에 혼합 용액을 가열 비등시켜 유출되는 증기를 응축시키면 원래의 용액에 비해 비점이 낮은 물질인 풍부한 액이 얻어진다. 이것이 증류의 원리이며 이 조작을 반복하면 낮은 농도의 용액으로부터 순수에 가까운 물질의 액을 얻을 수 있다. 알코올 수용액을 가열하면 알코올 농도에 따라 일정 온도에서 비등하며 이 때 발생하는 증기의 알코올 농도는 원래의 알코올 수용액의 알코올 농도 보다 높게 된다. 이 혼합물(술덧)에 열을 가해 생성되는 증기에는 휘발성이 강한 알코올이 더 많이 있고, 이 증기를 농축하여 생기는 액체는 원래 혼합물의 끓는점보다 더 낮은 끓는점을 가진다. 발효주를 증류하면 휘발성이 강한 즉 비점이 낮은 에스테르(ester), 아세트알데히드(acet aldehyde) 등이 휘산되어 먼저 나오고 다음에 메틸알코올(methanol)도 나온다. 이런 성분들은 몸에 해로우므로 초류(Heads)는 1~2% 정도 버리고 이후 나오는 순수 에탄올은 다 받는다. 그 다음 마지막으로 나오는 프로판올 등과 같은 에탄올보다 휘발성이 낮은 농축액을 후류(tails)라 하고 이 후류는 별도로 받았다가 다음 증류 시 다시 한 번 다른 술덧과 같이 증류하기도 한다.

### 전통소주의 제조기술

소주의 제조는 고려시대와 조선시대를 지나는 동안 양조과정이나 증류 방법에 별다른 변화나 발전이 없었다. 가정에서 증류주를 만들 때는 솥과 시루, 그리고 솥뚜껑 정도가 이용되었다. 이는 가장 원시적인 제조법으로 다 익은 술이나 술지게미를 솥에 담고 뒤집어 덮은 솥뚜껑의 손잡이 밑에 주발을 놓아두고 솥에 불을 때면서 솥뚜껑에는 바가지로 냉수를 붓는다. 열을 받으면 기화되는 술이나 지게미 속의 알코올 분은 솥뚜껑 밖의 찬물에 의하여 기체 상태에서 액화되어 주발에 괴게 되는데 이를 '소주 내린다' 라고 한다. 이러한 형태의 증류기를 '는지' 라고 한다. '는지' 보다 조금 발전된 것이 '고리' 라는 형태의 증류 장치이며, 이 증류 장치는 아래 위의 두 부분으로 이루어져 있고 밑의 것은 아래가 넓고 위가 좁으며, 위의 것은 반대로 밑이 좁고 위쪽이 넓게 벌어져 있다. 이 고리는 흙으로 만든 것이나 구리나 쇠로 만든 것이 있는데 이를 토고리, 동고리, 쇠고리라고 한다.

### 증류방법

소줏고리로 증류할 때 화력(불)의 세기에 따라 맛과 질이 달라진다. 또 소주의 양도 차이가 날 수 있다. 유출액의 온도가 30℃ 전후 되도록 냉각수를 갈아주어 온도를 차게 조절해 주며 초류는 휘발성이 강한 알데히드, 에스테르, 퓨젤유 등이 다량 함유되어 주질을 저하시킬 수 있어 총 유출액의 1~2% 정도 버리는 게 좋다. 또 증류가 진행함에 따라 유출액의 알코올 분이 감소하고 푸르푸랄 등의 물질 때문에 탄 냄새, 원료취, 산취 등의 후류취가 강하게 나게 된다. 역시 마지막 후류도 별도로 받았다가 다음 증류에 쓰거나 폐기한다. 처음 유출액의 알코올 도수는 75% 전후이며 점차 알코올 분이 떨어지고 45% 전후 유출액부터는 백탁 현상이 시작된다. 40%까지 정점이며 알코올분 10% 정도일 때 증류를 중지한다. 증류액의 평균 주정분은 40% 정도 된다.

### 증류시기

우리나라 고유의 소주는 단식 증류기로 증류하기 때문에 알코올 성분 이외에 알데히드, 퓨젤유 등 향미 성분이 많고 원료에 따라 방향성을 갖는다. 또 미숙 술덧은 알코올 분이 낮아 수율이 낮고 점도가 높아서 유출액이 혼합될 염려가 있으며 가열관에 눌러 붙게 되어 좋지 않다. 과숙 술덧은 알코올 분의 증발로 인하여 결감이 생기고 밑술의 자기 소화로 인해 품질이 저하된다. 그러므로 증류시기의 결정에는 신중을 기한다. 보통 증류 시기는 발효가 끝나 술덧에 거품 및 부상했던 원료들이 가라앉을 때이며 더 이상 알코올 분의 증가가 없을 때가 좋다.

### 증류주의 저장 숙성

증류 직후의 소주는 원료 특유의 풍미가 강하고 자극적이며 유성(油性) 물질이 많다. 자극적인 향미는 증류 후 3개월 내에 제거해야 하지만 저장기간이 긴 경우는 특별히 제거할 필요가 없다. 유성물질의 주성분은 고급지방산(ester)이므로 겨울철에는 표면에 떠오르고 봄, 여름에 품온이 높아지면 다시 용해되어 유(油)취의 원인이 되므로 제거해야 된다. 유성물질은 10~15℃ 이하면 응고하므로 5~8℃를 유지하여 12시간 정도 냉각 후 목면으로 여과시키면 제거된다. 일반적으로 증류주는 저장하면 품질이 향상된다.

### 증류주의 정제

목면 여과, 활성탄 여과 또는 체위에 한지를 깔아서 냉각시킨 술을 걸러내는 방법 등이 있다.

### 증류주의 조합

증류주는 증류 직후에는 거친 맛, 즉 강한 향(香)과 약간의 탄취가 날 수 있어 숙성 과정을 거쳐야 한다. 증류한 술을 항아리나 도자기 용기에 담아 6개월에서 1년 정도 숙성시키면 훨씬 부드러운 맛의 고급술이 된다. 또 증류식 소주의 알코올 도수는 기호에 맞게 조합할 수 있다. 신주(新酒)와 고주(苦酒)의 조합, 또는 알코올 도수를 변화시키기 위해 희석식 소주를 블렌딩(조합) 할 수 있는데 주세법에도 증류식 소주에 50% 이하의 희석식 소주를 첨가할 수 있다고 규정되어 있다.

### 순곡증류주

쌀이나 찹쌀, 보리 등 곡류를 익히고 누룩과 물을 섞어 일정한 용기 속에서 발효를 진행시킨 후 얻은 곡주를 소주고리나 기타 단식 증류기로 증류하여 얻은 증류주를 말한다. 순곡증류주로는 안동소주, 문배주, 찹쌀소주, 삼해소주, 홍주, 보리소주, 사철소주, 수수소주, 옥수수소주 등이 있다.

### 약용증류주

몸에 좋은 약용 성분이 우러나는 식물의 열매나 가지, 뿌리 등을 넣고 담근 발효주를 증류하거나, 증류 시 술에 담가서 증류한 술을 말한다. 약용증류주로는 섬라주, 죽력고, 진도홍주, 이강고 등이 있다.

### 가향증류주

증류시 향이나 색 또는 몸에 좋은 성분이 우러나도록 술에 담가서 증류하거나 증류주를 받을 때 통과하도록 하는 방법의 증류주를 발한다. 가향증류주로는 감홍로, 천축주, 토밥소주 등이 있다.

## 2) 침출주(liqueur)

여러 종류의 증류주 또는 주정(알코올)에 과실, 약초, 향초(香草), 종자류(種字類) 등을 넣은 추출물이나 당류, 향료, 색소를 가(加)하여 만든 주류를 말하며 식욕증진제 또는 칵테일(cooktail)로 음용한다. 리큐르(liqueur)의 어원은 녹아들었다는 데서 비롯된다. 중세 연금술사들이 증류주를 만드는 기법을 터득하는 과정에서 우연히 탄생되었다고 할 수 있다.

리큐르(혼성주)는 고대 그리스의 히포크라테스가 와인에 약초를 첨가하여 제조한 것이 기원이라고 한다. 9세기경 증류주(sprits)가 아랍에 의해 제조된 이래 거친 증류주의 맛을 부드럽게 하기 위해 달콤한 시럽(syrup)을 첨가하면서 시작되었다. 그 당시 수도원에서 수도사들이 질병치료 목적으로 와인이나 증류주에 초근목피(草根木皮)를 침출시켜 약으로 사용하였다고 한다.

우리나라에서는 전통적으로 여러 가지 생약, 과일, 초근목피를 넣어 성분을 우려내 침출주를 만들었다. 대표적인 우리의 침출주는 포도주, 모과주, 앵도주, 무화과주, 딸기주, 밀감주, 유자주, 석류주, 송자주 등이 있다. 침출주는 증류주에 설탕, 물, 각종 향미료를 혼합, 별도의 향미(香味)를 지닌 술을 만들 수 있기 때문에 모방이 쉽고 독창적인 개발이 용이하여 독특하고 다양한 술을 창조할 수 있는 분야라고 생각한다.

혼성주는 화려한 색채와 함께 특이한 향(香)을 지녀 이 술을 일명(一名) '액체의 보석' 이라고 말하고 있다. 특히 색채, 향기, 감미(甘味), 알코올의 조화가 균형을 이룬 것이 특징이며 현대에 와서는 주로 식전(食前) 혹은 식후(食後)의 술로 사용하고 있으며 대체로 위장 기능을 도와 소화에 도움을 준다. 또 재료의 성분이나 향(香)을 우려내는 소주로는 전통 순곡 증류주를 쓰기도 하나 현재 우리나라에서 많이 음용되는 희석식소주를 사용하면 대단히 편리하고 저렴하게 다양한 혼성주를 만들 수 있다. 우선 다양한 주정도수(20%, 25%, 35%, 그 이상)의 담금 술을 접할 수 있으며, 자체 소주의 빛깔이 맑고 투명하여 부재료의 갖가지 색깔을 그대로 표현할 수 있는 것이 특징이며 장점이라 할 수 있다.

**침출주를 잘 담그는 요령은 다음과 같다.**

① 신선한 재료를 물기 제거 후 사용한다.
② 침출주 보관 장소는 찬 곳이 더 좋고 햇볕이 들지 않는 곳이 좋다.
③ 용기는 숙성 정도를 관찰할 수 있는 유리병이 좋다.
④ 보관을 위하여 최종 침출주의 알코올 도수가 20% 이상이 되도록 한다.

가양주 형태의 침출주 제조에서 담근 술의 알코올 도수가 20% 이하가 되면 숙성기간 중에 부패할 수 있으며 장기간 보관하기가 힘들어 재료의 양과 넣어주는 소주의 도수를 잘 조절해야 한다. 먼저 재료의 수분 함량이 중요한데 대부분 과실의 경우 수박과 같은 수분이 많은 과일은 수분 함량이 약 90%가 넘으며 일반적인 귤, 사과, 복숭아, 포도 등의 과실은 약 80~85% 정도 된다. 따라서 과실의 수분을 80% 라고 가정하면 부어주는 술의 양을 1리터로 하여 알코올 도수를 측정하는 방법은 다음과 같다.

**〈35% 소주를 1리터 사용했을 때 재료의 수분량에 따른 담금 술의 알코올 도수를 간단하게 측정 할 수 있는 공식〉**

담근 술의 도수 = 35%(넣어주는 소주의 도수) × 1리터(소주량) ÷ (재료의 수분량+소주량)

*재료의 수분 함량이 80% 일 때 담근 술의 알코올 도수 20% 이상이 최적

| | 재료량 | 담근 술의 도수 | 결과 |
|---|---|---|---|
| 술(35%) 1리터 사용시 | 300g | 28% | O |
| | 600g | 24% | O |
| | 900g | 20% | O |
| 술(30%) 1리터 사용시 | 300g | 24% | O |
| | 600g | 20% | O |
| | 900g | 17% | X |
| 술(25%) 1리터 사용시 | 300g | 20% | O |
| | 600g | 16% | X |
| | 900g | 14% | X |

담근 술의 경우 알코올 도수가 20% 정도는 되어야 하므로 35%의 소주를 사용할 경우에는 재료와 술의 비율이 1:1이 되어도 괜찮지만 25% 소주를 사용할 경우에는 재료의 3배 이상은 술을 부어주어야 한다. 이 외에도 재료를 말려 수분을 줄이는 방법도 있다.

### 3) 기타주류

#### 이양주(異壤酒)

특이한 방법으로 담근 술을 총칭하는 것으로 저온 발효법으로 담근 청서주, 생대나무통에서 발효시킨 죽통주, 소나무 뿌리에 묻어 발효시킨 와송주 등이 있다.

#### 기능주(技能酒)

목욕술, 맛술 등 특정의 목적에 이용되는 술이다.

## (5) 개량누룩(조효소제)을 이용한 양조법

판매를 목적으로 빚는 상업화 가능한 개발술을 만드는 방법으로 대량의 쌀을 일정한 맛을 내기 위해 전통곡자보다는 개량누룩(조효소제)를 사용한다. 또한 개량누룩에는 효모가 없기 때문에 별도의 효모를 사용하는 것이 편하다. 시판되고 있는 개량누룩은 밀 껍질(밀기울)을 살균하거나 증자하여, 여기에 당화효소 생성균(주로 거미줄 곰팡이)을 뿌려, 증식시킨 국(麴)의 일종으로 효소역가(S.P.)가 일반 전통곡자의 5배 이상 높은 것으로, 조효소제라고도 한다. 효소 역가가 높아 전통곡자의 1/5양으로 당화가 이루어지며, 품질의 균일화가 가능하여 대량의 술을 실패 없이 담금 할 때 이용할 수 있다. 또 생쌀발효도 가능하며 이때 반드시 별도 효모를 첨가해야 한다. 다만, 전통곡자를 사용할 때 보다 주질(酒質)이 단순하여 맛을 조정할 필요가 있다. 그러나 양조의 기법을 잘 구사하여 적당한 단맛을 이끌어내면 조화로운 술맛을 한결같이 얻을 수 있다. 간편 양조시설을 위생적으로 하기 위하여 발효조(통)의 재질은 스테인리스로 하며 그 밖의 설비는 다음과 같다.

## 대량 기계술을 빚을 때 사용하는 재료 및 기구

### 〈재료〉

**개량 누룩(조효소제)**
술을 빚을 때 사용

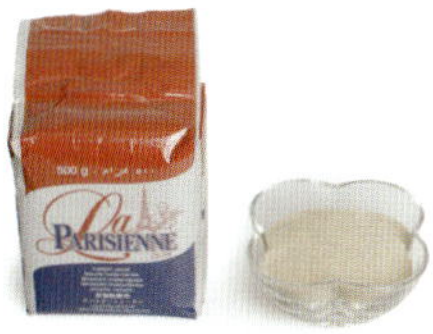


**효모**
술을 빚을 때 사용

**규조토**
술의 전분질을
제거할 때 사용

**필터지**
술의 전분질을
제거할 때 사용

### 〈기계류〉

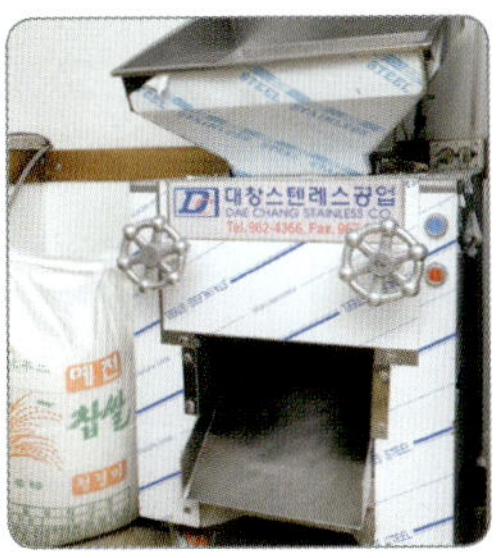


**곡물 분쇄기**
쌀을 빻아 가루로 만드는 기계

**전기스팀 증자기**
고두밥이나 설기를 찌는 기계

**발효탱크(400L)**
술을 발효시키는 통

**냉각시스템**
발효탱크 안의 술덧의 온도를 자동적으로 체크하여 품온이 높을 경우 낮춰주는 시스템

**필터프레스**
술을 거르는 기계

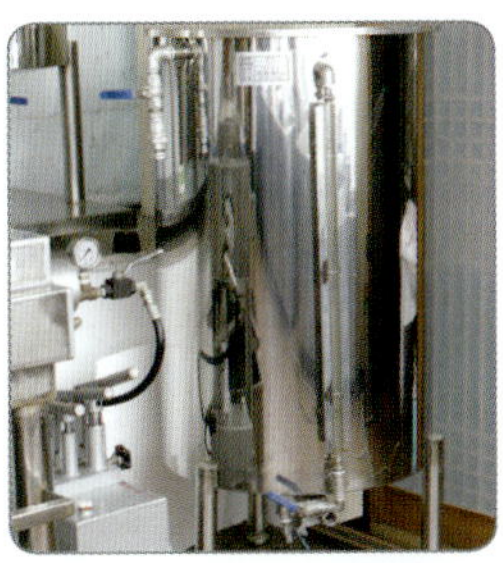

**제성탱크**
원주와 물을 섞어 막걸리를 만드는 통

**저온살균기**
장기 보존을 위한 살균 기계

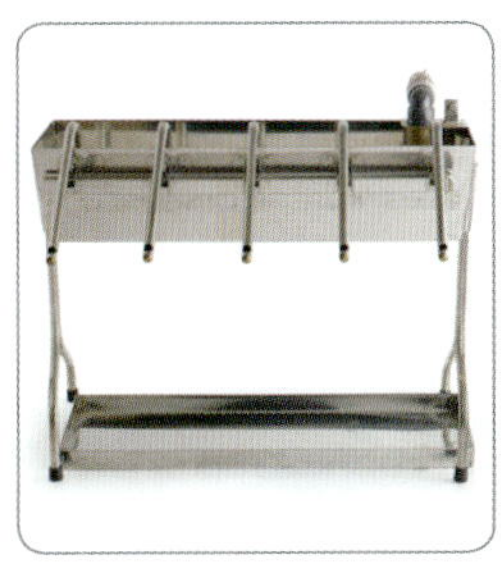

**병입기**
완성된 술을 병에 담을 때 사용하는 기계

## [전통주 작업 공정]

**쌀씻기**

1. 쌀은 맑은 물이 나올 때까지 씻어서 8시간 불리고 1시간 이상 물 뺀다. (총 10시간)

· 저녁에 불리고, 아침에 물 뺀다.
· 쌀은 맑은 물이 나올 때까지 씻는다.

↓

쌀을 찌는 과정

**증자기 또는 찜기**

2. 물기를 제거한 쌀을 증자기 또는 찜기에 안힌다.

· 양이 많을 때는 한번에 다 넣지 않고 2회 정도 나누어 김 오르면 나머지를 다 넣는 방식이 좋다.

3. 증자기 또는 찜기에 김이 오르면 1시간 정도 찐다.

· 멥쌀은 1시간~1시간 20분
· 찹쌀은 40분~1시간

↓

냉각설비
(품온 23℃ 유지)

**냉각설비**

4. 냉각 설비의 설정 온도를 맞춘다.

· 기본설정 : 23~25℃
· 겨울철 설정 온도 : 30℃
· 냉각만 되고, 온도를 올려주는 설정은 없다.
· 여름철 설정온도 : 밑술 25~28℃, 덧술 20~23℃

↓

재료 섞어서
술 빚기

**발효탱크**

5. 다 익은 고두밥은 펼쳐서 25℃로 식혀준다.

6. 고두밥 + 개량누룩(쌀양의 2%) + 물(쌀양의 120~150%)을 섞는다.

(예 : 쌀 20kg일 때 개량누룩 400g, 물 24 *l* (2 *l* × 12번))
· 효모첨가 (미리 담금 수 중 일부에 효모 100g을 넣어 불린다.)
· 효소제도 같은 방법으로 한다.

2주 동안 발효

· 약재를 사용할 경우 약재물을 우린 것과 물을 혼합하여 사용한다.

↓

**여과기**

7. 2주 동안 발효된 술을 여과. 규조토 또는 여과지를 사용하여 여과한다.

↓

**저온살균기**

8. 여과기를 거친 술을 살균기에 넣고 살균한다.

↓

**병입기**

9. 살균이 끝나면 병에 주입한다.
(대량판매 아닌 경우, 보통 여과기까지만 작업)

# 7. 주조(酒造)에 이용되는 미생물

미생물은 그 명칭대로 일반적으로 미세한 현미경적인 생물이다. 주로 단일 세포 또는 균사로 되어 있고, 생물로서의 최소의 생활 단위를 나타내고 있으며 눈에는 보이지 않지만 도처에 존재하고 있다. 양조 및 발효식품은 전통적인 미생물 이용 분야이며 현재에 있어서도 큰 비중을 차지하고 있다. 술, 간장, 된장, 식초 등의 조미료와 제빵 · 낙농발효 제품, 수산 발효제품 등 여러 식품의 제조가공에 있어서 미생물의 amylase, protease 등의 효소, 알코올, 젖산, 유기산 등 생산물이 미묘하게 작용하여 독특한 향미를 형성한다.

양조 발효식품의 제조에는 어떤 한 가지 미생물이 단독으로 관여하는 경우는 드물고 여러 가지 미생물의 혼합 배양에 의하는 경우가 많다. 예를 들면 전분질 원료가 술이 되기까지에는 곰팡이, 효모, 젖산균 등의 역할이 모두 중요하다. 누룩 속의 곰팡이는 여러 가지 효소를 분비하는데 그 중에서 α-amylase는 큰 전분분자를 작은 전분분자로 분해시키는 작용을 하고, gluco amylase는 분해된 전분분자를 더 작은 전분분자인 glucose(포도당)로 까지 분해한다. 효모는 비로소 glucose에 작용하여 알코올 발효한다. 또 잡균의 오염 없이 건전한 발효를 영위하기 위하여 젖산균의 역할도 중요하다.

## (1) 국균속

된장, 간장, 술, 감주 등 양조 공업에 이용되는 곰팡이 대부분이 국균속에 속한다. 균총의 빛깔은 백색, 황색, 녹색, 흑색 등으로 빛깔에 의해서 황국균류와 흑국균류로 분류된다. 여러 가지 효소를 생성하는데 당화력과 단백질 분해력이 강하다.

① 아와모리 흑국균(Aspergillus, awamori)

전분당화력과 단백질 분해력이 강하며 구연산 생산력이 높아 안전주조가 가능하 며 발육온도 30~35℃ 정도이다.

② 가와지 백국균(Asp, Kawachii)

흑국균에 비하여 당화력, 생산력이 강하고 균총이 검지 않아서 우리나라 탁주와 약주 제조에 많이 사용되고 있다.

③ 황국균(Asp, Oryzae)

최적 발육온도는 33℃ 전후며 여러 가지 강력한 효소를 분비하는데 아밀라제, 말타제, 리파제 등과 유기산 생성력, 단백질 분해력 등이 있다.

④ 거미줄 곰팡이속(Rhizopus속)

균총은 처음은 백색을 띠나 점차 회백색, 회흑갈색으로 된다. 발육온도는 12~35℃ 정도이며 최적온도는 25~30℃ 정도이다. 무증자 주조에 이용되는 균속이다.

## (2) 효모(Yeast)

일반적으로 술을 발효시킬 때 가장 중요한 역할을 하는 것은 효모라는 미생물이다. 인류가 최초로 효모를 이용한 것은 술과 빵이라고 추측 할 수 있는데, 밀을 빻아 물에 반죽하여 두면 이것이 부풀고 구우면 맛있는 빵이 된다는 것과 곡류, 과일 등의 액즙이 자연적으로 발효되어 술이 된다는 것을 자연 현상으로 알게 되고 이용하였던 것이다. 그러나 어떻게 빵이 부풀고, 곡류로부터 어떻게 술이 된다는 원리를 알 길이 없었고 그것이 살아있는 미생물인 곰팡이와 효모가 관여한다는 것은 더욱이 알 길이 없었다.

1680년 네덜란드의 '레빈후크' 가 렌즈를 발명하여 미생물의 존재가 확인되고 효모를 발견하게 된 후, 1857년 '파스퇴르' 에 의해 술지게미 속에서 효모가 발견되고 그 효모를 당액에 넣으면 다시 발효하는 것이 알려졌다. 그리고 발효는 미생물에 의해서만 이루어진다는 사실이 밝혀지게 되었다. 그 후 덴마크의 '한샌' 에 의하여 야생 효모 중 우량 효모를 순수 배양하는 방법이 발견되어 현대 양조 공업이 발전하게 되었다. 즉 당분을 변화시켜 알코올과 탄산가스로 되게 하는 효모의 작용을 이용하여 주류공업이 성립된 것이다.
술은 전분질이 미생물의 분해 작용에 의해 알코올을 비롯한 여러 가지 성분이 생성된 발효음료로서 일반적으로 우리나라 주세법상 술이란 15℃에서 알코올 성분 1도 이상을 함유한 모든 기호음료를 말하며 마시게 되면 취하는 기능성 식품이다. 술은 주정(酒精)이 되는 당질의 종류에 따라 그 종류가 다양하지만 술이 만들어지는 과정상의 원리는 모두 같다고 할 수 있다. 다시 말해, 술의 주성분은 주정으로서 화학명으로는 에칠알코올(ethylalcohol), 또는 에탄올(ethanol)이라고 하며 흔히 알코올(alcohol)이라 부른다.

#### ① 효모의 형태와 구조

효모의 영양세포는 구형 또는 타원형을 기본형으로 한 단세포이다. 효모의 표면은 두터운 세포벽과 세포막으로 둘러 쌓여있고 그 속에 세포질이 차 있다.

#### ② 효모의 증식

효모는 세포의 일부가 불룩해지고 싹과 같은 작은 돌기가 생기는 소위 출아법에 의해 증식한다.

#### ③ 효모의 생리작용

당액에 효모를 첨가하여 호기적(好氣的)인 조건으로 배양을 하면 호흡작용을 하여 당분을 효모 자신의 증식에 이용하게 되고, 혐기적(嫌氣的)인 조건으로 배양하면 효모는 발효작용을 일으켜 당분을 에너지로 이용하기 위해 분해한다. 즉 알코올을 생성하므로 발효공법에 이용된다.

- 호흡작용 $C_6H_{12}O_6 + 3O_2 \rightarrow 2CO_2 + 2H_2O + 700$㎉
- 발효작용 $C_6H_{12}O_6 \rightarrow 2CO_2 + 2C_2H_5OH + 66$㎉

#### ④ 효모의 영양

효모에 필요한 양분은 물, 탄소원, 질소원, 미량의 무기질 비타민이다. 탄소원은 주로 생활에 필요한 에너지를 만들고 질소원은 몸체를 구성하고 있는 단백질을 제조하고, 무기질은 생육을 도와주고 비타민도 생장(生長)에 역할을 한다. 효모는 단세포 생물이고 세포 주위에 두꺼운 세포막을 갖고 있어 양분이 투과하지 못한다. 따라서 전분질(탄소원)은 당으로 분해시키고, 질소원은 아미노산 같은 저분자 물질로 분해시켜 준다. 또한 생육에는 최적의 조건들이 있다. 즉 양분의 농도, 배양온도, ph(수소이온농도) 등이 관여된다. 온도는 대개 30℃ 전후 ph는 4~6의 약산성이다.

### (3) 주모(酒母)

술덧을 발효시키기 위하여 효모를 배양한 것이 주모이다. 탁주와 약주 즉 전통주의 발효는 개방 발효이므로 술덧을 건전하게 배양하여야 하며 아울러 우량한 술을 빚기 위해서는 주모의 역할이 아주 중요하다. 이를 위하여 주모로서 갖추어야할 조건 중에 다음 2가지가 가장 중요하다.

하나, 우량 효모를 순수하게 다수 배양해야 한다.
둘, 다량의 젖산 또는 구연산이 함유되어야 한다.

그러나 효모수가 1단(초단)부터 2천만 마리/㎖ 이상만 되면 그다지 중요하지 않다.
순수한 우량 주모가 중요한 것은 그것이 주질(酒質)에 관계가 있기 때문이다. 효모의 종류는 술덧이 발효할 때 생성되는 알코올의 농도와 향기의 유무, 거품의 양과 모양 등에 상당한 영향을 끼친다. 따라서 주질에도 중요한 관련이 있다.

### 품온 관리

주모 관리의 관건은 품온 관리이다. 품온 관리를 잘하면 우수 주모가 되고 적당치 못하면 약성 주모가 된다. 주모 담금 후 20~25℃ 정도로 품온을 지속시키다가 $CO_2$가 막 생기고부터 23℃ 정도 이하가 되게 품온을 관리한다. 겨울철은 주모 독을 이불 또는 담요로 싸서 보온하여 품온이 천천히 올라가게 한다. 겨울철은 품온이 올라가서 문제가 생기는 경우는 거의 없고 다만 냉패(冷敗), 즉 품온이 낮아서 발효가 거의 중단되고 있는데도 당화는 진행되어 소위 감패(甘敗)가 되는 경우가 있다. 봄과 가을은 주모 품온 때문에 어려움이 생기지 않으나 여름철은 발효온도가 높아서 약성 주모가 되는 수가 많다. 즉 약성 주모는 품온이 높아서 효모수가 적은 것 또는 주모가 오래 경과하여 죽은 효모가 많은 것을 말한다.

주모의 제조 목적이 많은 수의 효모를 만드는 것이기 때문에 효모가 가장 잘 번식할 수 있는 품온이 되게 품온 관리를 해야 한다. 즉 번식의 최적온도는 20~23℃ 정도인데도 불구하고 여름의 외기온도가 30℃ 이상까지 된 주모를 냉각하지 않고 두면 35℃ 까지 품온이 상승하게 된다. 이때는 효모수가 아주 적은 약성 주모가 된다. 즉 당분이 상당량 축적되지 않은 상태에서 끓다가 그만두는 주정도수가 낮은 술이 된다. 그래서 여름철은 담금 후 발효가 시작하면서부터 주모 독을 반드시 찬물에 담가 냉각해 주어야 한다.

## (4) 효소(Enzyme)

### 1) 효소의 개념

효소(酵素)는 생물체, 즉 미생물 및 동식물 체내 생활 세포로서 생산되는 유기 촉매로서 단순 단백질 또는 단백질과 다른 물질이 결합된 복합 단백질로 되어 있다. 효소는 화학 반응의 평형에 관계없이 반응 속도를 빠르게 하는 촉매이며, 비교적 저온에서 작용하며 열에 약하여 80℃ 이상 고온, 고압 아래서는 효소가 파괴되어 활성을 잃게 된다.

### 2) 효소의 특성

**① 기질특이성 즉, 작용하는 범위가 정해져 있다.**

아밀라아제(Amylase)는 전분질 분해 효소, 푸로테아제(protease)는 단백질 분해 효소, 리파제(lipase)는 지방 분해 효소, 찌마제(Zamase)는 효모의 주요 효소로서 단당류를 분해하여 알코올과 탄산가스를 생성하는 효소 등이다.

### ② 효소작용의 특성이 있다.

즉 효소 농도의 변화에 따라 항상 정비례 관계가 성립되지 않는다. 일정한 효소량에 대해 기질 농도를 증가시키면 초기에는 반응이 속히 진행되나 어느 한도 이상이 되면 기질 농도와 비례관계가 성립하지 않는다. 또 온도가 높으면 효소 반응 속도는 증가된다. 그러나 고온에서는 효소 자체가 변성하여 활성을 잃게 되고 저온에서는 작용이 장시간 지속되어 다량의 기질이 변성된다. 효소 작용의 온도에는 최대 반응을 일으키는 최적온도가 있다. 그 밖의 효소 작용은 pH(수소이온농도)와도 관계가 있다.

# 8. 주류검사

## (1) 주류 검사의 목적

제조하고자 하는 술이 목표대로 진행되고 있는가를 발효단계와 최종제품에 대하여 이화학적 및 생물학적 방법으로 분석 확인하는데 있다.

## (2) 주류 검사 구분

① **발효검사** : 약주, 탁주, 청주와 같은 주류는 당화와 동시에 알코올발효가 진행되는 병행복발효 방식으로서 당화속도와 발효속도의 균형이 중요한 요인으로 작용하므로 발효일수별로 이화학적 및 생물학적 검사가 필요하다.

② **제품검사** : 균질하고 안전한 품질의 제품을 지속적으로 공급하기 위하여 시행한다.

- 이화학적 분석 : pH, 온도, 비중, 당도, 산도, 알코올도수, 환원당 측정 등
- 생물학적 분석 : 현미경 검사, 효모수 측정, 생균수 측정 등

## (3) 발효관리

① 발효는 담금초기에 효모의 증식이 충분하지 못하여 발효속도보다 당화속도가 빠르며 관리방법에 따라 차이는 있으나 3~4일 이후에는 균형을 유지한다.

② 술덧의 발효는 쌀의 성질(품종, 수확년도)이나 정미비율, 담금배합(특히 담금부배합), 담금온도, 발효온도 등에 의하여 변한다.

③ 술덧 기간(술덧 일수)은 담금온도, 발효온도와 밀접한 관계가 있다. 단기형은 고온경과를 거치며 장기형은 저온경과를 밟는다.

④ 거품의 모양변화 즉 술덧의 발효관리를 위하여 온도와 성분변화 그리고 모양의 변화도 관찰해 두는 것도 중요하다.

## (4) 발효 경과 중에 분석할 내용

pH 측정, 온도 측정, 비중 측정, 당도 측정, 산도 측정, 알코올 측정, 미생물 측정(현미경으로 효모수 측정)

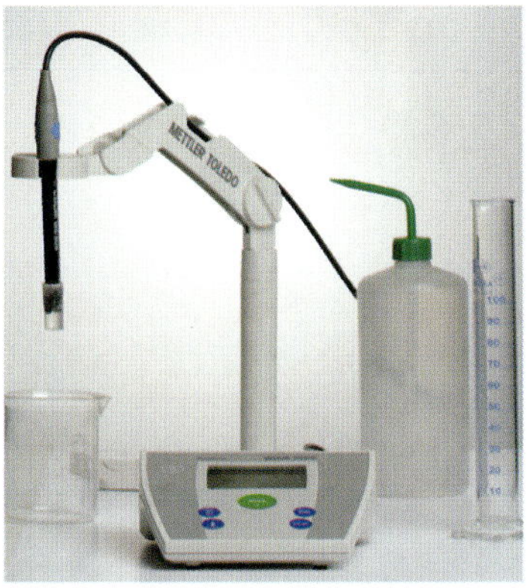

### 1) pH 측정

① pH란 용액의 산성 및 염기성 정도를 나타내는 측정단위이다. 즉, 수용액 중에 섞여 있는 수소이온과 수산화이온의 농도의 비를 말한다. 둘의 농도가 같으면 7이고, 수소이온이 많으면 수치가 작아지고(산성), 수산화이온이 많으면 수치가 높게 된다(알칼리성).

② pH meter(pH 측정에 사용되는 계기) : 전극법에 의한 방법으로 지시기록이 쉽기 때문에 실험실이나 공장 등에서 많이 사용한다.
예) 술 담근 지 3~4일 : pH 4 정도, 술 담근 지 5~6일 : pH 4.5~4.9 정도

### 2) 온도 측정

#### ① 온도계의 종류

· 알코올온도계 : 끝이 뾰족한 가는 유리관 속에 붉게 물들인 에틸알코올을 넣고 밀봉한 온도계로 술덧의 품온 측정에 사용한다.

· 수은온도계 : 수은의 열팽창을 이용한 액체온도계로 알코올도수 측정 시 온도보정에 사용한다.

#### ② 온도 측정의 중요성

품온이 낮으면 발효는 중단된 상태에서 당화가 진행되어 감패(甘霈)가 되는 경우가 있고, 품온이 높으면 효모가 번식보다 발효를 주로 하기 때문에 외관상으로는 잘 끓고 있어 정상같이 보이나 내용면에서는 효모수가 아주 적게 된다. 이와 같은 현상을 조용(早湧)이라 하여 끓어오르다 마는 주정도수가 낮은 술덧이 된다. 그러므로 저온이나 고온으로 주질에 영향을 주지 않도록 반드시 품온은 20℃ 이상~27℃ 이하가 되도록 관리하는 것이 좋다.

### 3) 비중(Specific gravity) 측정

① 비중 측정방법 : 술덧 100㎖를 메스실린더에 넣고 15℃에서 비중계를 살며시 띄워 그 눈금을 읽는다.

② 비중의 측정으로 발효의 진행과정을 짐작할 수 있는데 비중계의 수치가 감소하고 있는 동안에는 발효가 진행되고 있고, 정지 또는 역행하면 거의 발효가 끝났다는 것을 나타내므로 손쉽게 술의 발효 중지를 알 수 있다.

③ 조미 시에 사용한다.

## 4) 당도 측정(Brix)

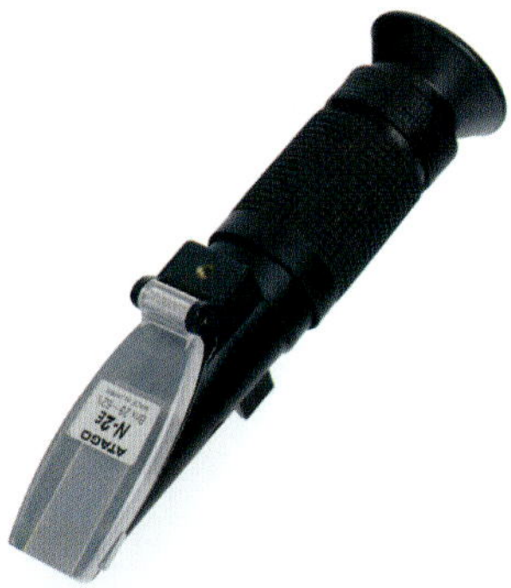


### ① 당도계 측정방법

- 당도계를 증류수로 깨끗하게 닦는다.
  (단, 정밀기계이므로 세게 문질러 닦지 않는다.)
- 굴절면에 시료를 한 방울 떨어뜨려 값을 측정한다.
- 측정 후에는 증류수를 사용하여 깨끗이 닦은 후 건조된 상태로 보관한다.

### ② 당도계의 원리

당도계의 굴절면에 당액을 떨어뜨려 당의 농도에 따라 빛이 굴절하는 원리를 이용한 것이다.

- 당도는 발효가 진행됨에 따라 당이 알코올로 전환되어 감소하게 된다. 그러나 빛의 굴절은 당뿐 아니라 소금, 알코올, 식초, 아미노산, 그 밖의 물질에 의해서도 굴절되므로 오차가 있을 수 있다. 당도계 측정도 간단하고 지시기록이 쉽기 때문에 실험실이나 공장 등에서 많이 사용한다.

## 5) 산도 측정

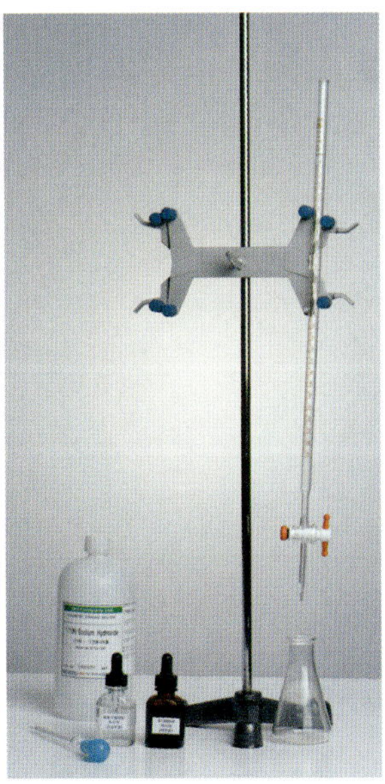

① 피펫을 피펫펌프에 꼭 끼운 후 술을 10㎖ 채취한 후 삼각플라스크에 넣는다. 색이 진한 과실주의 경우 물을 소량 첨가하여 희석한 다음 적정하면 색 변화를 더 쉽게 관찰할 수 있다.

② 삼각플라스크에 지시약을 2~3방울 첨가한다.(약주는 갈색병 지시약, 과실주는 투명병 지시약 사용)

③ 다른 피펫을 피펫펌프에 꽉 끼운 후 0.1N 수산화나트륨 용액을 20㎖ 채운 후 삼각플라스크에 한 방울씩 떨어뜨리면서 삼각플라스크를 흔들어 색의 변화를 살핀다.

- 브롬티몰블루(B.T.B.) & 뉴트랄레드(N.R.) 지시약 : 오렌지색에서 청록색으로 변할 때
- 페놀프탈레인 지시약 : 무색에서 보라색으로 변할 때까지 적정한 다음 사용된 0.1N 수산화나트륨 용액량을 읽는다.

④ 아래 계산식에 의해 총산 농도를 구한다.

### [과실주의 총산]

총산(주석산으로) g/100㎖ = 들어간 적정용액의 양 × 0.0075 × 10

### [약주의 총산]

총산(호박산으로) = 들어간 적정용액의 양 × 0.0059 × 10
예시) 약주로 산도를 측정하였더니 수산화나트륨 적정용액이 4.3㎖ 소비되었다면 약주의 총산은 4.3×0.0059×10 = 약 0.25g/100㎖

## 6) 알코올 측정 : 술덧의 알코올 측정방법

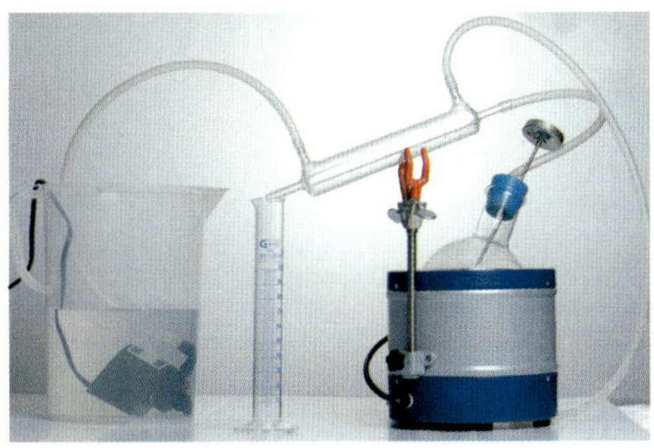

① 술덧 100㎖를 정확히 취하여 500㎖ 삼각플라스크에 붓는다.

② 증류수 100㎖를 채취하여 첨가한다.

③ 소포제와 액화효소제를 약간 량 첨가한다.

④ 증류장치에 연결하고 전원을 켠 다음 냉각수를 가동한다.

⑤ 증류액을 받는 부위에 깨끗이 세척한 100㎖ 메스실린더를 놓는다.

⑥ 증류액이 85㎖가 되면 전원을 차단한다.

⑦ 증류수를 가(加)하여 100이 되도록 맞춘다.

⑧ 입구를 막고 내용물을 잘 혼합한다.

⑨ 15℃ 에서 주정계를 넣어 증류액의 표면과 일치하는 수치를 기록한다.

# 9. 전통주 관능검사

## (1) 관능검사 목적

한국의 전통주인 탁주, 청주, 소주, 가향주 등은 전통주별로 특별한 맛과 향이 있다. 전통주는 만드는 재료의 종류, 산지, 함량, 만드는 이의 정성에 따라 그 맛이 각기 달라지므로 세심한 주의와 관찰력이 필요하다. 따라서 각 술을 빚어서 담근 후에는 꼭 전통주 품평회를 통해 전통주의 참맛을 찾아내고 지속적으로 개발하여야 한다.

## (2) 관능방법

탁주, 청주, 소주, 가향주 별로 술의 특성을 찾아내고 발견하여 이를 점수화 하여 가장 높은 점수를 지닌 술을 찾아낸다. 시료는 원료에 따라 술의 맛에 많은 영향을 미친다. 재료별로 숙성시기별로 맛을 평가하고 기록해 둔다.

### ① 자세히 살펴본다.

전통약주의 색깔은 대체로 황금색을 띠며 엷은 색깔에서 짙은 담갈색을 띠는 것까지 농도에 따라 색이 다르다. 색깔이 옅을수록 담백한 맛을 갖고 색깔이 짙을수록 진한 맛이 나며 오래된 술이다. 좋은 전통약주는 맑고 황금색을 띠는 것이 좋다. 단, 약재 등 곡물이 아닌 원료가 들어간 경우 원료의 색깔에 따라 달라지기도 한다. 일반적으로 술은 오래된 것이 좋다고 생각하기 쉬우나 곡물을 사용한 발효주는 제조한지 100일이 지나지 않는 것이 좋은 경우가 많다.

### ② 냄새를 맡는다.

전통약주에는 크게 나누어 두 가지의 향이 있다.

첫째는 누룩의 독특한 향으로 대개 구수한 느낌의 냄새이다. 누룩향에 익숙지 않은 현대인들은 짙은 누룩향을 좋아하지 않으나 적당한 누룩향은 품격 높은 전통약주에서 빼놓을 수 없는 향이다. 따라서 누룩향에 따라 자기가 좋아하는 제품을 선택하는 것이 중요하다.
둘째로 과실향이다. 과즙을 전혀 사용하지 않았는데도 잘 발효된 전통약주에서는 사과향이나 수박향 등의 과실향이 난다.

### ③ 맛과 향을 함께 음미한다.

전통약주에는 6가지 맛이 있다. 단맛, 신맛, 떫은맛, 쓴맛과 매운맛, 구수한맛, 청량미가 그것으로써 일반적으로 좋은 약주는 6가지 맛이 두드러지지 않고 함께 어우러져 있는 것이 좋은 약주이다.

단맛

덧술법에 의한 전통주의 경우 몇 번의 덧술을 거쳤는지에 따라 감미가 진해진다. 같은 감미의 정도라 하더라도 여러 번 덧술한 것을 선택하는 것이 바람직하다.

신맛

약주의 신맛은 누룩 속의 미생물 조성과 발효경과에 따라 젖산 또는 구연산 등 다양한 유기산에 의해 생기는 자연산미이다.

떫은맛

약주의 떫은 맛은 젖산에서 나온 맛으로 고기안주와 적절하게 어울린다.

쓴맛과 매운맛

약주의 매운 맛은 알코올 성분에 의한 것이며, 쓴맛은 제조에 약재를 사용하였거나 효모 자체가 내는 쓴맛이 있다. 적당한 쓴맛은 식욕을 돋우는 역할을 한다.

구수한맛

약주에서 한국인의 입맛에 매우 중요한 맛으로 많은 단백질이 아미노산으로 분해되어 나는 자연스러운 맛이다.

청량미와 온도

청량미는 약주의 온도와 매우 밀접한 관계가 있는 맛으로 일반적으로 낮은 온도에서는 단맛과 구수한 맛이 감소하고 신맛과 청량감은 증가한다. 따라서 가볍고 산뜻한 맛을 선호하는 사람은 가능한 차게 해서 마시고, 무겁고 복잡한 맛을 좋아하는 사람은 15℃ 정도에서 마시는 것이 좋다.

## (3) 품평요령

품평회를 시작하기 전에는 식사 후 약 2~3시간 후가 좋다. 속이 비어 있어 배고픔을 느낀 후나 식사 후 배부름을 느낄 때는 피한다. 먼저 각 시료를 잔에 따르고 코로는 향을, 눈으로는 빛깔을, 입으로는 술의 맛을 느낀다. 삼킨 후의 끝 맛과 청량감 등도 함께 차례로 느껴본다. 처음에는 향을, 두 번째는 색을, 세 번째는 맛을, 마지막으로는 후미를 느껴 평가지에 순서대로 기록한다. 평가표에 기록할 때는 제시된 시료를 보고 조사할 특성의 강도를 평가하는데, 맛이 강할수록 7점을 약할수록 1점을 준다. 점수가 높을수록 강도가 높은 것을 의미한다. 가장 높은 점수가 특성이 높은 것을 의미한다.

**전통주별 관능평가표(Ⅰ)**

| | 특 성 | 정 도 | | | | | | |
|---|---|---|---|---|---|---|---|---|
| 전통주 | 색 | 1 | 2 | 3 | 4 | 5 | 6 | 7 |
| | 향 | 1 | 2 | 3 | 4 | 5 | 6 | 7 |
| | 단맛 | 1 | 2 | 3 | 4 | 5 | 6 | 7 |
| | 신맛 · 떫은맛 | 1 | 2 | 3 | 4 | 5 | 6 | 7 |
| | 쓴맛 | 1 | 2 | 3 | 4 | 5 | 6 | 7 |
| | 청량감 · 매운맛 | 1 | 2 | 3 | 4 | 5 | 6 | 7 |
| | 걸쭉함 | 1 | 2 | 3 | 4 | 5 | 6 | 7 |
| | 전반적인 기호도 | 1 | 2 | 3 | 4 | 5 | 6 | 7 |

**전통주별 관능평가표(Ⅱ)**

| | 특 성 | | 정 도 | | | | | | |
|---|---|---|---|---|---|---|---|---|---|
| 전통주 | 시각적 평가 | 색채 | 1 | 2 | 3 | 4 | 5 | 6 | 7 |
| | | 투명도 | 1 | 2 | 3 | 4 | 5 | 6 | 7 |
| | | 균질도 | 1 | 2 | 3 | 4 | 5 | 6 | 7 |
| | | 점성도 | 1 | 2 | 3 | 4 | 5 | 6 | 7 |
| | 후각적 평가 | 복합성 | 1 | 2 | 3 | 4 | 5 | 6 | 7 |
| | | 강도 | 1 | 2 | 3 | 4 | 5 | 6 | 7 |
| | | 지속성 | 1 | 2 | 3 | 4 | 5 | 6 | 7 |
| | | 이취 | 1 | 2 | 3 | 4 | 5 | 6 | 7 |
| | | 품질 | 1 | 2 | 3 | 4 | 5 | 6 | 7 |
| | 미각적 평가 | 단맛 | 1 | 2 | 3 | 4 | 5 | 6 | 7 |
| | | 산도 | 1 | 2 | 3 | 4 | 5 | 6 | 7 |
| | | 알코올 | 1 | 2 | 3 | 4 | 5 | 6 | 7 |
| | | 조화도 | 1 | 2 | 3 | 4 | 5 | 6 | 7 |
| | | 숙성도 | 1 | 2 | 3 | 4 | 5 | 6 | 7 |
| | | 지속성 | 1 | 2 | 3 | 4 | 5 | 6 | 7 |
| | | 품질 | 1 | 2 | 3 | 4 | 5 | 6 | 7 |

# 10. 세시풍속(歲時風俗)과 절기주(節氣酒)

세시풍속이란 계절에 따라 관습적으로 반복되는 생활양식을 말하는데 농경 위주의 생활 속에서 세시풍속은 오랜 세월을 거치며 여러 풍속을 낳게 하였다. 그 중 한 가지가 절기주(節氣酒)로 1년 중 특별한 절기(節其)에 맞추어 즐겨 빚어 마셔온 술을 말하는데 대표적인 것으로 다음과 같은 것이 있다.

1월, 설날의 세주(歲酒), 정월대보름의 귀밝이술
3월, 삼월 삼짇날 봄놀이 진달래술(杜鵑酒), 청명일에 마시는 청명주(淸明酒)
5월, 두레꾼의 새참술인 농주(農酒), 단오의 창포술
6월, 6월 보름에 마시는 유두음(流頭飮)
7월, 머슴놀이와 술 먹기(막걸리)
8월, 한가위 동동주
9월, 중양절(重陽節)의 국화놀이(菊花酒)

### 세찬(歲饌)과 세주(歲酒-도소주(屠蘇酒))

청주에 약재주머니를 넣어 담갔다 마시는 설날에 쓰이는 찬술로서 세주(歲酒)라 하는데, 금주령이 내려진 가운데서도 세주(歲酒)만은 가정에서 담가 마셨다. 세주(歲酒)는 도소주(屠蘇酒)를 가리킬 정도로 고려 때부터 도소주(屠蘇酒)를 마시는 풍속이 전해져 왔으나 조선조 이후에 우리나라에서는 그다지 보급되지 않은 것 같다. 「열양세시기(洌陽歲時期)」에는 육계, 산초, 백출, 도라지, 방풍 등을 넣어 빚은 술로서 이 술을 마시면 병이 나지 않는다는 속설이 있어 연소자부터 이 술을 마신다는 기록이 있다. 세주(歲酒)는 차례상을 물리고 나서 온 가족이 각기 한 잔씩의 술을 나눠 마시는 도소음(屠蘇飮)의 풍속을 낳았다.

## 정월대보름날 귀밝이술(耳明酒)

「동국세시기(東國歲時期)」에 이 날 찬술을 마시면 정신이 맑아지고 일 년 동안 귓병이 나지 않으며 한 해 동안 기쁜 소식을 듣게 된다고 한다. 특별한 제조법이 있었던 것은 아니고 설날이나 보름날 쓰기 위해 미리 빚어 두었던 술을 차게 해서 아침 일찍 마시는 술이다.

## 중화절식(中和節食)

중화절(中和節)은 농사철의 시작을 기념하는 음력 2월 초하루에 절식을 즐기는 풍속으로, 중화절식은 조선조 궁중에서 해먹는 여러 가지 음식을 일컫는다. 민간에서는 2월 초하룻날은 노비일(奴婢日), 머슴날이라 하여 그해 풍년을 기원하는 뜻으로 주인이 술과 음식을 내어 노래와 춤으로 즐겁게 해준다. 술은 농주가 이에 해당된다.

## 중삼절식(重三節食)

음력 3월 3일, 삼짇날엔 술과 떡을 빚어 들놀이 하는 풍습이 있었다. 이날 절식은 봄에 피는 진달래꽃을 따다 두견주(杜鵑酒)를 빚고 그밖에 복사꽃 등과 초근목피를 넣어 다양한 술을 빚을 수 있으며 이 날은 진달래화전을 만들어 술과 떡을 같이 낸다.

## 청명일(淸明日)과 한식(寒食)

동지 후 105일째 되는 날이 한식인데 하루 진날이나 같은 날 청명일이 들게 된다. 이 날은 종묘, 육원, 조상의 묘에 성묘하는 풍속이 있다. 이때 절식으로 청명일 20여 일 전에 청명주를 빚어 한식 성묘에 쓴다.

## 단오절(端午節)과 창포주

연중(年中) 가장 양기가 왕성한 날이라고 해서 명절로 삼는 음력 5월 5일은 단오 혹은 수릿날이라고 불린다. 이날 절식으로 수리취절편과 제호탕, 앵두화채 등과 함께 부의주에 창포뿌리를 찧어 만든 창포주를 마신다. 창포주는 창포의 향기가 나쁜 병과 사악한 것을 쫓아 준다고 믿는 벽사풍속(辟邪風俗)에서 유래했다.

## 유두연(流頭宴)

유두날 옛 선비들이 술과 고기를 장만하여 계곡이나 정자를 찾아가 시를 읊으며 하루를 즐기는 연회를 말하며, 음력 6월 보름을 유두날이라고 하는데 유두(流頭)는 동유두목욕(東流頭木浴)의 준말이다. 유두 무렵에 수박이나 참외 등을 따고 떡을 빚어 사당에 올리고 나서야 먹는 옛 조상들의 관습에서 생겨난 풍습이다.

### 백중일(白仲日)과 농주(農酒)

음력 7월 보름을 백중(白仲)이라 하고 백종, 중원, 망혼일이라고 하며 옛날 백 가지 곡식의 씨앗을 갖추어 놓았다 하여 유래한 명칭이라고도 한다. 또 호미를 씻는 날이라 하여 장만한 음식을 먹고 농주를 마시며 농악을 울리고 즐긴다고 한다.

### 중추절(仲秋節)과 신도주(新稻酒)

한가위에는 그해에 처음 수확한 햅쌀로 술을 빚는데 신도주(햅쌀술)라 하며 신도주는 차례상에 송편과 함께 올린다.

### 중양절(重陽節)과 국화주(菊花酒)

「동국세시기(東國歲時記)」에 중양절에는 서울 풍속에 남산과 북악산에 올라가 국화주(菊花酒)를 마시고 국화전(菊花煎)을 먹으며 즐기는 풍습이 있는데 이는 등고(登高)에 옛 풍습을 답습하는 것이라고 기록되어 있다. 구월 구일은 양수(陽數)가 겹쳤다는 뜻에서 절기상 좋은 때로 여겨 제삿날을 모르는 사람과 연고자 없이 죽은 귀신의 제사를 지냈다. 떡과 술을 장만하여 추석과 같이 차례를 지냈다.

### 상달(上月)의 성주제(聖主祭)와 시제(時祭)

음력 10월 보름을 전후하여 4대 조상까지 모시는 사당에 모시지 못한, 5대조 이상의 조상에 대하여 산소에서 한 번에 지내는 제사를 시제(時祭)라고 한다. 이때 제주로는 청주를 썼을 것이다.

### 섣달그믐의 수제(守祭)

조상의 산소에 성묘를 하여 묵은세배를 한다. 섣달 그믐날은 제석(除夕) 또는 작은설이라고 하고 묵은세배를 하며 밤새도록 호롱불을 들고 다녔다.

이와 같이 명절은 경사스러운 의미를 지니고 있어 새 옷으로 갈아입고 맛있는 성찬을 만들었으며, 떡과 술과 음식을 이웃과 서로 나누어 먹었고 신을 제사하거나 조상의 차례를 지냈고 어른께 공경을 표하기도 하는 복합적인 의미를 지니고 있다. 관습적으로 전해오는 명절의 행사는 사람들 생활의 일부이다. 음식도 마찬가지여서 특별한 날 절기에 맞는 음식을 만들고 절기에 맞는 술을 빚어 자연의 변화를 느끼고 즐기며 적절한 의미를 부여하여 자연에 순응하며 살아왔다.

# 11. 향음주례(鄕飮酒禮)

예로부터 우리나라는 술에 대한 문화가 고상하고 아름다워 나름대로 풍습을 이어오면서 술 자체뿐만 아니라 따르는 그릇까지 중요하게 여길 만큼 술을 고귀한 음식으로 여겨왔다. 우리 조상들은 술자리 예절에 대해 엄격하여 술은 어른에게 배우라 하였다. 관례를 치른 성인들만 술을 권하였으며 특히 미성년자에게는 절대 술을 마시지 못하게 하였다. 전통적으로 술을 대접받는다 함이란 육체적, 정신적으로 완전히 성숙한 인격자임을 뜻하는 것으로 술이란 것이 고귀한 음식임을 말하는 것이다.

## (1) 향음주례란 무엇인가?

향음주례(鄕飮酒禮)란 중국에서 술이 만들어졌을 때 사람들이 분별없이 술을 마시는 것에 안타까움을 느낀 주공이란 사람이 술을 마시는 예의를 적어놓은 것으로 우리나라에 건너와 음주예절을 갖게 하기 위해 사용되었다. 향음주례는 주인이 초대한 손님에게 술을 대접하는 '헌빈례', 초대한 분에게 음악을 들려드리므로 흥취를 더했던 '악빈례', 상차림을 준비했던 사람들의 노고를 위로하고 손님을 배웅하는 예를 갖추고 여럿이 차례로 잔을 돌리는 '여수례'로 구성되어 있다. 어른에게 음식을 공양하는 절차를 배우면서 술을 마시는 예법으로 세종대왕이 주나라 예법을 정리하여 육례(六禮 : 관 · 혼 · 상 · 제 · 향음주례 · 상견례)를 제정하여 향교나 서원에서 교과를 가르치게 했다.

향음주례는 그 고을 관아의 수령이 주인이 되고 학덕과 연륜이 높은 분이 큰 손님으로, 그 밖에 유생(儒生)들이 손님으로 모셔져서 이루어졌다. 주연을 마치면 사회자가 마을 사람들 앞에서 부모에게 효도하고 형제간에 화목하게 그리고 이웃 간에 잘 어울리기를 권장하는 글을 읽었다. 향음주례의 목적은 주인과 손님 사이의 예절바른 주연(酒宴)을 통하여 연장자를 존중하고 유덕자를 높이며 예법(禮法)과 같은 풍속을 일으키는 데 있었다. 「국조오례의(國朝五禮儀)」에 의하면 해마다 겨울에 길일을 택하여 한성부와 도, 주, 부, 현의 학당에서 향음주례를 행하도록 기록하고 있는데 해마다 한차례씩 향사례(鄕射禮)와 함께 향음주례를 행한 곳도 있었지만 대부분 향촌의 유림들을 모아서 향음주례를 베풀었다. 조선 성종 때 정읍 신태인 무성서원에 계셨던 불우헌 정극인 선생께서 향리의 유덕자를 공경하고 이웃 간의 화목하는 법을 세워 술을 통해 효와 공손한 예절을 지켜 나가고자 예기(주자예기)에 근거해서 정리한 예법이다. 즉 향촌의 선비, 유생들이 향교나 서원에 모여서 예로서 주연을 함께 즐기는 향촌의례(鄕村儀禮)이다.

## (2) 전통적 음주예법

예부터 술을 마시고 밥을 먹는데도 순서가 있고, 남녀가 만나는 것에도 분별이 있듯이 모든 것에 예를 갖추는 것을 중요시 해왔다. 이렇듯 고서에도 술에 관한 예법이 언급된 것이 많은데 그 예로 공자의 「논어(論語)」에서는 "술을 마실 경우 양을 미리 정해 놓고 마시지 않으나 소란을 피울 정도로 마시지 않는다."고 했으며 주자의 「소학(小學)」에서는 "술이 들어오면 자리에 일어나 주기가 높인 곳으로 가서 절을 하고 술을 받으며, 어른에게 술을 받을 때는 앉은 채로 받지 않고, 젊은이는 어른이 술잔을 들어서 마신 이후에 마시고, 아직 어른이 술을 마시지 않았으면 젊은이는 감히 마시지 못한다."고 하였다. 이처럼 「소학(小學)」에서는 음주예절을 누구나 술자리에서 예의범절을 깍듯이 하고 노래와 춤, 시조를 곁들여 그 운치를 더하였으며 우아하고 고결한 품위로 승화시켰다.

조선후기 실학자인 연암 박지원이 쓴 「양반전」에서는 "술을 마셔 얼굴이 붉게 해서도 안 되고, 손으로 찌꺼기를 긁어 먹지 말고, 혀로 술 사발을 핥아서도 안 된다. 남에게 술을 굳이 권하지 말며, 어른이 나에게 굳이 권할 때는 아무리 사양해도 안 될 경우 입술만 적시는 것이 좋다."라고 하였다. 이처럼 술을 마실 때에도 경건하고 신중을 기하였던 것은 술예절을 통해 자기의 인격을 갖출 수 있었기 때문이다.

## (3) 현대인의 음주예법

① 술과 음식은 너무 걸게 하지 말고 인원과 주량을 참작하여 알맞게 종류와 양을 준비한다.
② 음식물은 자기 접시에 덜어 먹도록 준비한다.
③ 술잔은 전통 주법에 따라 돌려도 되나 깨끗한 물에 잔을 씻어서 돌린다.
④ 술좌석에서 잔을 돌리되 세 순배 이상은 하지 않는 것이 좋다.
⑤ 순배 시에도 술을 마시지 않는 사람은 하례만 하고 다음 사람에게 잔을 돌린다.
⑥ 빈 잔은 당사자의 의견을 물어 가까이 있는 사람이 채워준다.
⑦ 술좌석은 반드시 공개하고 자식이나 제자들에게 술시중을 들게 한다.
⑧ 대접 받았을 때는 적당한 시간 여유를 두어 갚는 것이 좋으나 2차, 3차는 경박한 풍조이다.
⑨ 술자리는 좌중의 가장 윗사람이 일어나면 모두 자리를 파하여 돌아간다.
⑩ 술자리가 파할 때 술자리에 대한 답례인사는 그 다음날 하는 게 좋다.
⑪ 술자리에 아는 사람이 오면 반드시 술 한 잔 권한다.
⑫ 술자리의 상석은 문에서 안쪽, 자리 중 중앙으로 하고 원칙적으로 편안한 자리가 상석이며 자리 배정은 초청자 또는 좌장이 정해준다.
⑬ 술과 함께 깨끗한 물을 준비하여 술잔을 씻을 수 있도록 한다.
⑭ 말할 때는 술잔이나 가진 물건을 놓고 말한다.
⑮ 어른과 함께 한 술자리에서 어른이 '고개를 돌리지 말고 마시라'는 말이 없을 때는 고개를 약간 모로 하여 마신다.

# 아름다운 우리 술 빚기

## 제2부
## 아름다운 우리 술 빚기

# 부의주(浮蟻酒)

술이 다 익으면 밥알이 하얗게 떠오르는데 마치 개미 유충 같다 하여 붙여진 이름이다.

### 재료 및 분량

찹쌀 1kg, 누룩 300g, 끓여 식힌 물 1.5ℓ

### 만드는 방법

1. 끓여 식힌 분량의 물에 누룩가루를 넣고 잘 섞어 1시간 정도 침국시킨다.
2. 찹쌀을 깨끗이 씻어 물에 5시간 담갔다 건져 1시간 정도 물기를 빼고, 김이 오른 찜기에 40분 정도 고두밥을 찐 다음 채반에 펼쳐서 식힌다.
3. 침국한 누룩은 샤주머니에 넣고 짜서 찌꺼기는 버리고 누룩즙을 만들어 식힌 고두밥에 넣고 버무려 빚어서, 항아리에 담아 23~25℃ 정도의 온도에서 7~10일 정도 발효시킨다(겨울철에는 발효기간이 10~15일 정도 걸린다).
4. 술이 완성되어 밥알이 하얗게 뜨면 용수를 박아서 하루 정도 두었다가 가운데 맑은 술이 고이면 채주하여, 23~25℃의 찬 곳에서 10여일 더 숙성시킨 다음 동동주로 마신다.

*용수(술 빚는 물)를 끓여 차게 식혀 사용하면 잡균의 오염을 막을 수 있다.

# 연엽주(蓮葉酒)

연잎이 나지 않는 계절에는 연근(蓮根)을 얄팍하게 썰어 같이 버무려 사용하기도 한다.

### 재료 및 분량

멥쌀 1kg, 누룩 200g, 생연잎 1장, 끓여 식힌 물 1.5ℓ , 솔잎 5g

### 만드는 방법

1. 멥쌀은 깨끗이 씻어 물에 5시간 담갔다 건져 1시간 정도 물기를 빼고, 김이 오른 찜기에 1시간 정도 고두밥을 찐 다음 채반에 펼쳐서 식힌다.
2. 식힌 고두밥에 누룩(150g)과 물을 넣고 버무린다.
3. 항아리 밑에 연잎을 펴 넣고, 그 위에 버무린 고두밥을 넣고 별도의 누룩(50g)을 켜켜로 뿌려 23~25℃에서 10~15일간 발효시킨다.
4. 발효가 끝난 술은 용수를 박아서 하루 정도 두었다가 가운데 맑은 술이 고이면 채주하고, 남은 술은 좋은 물을 부어가며 고운체에 걸러 막걸리로 마신다.

*용수(술 빚는 물)를 끓여 차게 식혀 사용하면 잡균의 오염을 막을 수 있다.

# 구기자주

겨울에는 구기자 뿌리, 봄에는 구기자 잎, 여름에는 구기자 꽃, 가을에는 구기자 열매를 그늘에 말렸다가 술을 담가 먹으면 기운을 보(補)하고 피로를 없애 준다. 충청남도 청양 지방의 구기자가 유명하다.

### 재료 및 분량

찹쌀 1kg, 누룩 200g, 구기자물 1.5ℓ (구기자 열매 50g, 물 2ℓ )

### 만드는 방법

1. 구기자에 2ℓ 의 물을 넣고 센불에서 끓기 시작하면 약불로 낮추어 30분 정도 끓여 구기자 물량이 1.5ℓ 정도가 되게 한다.
2. 식힌 구기자물에 누룩을 넣고 1시간 정도 침국시켜 구기자 누룩즙을 만든다.
3. 찹쌀을 깨끗이 씻어 5시간 물에 담갔다 건져 1시간 정도 물기를 빼고 김이 오른 찜기에 40분 정도 올려 고두밥을 찐 다음 채반에 펼쳐서 식힌다.
4. 미리 준비한 구기자 누룩즙에 고두밥을 넣고 잘 버무려 빚어서 항아리에 담아 23~25℃ 정도의 온도에서 약 15일간 발효시킨다.
5. 발효가 끝난 술은 용수를 박아서 하루 정도 두었다가 가운데 맑은 술이 고이면 채주하고, 남은 술은 좋은 물을 부어가며 고운체에 걸러 막걸리로 마신다.

# 수운잡방의 **일일주**(一日酒)

따뜻한 곳에 두어 하루 만에 빨리 맛있는 술을 얻을 수 있다. 잔치가 있을 때 급주로 담그면 좋은 술이다.

### 재료 및 분량

멥쌀 1kg, 누룩 200g, 좋은 술(生酒) 300cc, 끓여 식힌 물 1.2ℓ

### 만드는 방법

1. 분량의 물에 누룩과 좋은 술(生酒)을 넣고 잘 섞어서 항아리에 담는다.
2. 멥쌀을 깨끗이 씻어 물에 5시간 담갔다 건져 1시간 정도 물기를 빼고 김이 오른 찜기에 1시간 정도 고두밥을 찐 다음 채반에 펼쳐서 식힌다.
3. 고두밥이 따뜻할 때 1의 항아리에 넣은 다음 25~28℃의 따뜻한 곳에 하루 동안 둔다.
4. 하루 만에 익으면 고운체에 걸러 채주한다.

# 홍주

고려 말엽부터 진도 지방에서 빚어 온 증류주로 붉은 빛이 아름다운 명주(名酒)이다. 시간이 지날수록 술 색이 자주색으로 변한다.

### 재료 및 분량

멥쌀 1.5kg, 보리쌀 500g, 누룩 600g, 끓여 식힌 물 4.5ℓ, 지초 30g

### 만드는 방법

#### 술 담금

1. 멥쌀과 보리쌀을 깨끗이 씻어 물에 5시간 담갔다 건져 1시간 정도 물기를 빼고, 김이 오른 찜기에 올려 1시간 정도 찐 다음 채반에 펼쳐서 식힌다.
2. 식힌 고두밥에 누룩과 물을 넣고 함께 잘 버무려 빚어서 술독에 넣고 23~25℃ 에서 7~10일 정도 발효시킨다.

#### 증류

1. 예열 : 숙성된 술덧을 솥에 넣고 온도가 60℃ 정도 되도록 저어 김이 나도록 가열한다.
2. 예열된 솥 위에 소주고리를 얹고 시룻번을 붙여 밀봉하고 소주고리 맨 위의 냉각수 담는 그릇에 찬물을 붓는다.
3. 소주고리 부리 밑에 소주를 받을 술 용기를 놓고 그 위에 면보를 깔고 지초를 올려놓아, 부리를 타고 내려오는 술이 지초에 떨어져 홍색으로 착색이 되도록 한다.
4. 이렇게 받은 증류주는 알코올도수(약 40%)가 높은 붉은색의 홍주가 된다.

# 도인주(桃仁酒)

고려 때 유입된 외래주(外來酒)의 일종으로 중탕하여 빚은 술이다. 술맛이 쌉쌀하며 가을에 어울리는 술이다

### 재료 및 분량

도인(복숭아 속씨) 50개, 청주 1병

### 만드는 방법

1. 도인을 물에 담갔다가 껍질을 벗긴 다음 뾰족한 배아는 떼어낸다.
2. 도인에 청주를 부어 분마기에 간 후 고운체에 걸러 항아리에 담아 봉하고 솥에 물을 넣고 그 위에 띄워 중탕한다.
3. 술 빛이 누런빛을 띠면 잘된 술이다.

# 삼일주(三日酒)

일일주(一日酒)와 함께 3일 만에 급하게 담그는 전통주이다.

### 재료 및 분량

찹쌀 1kg, 누룩 250g, 물 1.2ℓ , 좋은 청주 300cc

### 만드는 방법

1. 누룩에 물을 넣고 3시간 침국시켜서 샤주머니에 넣고 짜서 누룩즙을 준비한다.
2. 찹쌀을 깨끗이 씻어 물에 5시간 담갔다 건져 1시간 정도 물기를 빼고 김이 오른 찜기에 올려 40분 정도 찐 다음 채반에 펼쳐서 식힌다.
3. 식힌 고두밥에 누룩즙을 넣어 버무려 빚어서 항아리에 담고, 좋은 술을 부어 28℃ 정도의 온도에서 매일 2~3회 저어주면 삼일 만에 좋은 술이 된다.
4. 동동주로 그대로 떠 마시기도 하고, 고운체에 걸러 막걸리로 마시기도 한다.

# 모주(母酒)

「조선무쌍신식요리제법(朝鮮無雙新式料理製法)」에 기록되어 있는 모주는 술지게미에 물을 넣어 거른 탁주이다. 지금 이 방법은 변형된 방법이다.

### 재료 및 분량

쌀 막걸리 5ℓ
생강 100g, 대추 50g, 감초 50g, 인삼분말 50g, 갈근분말 50g, 계피분말 30g

### 만드는 방법

1. 솥에 분량의 막걸리를 넣고 중불에서 끓인다.
2. 생강은 깨끗이 씻어 얇게 썰어 놓고 대추는 씨를 발라내고 감초와 함께 잘게 썰어 놓는다.
3. 인삼과 갈근(칡), 계피를 갈아서 분말을 만들어 놓는다.
4. 막걸리가 끓기 시작하면 얇게 썰어 둔 생강과 씨를 뺀 대추, 잘게 썰어 둔 감초, 그리고 분말로 만든 인삼, 갈근을 차례로 넣는다.
5. 술의 색깔이 암갈색으로 변하면서 그 양이 3ℓ 정도로 줄어들면 맛을 보고 알코올 성분이 없어졌으면 계피분말을 넣는다.
6. 불을 끄고 솥에서 퍼내어 따뜻할 때 마신다.

# 하일청주(夏日淸酒)

누룩을 샤주머니에 넣고 미리 좋은 물에 불려 누룩즙을 짜내서 고두밥을 넣고 버무려 담그면 오래 되어도 맛이 변하지 않는다. 여름철에 담그는 대표적인 술이다.

### 재료 및 분량

찹쌀 1kg, 누룩 200g, 끓는 물 1.5ℓ

### 만드는 방법

1. 찹쌀을 깨끗이 씻어 끓는 물에 하루 동안 담갔다 건져 1시간 정도 물기를 빼고, 쌀 담갔던 물 1.7ℓ 를 받아 놓는다. 김이 오른 찜기에 물기 뺀 찹쌀을 40분 정도 찐다.
2. 받아 놓은 쌀 담갔던 물을 끓여 식힌 뒤 고두밥에 섞는다.
3. 식힌 고두밥에 누룩을 넣고 버무려 빚어서 항아리에 담아 23~25℃ 정도에서 약 15일간 발효시킨다.
4. 발효가 끝난 술은 용수를 박아서 하루 정도 두었다가 가운데 맑은 술이 고이면 채주하고, 남은 술은 좋은 물을 부어가며 고운체에 걸러 막걸리로 마신다.

*쌀을 담갔던 물을 끓여 반은 고두밥에 붓고 반은 식혀 누룩을 침국시킨 후 샤주머니에 담아 입구를 묶은 다음 술독 밑에 넣고 술 담그면 더욱 좋다고 전해 내려온다.

# 동방주(東方酒)

동방주(東方酒)는 옛날부터 진도 지방에서 담가 마시던 술이다. 밥알까지 함께 떠서 마시는데, 단맛이 강한 것이 특징이다.

### 재료 및 분량

멥쌀 1kg, 누룩 200g, 생 막걸리 1ℓ , 끓여 식힌 물 300cc

### 만드는 방법

1. 멥쌀은 깨끗이 씻어 물에 5시간 담갔다 건져 1시간 정도 물기를 빼고, 김이 오른 찜기에 1시간 정도 찐 다음 채반에 펼쳐서 식힌다.
2. 분량의 막걸리와 물에 누룩을 1시간 동안 침국시킨 다음 샤주머니에 담아 입구를 묶고 술독에 넣는다.
3. ②에 식힌 고두밥을 넣어 손으로 아래, 위로 젓는다.
4. 술독은 베보자기로 씌우고 25~28℃ 정도의 실내에서 5~6일간 발효시킨다.
5. 고운체에 걸러 채주하여 마신다.

# 보경가주(寶鏡家酒)

하일주(夏日酒)로 술맛이 매우 좋으며 빚을 때 생수(生水)는 금한다고 한다.

### 재료 및 분량

찹쌀 1kg, 누룩 200g, 끓는 물 1.2ℓ

### 만드는 방법

1. 찹쌀을 깨끗이 씻어 물에 5시간 담갔다 건져 1시간 정도 물기를 빼고 김이 오른 찜기에 40분 정도 찐다.
2. 뜨거운 고두밥에 끓는 물을 부어 버무리고 식으면 누룩과 섞어 버무려 빚어서 항아리에 담고, 23~25℃ 정도에서 약 7일간 발효시킨다.
3. 7일 후 술이 완성되어 갈 무렵(발효 끝나기 전) 하얗게 떠오르는 윗부분의 밥알을 건져 놓고, 나머지는 고운체에 채주하여 찌꺼기는 버리고 맑은 술만 항아리에 담는다.
4. 건져 놓은 밥알을 다시 맑은 술에 넣고 7일이 지나면 그 맛이 매우 좋다.

*고두밥에 뜨거운 물을 부으면 빨리 스며들어 부풀면서 효소의 반응이 빠르고 쉽게 진행되어 초기 발효율을 높일 수 있다.

# 도소주(屠蘇酒)

정월 초하루에 마시는 세주(歲酒)로 진나라 때 「형초 세시기」에 보면 차례 지낸 후 세배하고 나이 적은 사람부터 동쪽을 향하여 마시는 도소음(屠蘇飮)의 풍속이 있었다고 한다.

### 재료 및 분량

찹쌀 1kg, 고운 엿기름 가루 320g, 끓는 물 2ℓ
찹쌀 2kg, 누룩 400g, 끓여 식힌 물 1.5ℓ
길경 20g, 산초 7g, 백출 25g, 방풍 20g, 육계 20g, 계심 7g, 붉은 팥 14개, 끓여 식힌 물 1컵

### 만드는 방법

1. 찹쌀을 깨끗이 씻어 물에 5시간 담갔다 건져 1시간 물기를 빼고 김이 오른 찜기에 40분 동안 쪄서 따뜻할 때 고운 엿기름가루와 버무리고 물을 넣어 저은 후 따뜻한 곳(30℃ 정도)에 두어 12시간 정도 삭힌다.
2. 밥알이 삭았으면 엿기름물을 끓여 식으면 샤주머니에 넣고 짠다.
3. 찹쌀을 깨끗이 씻어 물에 5시간 정도 담갔다 건져 1시간 정도 물기를 빼고, 김이 오른 찜기에 40분 정도 찐 다음 채반에 펼쳐서 식힌다.
4. 식힌 고두밥에 누룩과 끓여 식힌 물, 엿기름 달인 물을 넣고 잘 버무려 빚어서 항아리에 담아 20~23℃ 정도에서 3주간 발효시킨다.
5. 준비한 약재를 면주머니에 넣고 끓여 식힌 물에 하룻밤 담갔다가 건져서 약재물을 만든다. 준비한 약재물에 채주한 맑은 술을 넣고 한소끔 끓인다.

*맑은 청주를 끓일 때 넘지 않도록 주의한다.

# 송엽주(松葉酒)

송엽주(松葉酒)는 솔잎 달인 물을 넣어 빚은 술로 각기병과 풍비(風痹)를 다스린다고 한다.

### 재료 및 분량

솔잎 물 : 솔잎 50g, 물 3ℓ
멥쌀 1kg, 누룩 250g, 솔잎 물 2ℓ

### 만드는 방법

1. 솔잎은 깨끗이 씻어 30ℓ 의 물에 넣고 센불에서 끓기 시작하면 약불로 낮추어 1시간 정도 끓여 물량이 2ℓ 가 되도록 하고, 솔잎 찌꺼기는 버린다.
2. 멥쌀을 깨끗이 씻어 물에 5시간 담갔다 건져 1시간 동안 물기를 빼고 곱게 가루로 빻는다.
3. 끓는 솔잎물에 멥쌀가루를 넣고 잘 섞어 죽을 만들어 식힌다.
4. 식힌 죽에 누룩을 넣고 잘 버무려 빚어서 항아리에 담은 후 20~23℃ 정도에서 21일 정도 발효시킨다.
5. 발효가 끝난 술은 용수를 박아서 하루 정도 두었다가 가운데 맑은 술이 고이면 채주하고 남은 술은 좋은 물을 부어가며 고운체에 걸러 막걸리로 마신다.

*솔잎, 솔가지, 송순 등을 술에 사용할 때는 꼭 데치거나 삶아서 사용한다.

# 계명주(鷄鳴酒)

여름철 황혼 무렵에 술을 빚어 다음날 새벽닭이 울면 먹을 수 있는 술이라 하여 붙여진 이름이다.

### 재료 및 분량

조청 400g, 누룩 300g
옥수수 1kg, 수수 250g, 엿기름 600g, 끓여 식힌 물 2.6ℓ , 솔잎 10g

### 만드는 방법

1. 누룩에 조청을 넣고 6~7일 정도 담가 누룩을 불린다.
2. 옥수수와 수수를 깨끗이 씻어 8:2의 비율로 섞어 12시간 정도 물에 담갔다 건져 물기를 빼고 가루로 빻아 식힌 물과 엿기름을 섞는다.
3. 준비한 재료를 솥에 넣고 잘 삭을 때까지 은근히 끓인 다음 자루에 넣고 눌러 짜서 엿밥을 걸러 내고, 다시 끓여 걸쭉하게 죽의 농도로 만들어 식힌다.
4. 식힌 죽에 조청에 불린 누룩과 솔잎을 넣고 고루 잘 섞어 항아리에 담아 23~25℃ 정도의 온도에서 8일간 발효시킨다.
5. 술 발효가 끝나면 고운체에 걸러 엿 탁주인 계명주를 만든다.

# 건주법(乾酒法)

봄에 담그면 좋으며 건주(乾酒)는 백병(百病)을 다스리는 처방이라고 한다. 부자, 오두, 촉산은 모두 독이 있는 약재이므로 신중히 써야 한다.

### 재료 및 분량

참쌀 1kg, 누룩 200g, 끓여 식힌 물 1.5ℓ
부자 $\frac{1}{4}$개, 생오두 $\frac{1}{4}$개, 생강(또는 건강) 5g, 계피 5g, 촉산 2g

### 만드는 방법

1. 찹쌀을 깨끗이 씻어 물에 5시간 담갔다 건져 1시간 정도 물기를 빼고 김이 오른 찜기에 40분 정도 찐다.
2. 누룩, 부자, 생오두, 생강(또는 건강), 계피, 촉산을 섞어 모두 같이 빻아서 약재가루로 만든다.
3. 약재가루를 고두밥에 섞어 끓여 식힌 물과 잘 버무려 빚어서 항아리에 담아 23~25℃ 정도의 온도에서 7~10일간 발효시킨다.
4. 발효가 끝난 술을 용수를 박아서 하루정도 두었다가 가운데 맑은 술이 고이면 채주하고, 남을 술은 좋은 물을 부어가며 고운체에 걸러 막걸리로 마신다.

*춘주(春酒) 담글 때 만들면 더욱 좋다고 한다.

# 청감주(青甘酒)

물을 사용하지 않고 대신 좋은 술을 써서 빚으면 그 맛이 꿀맛과 같이 달다고 했다.

### 재료 및 분량

찹쌀 1kg, 누룩 150g
끓여 식힌 물 750cc, 좋은 생주(生酒) 750cc

### 만드는 방법

1. 찹쌀을 깨끗이 씻어 물에 5시간 담갔다 건져 1시간 정도 물기를 빼고 김이 오른 찜기에 40분 정도 찐 다음 채반에 펼쳐서 식힌다.
2. 식힌 고두밥에 누룩, 좋은 술, 물을 넣고 버무려 빚어서 항아리에 담고 23~25℃ 정도에서 10일간 발효시킨다.
3. 발효가 끝난 술은 용수를 박아서 하루 정도 두었다가 가운데 맑은 술이 고이면 채주하고, 남은 술은 좋은 물을 부어가며 고운체에 걸러 막걸리로 마신다.

## 규합총서의 일일주(一日酒)

농번기에 들에 나가 일할 때 저녁에 빚어 다음날 아침에 들고 나가 마시는 속성주이다.
수운잡방의 일일주는 좋은 생주(生酒)가 들어가고 규합총서의 일일주는 찹쌀가루로 죽을 만들어 사용하는 차이가 있다.

### 재료 및 분량

찹쌀 1kg, 누룩 300g, 물 2ℓ

### 만드는 방법

1. 찹쌀을 깨끗이 씻어 물에 5시간 담갔다 건져 1시간 물기를 빼고 가루 내어 죽을 끓인다.
2. 따뜻할(20~23℃) 때 누룩가루를 섞어 항아리에 담고 2시간 정도 거품이 나도록 저어준다.
3. 이것을 봉하여 28℃ 정도의 따뜻한 곳에 두면 하루 만에 술이 된다.
4. 발효가 끝나면 고운체에 걸러 채주해서 마신다.

# 하일점주(夏日粘酒)

여름철에 담그는 독특한 방법인데 술맛이 단양주이면서도 맛이 오묘하다.

### 재료 및 분량

찹쌀 1kg, 누룩 300g, 끓여 식힌 물 1.5ℓ

### 만드는 방법

1. 찹쌀을 깨끗이 씻어 물에 5시간 담갔다 건져 다시 끓여 식힌 물에 3일간 담가둔다.
2. 3일이 지난 후에 찹쌀은 건져 1시간 물기를 빼고 김 오른 찜기에 40분 정도 쪄서 채반에 펼쳐 차게 식힌다.
3. 찹쌀 담갔던 물을 다시 한 번 끓인다.
4. 식힌 고두밥에 끓여 식힌 물과 누룩을 섞어 버무려 빚어서 항아리에 담고 23~25℃에서 7~10일 정도 발효시킨다.
5. 발효가 끝난 술은 용수를 박아서 하루 정도 두었다가 가운데 맑은 술이 고이면 채주하고, 남은 술은 좋은 물을 부어가며 고운체에 걸러 막걸리로 마신다.

# 죽엽주(竹葉酒)

「임원십육지(林園十六志)」에 나온 술로 풍과 열을 제거하고 정신이 맑아지게 하는 효력이 있다고 하였다.

### 재료 및 분량

대나무 잎 50g, 물 5ℓ
찹쌀 1kg, 멥쌀 1kg, 누룩 400g, 댓잎 삶은 물 3.5ℓ

### 만드는 방법

1. 물 5ℓ 에 대나무 잎을 넣고 센불에서 끓으면 약불로 낮추어 1시간 끓이면 물의 양이 3.5ℓ 가 된다.
2. 찹쌀과 멥쌀을 깨끗이 씻어 물에 5시간 담갔다 건져 1시간 정도 물기를 빼고 김이 오른 찜기에 찹쌀은 40분, 멥쌀은 1시간 정도 찐 다음 채반에 펼쳐서 식힌다.
3. 차게 식힌 고두밥에 누룩, 대나무 잎 삶은 물 3.5ℓ 를 섞어 버무려 빚어서 항아리에 담고 23~25℃ 정도에서 약 10~15일간 발효시킨다.
4. 발효가 끝난 술은 용수를 박아서 하루 정도 두었다가 가운데 맑은 술이 고이면 채주하고, 남은 술은 좋은 물을 부어가며 고운체에 걸러 막걸리로 마신다.

# 포도주법(葡萄酒法)

익은 포도를 비벼 즙을 내고 찹쌀고두밥과 누룩을 함께 섞어 빚으면 저절로 술이 되는데 맛이 훌륭하다. 머루(산포도)를 쓰기도 한다.

### 재료 및 분량

찹쌀 1kg,누룩 200g(개량누룩 20g+효모 5g)
포도 2kg(포도즙 1.5ℓ )

### 만드는 방법

1. 찹쌀을 깨끗이 씻어 물에 5시간 담갔다 건져 1시간 정도 물기를 빼고 김이 오른 찜기에 40분 정도 찐 다음 채반에 펼쳐서 식힌다.
2. 포도를 주물러 으깬 뒤 꼭 짜서 즙을 내고 누룩을 준비한다.
3. 물과 포도즙을 합하여 1.5ℓ 를 준비하여 식힌 고두밥에 누룩과 같이 버무려 빚어서 항아리에 담고 23~25℃에서 7일간 발효시킨다.
4. 발효가 끝나면 고운체에 걸러 채주하여 찬 곳에서 7일간 숙성 후 침전시켜 맑은 포도주만 채주한다.

# 진맥소주(眞麥燒酒)

밀이나 보리로 만든 술덧을 증류하면 향(香)이 좋은 소주를 얻는다.

### 재료 및 분량

보리 1kg, 누룩 300g, 물 1.5ℓ

### 만드는 방법

1. 보리를 깨끗이 씻어 물에 5시간 담갔다 건져 1시간 정도 물기를 빼고 김이 오른 찜기에 1시간 정도 찐 다음 채반에 펼쳐서 식힌다.
2. 차게 식힌 고두밥에 누룩, 물을 섞어 버무려 빚어서 항아리에 담고 23~25℃ 정도에서 약 15~20일간 발효시킨다.
3. 숙성된 술덧을 솥에 넣고 품온이 60℃ 정도 되도록 저으면서 김이 나도록 가열한다.
4. 예열된 솥 위에 소주고리를 얹고 시룻번을 붙여 밀봉하고 소주고리 맨 위의 냉각수 담는 그릇에 냉각수를 붓고 증류한다.

# 백자주(栢子酒)

신중(腎中)과 방광(膀胱)이 냉한 것을 치료하고 두풍(頭風)과 백사(白邪), 귀매(鬼魅) 들린 것을 없애는 술이라 한다.

### 재료 및 분량

잣(백자:栢子) 50g, 끓여 식힌 물 3ℓ
멥쌀 1kg, 찹쌀 1kg, 누룩 400g

### 만드는 방법

1. 잣은 깨끗이 씻어 물을 넣고 곱게 갈아서 체에 껍질과 찌꺼기를 걸러낸 다음 끓여 잣즙을 만든다.
2. 멥쌀과 찹쌀을 깨끗이 씻어 물에 5시간 담갔다 건져 1시간 물기를 빼고 가루로 빻아 내어, 김 오른 찜기에 15분간 쪄서 백설기를 찐다.
3. 쪄낸 백설기에 끓인 잣즙을 부어 백설기를 풀어 준 다음 차게 식힌다.
4. 식힌 백설기에 누룩을 넣어 버무려 빚어서 항아리에 담아 23~25℃에서 10일 정도 발효시킨다.
5. 발효가 끝난 술은 용수를 박아서 하루 정도 두었다가 가운데 맑은 술이 고이면 채주하고, 남은 술은 좋은 물을 부어가며 고운체에 걸러 막걸리로 마신다.

# 찹쌀동동주

찹쌀동동주는 채주하여 그 안에 다시 엿기름가루와 찹쌀밥 뭉친 것을 넣어 하얀 밥알이 떠오르게 한다.

### 재료 및 분량

찹쌀 1kg, 누룩 250g, 물 1.5ℓ
찹쌀 200g, 엿기름가루 적당량

### 만드는 방법

1. 물을 끓여 식힌 분량의 물에 누룩을 넣고 잘 섞어 4시간 동안 침국시킨다.
2. 1kg의 찹쌀을 깨끗이 씻어 물에 5시간 담갔다 건져 1시간 정도 물기를 빼고 김이 오른 찜기에 40분 정도 고두밥을 찐 다음 채반에 펼쳐서 식힌다.
3. 침국한 누룩을 샤주머니에 짜서 찌꺼기는 버리고 누룩물에 식힌 고두밥을 버무려 빚어서 항아리에 담아 23~25℃ 정도의 온도에서 5~6일 정도 발효시킨 다음, 완전히 발효가 끝나지 않은 술덧을 채주하여 찌꺼기는 버리고 다른 항아리에 담는다(겨울철에는 발효기간이 10일 정도 걸린다).
4. 찹쌀은 깨끗이 씻어 물에 5시간 담갔다 건져 1시간 정도 물기를 빼고 김이 오른 찜기에 40분 정도 고두밥을 찐 다음, 식힌 고두밥에 고운 엿기름가루와 버무려 공처럼 뭉쳐 ③의 항아리에 넣는다.
5. 술이 익으면 밥알이 하얗게 떠오르면 밥알은 건져 놓고 고운체에 걸러 밥알을 띄워 마신다.

# 하엽주(荷葉酒)

연엽주와 같이 연잎을 넣어 빚은 술로 혈액 개선에 좋은 약주이다(하지만 연엽주와는 달리 솔잎이 들어가지 않고 찹쌀로 빚은 술이다).

### 재료 및 분량

찹쌀 1kg, 누룩 300g
연잎 1장, 끓여 식힌 물 1.7ℓ

### 만드는 방법

1. 찹쌀은 깨끗이 씻어 물에 5시간 담갔다 건져 1시간 정도 물기를 빼고 김이 오른 찜기에 40분 정도 고두밥을 찐 다음 채반에 펼쳐서 식힌다.
2. 식힌 고두밥에 누룩, 물을 넣어 버무린다.
3. 항아리에 연잎을 펴 넣고 그 위에 버무린 고두밥을 넣고 밀봉하여 23~25℃에서 10~15일간 발효시킨다(연잎이 다치지 않게 한다).
4. 발효가 끝난 술은 용수를 박아서 하루 정도 두었다가 가운데 맑은 술이 고이면 채주하고, 남은 술은 좋은 물을 부어가며 고운체에 걸러 막걸리로 마신다.

*용수를 끓여 차게 식혀 사용하면 잡균의 오염을 막을 수 있다.

# 백출주(白朮酒)

술을 담글 때 백출(白朮)은 가루 내어 담그는 방법도 있으며 지한(止汗), 강장(强壯), 제열(除熱)을 돕는 약술이 된다.

### 재료 및 분량

백출 100g, 물 3ℓ
멥쌀 1kg, 누룩 200g, 백출 끓인 물 1.5ℓ

### 만드는 방법

1. 물 3ℓ 에 백출을 넣고 센불에서 끓으면 약불로 낮추어 1시간 끓이면 물량이 1.5ℓ 가 된다.
2. 멥쌀을 깨끗이 씻어 물에 5시간 담갔다 건져 1시간 정도 물기를 빼고, 김이 오른 찜기에 1시간 정도 고두밥을 찐 다음 채반에 펼쳐서 식힌다.
3. 식힌 고두밥에 누룩과 백출 끓인 물을 넣고 잘 버무려 빚어서 항아리에 담아 23~25℃에서 10~15일간 발효시킨다.
4. 발효가 끝난 술은 용수를 박아 하루 정도 두었다가 가운데 맑은 술이 고이면 채주하고, 남은 술은 고운체에 걸러 막걸리로 마신다.

*백출은 삽주(국화과)의 뿌리줄기로 비위(脾胃)가 허약한데 약재로 쓴다.

# 오메기주

남제주군 표선면 성읍리 일대에서 주로 빚어졌으며 현재는 제주도 전통 민속주로 널리 알려져 있다.

### 재료 및 분량

차조 1kg, 누룩 200g, 끓여 식힌 물 1.5ℓ

### 만드는 방법

1. 차조를 깨끗이 씻어 물에 5시간 담갔다 건져 1시간 물기를 빼고 빻아서 고운 가루로 만든 다음, 반죽하여 주먹만큼씩 떼어내어 도넛 모양의 구멍떡(오메기떡)을 만든다.
2. 끓는 물에 오메기떡을 삶아 뜨거울 때 끓는 물을 넣어 잘 풀어서 식힌다.
3. 식힌 오메기 떡에 누룩을 넣어 버무려 빚어서 항아리에 담아 23~25℃ 정도에서 20여일 발효시킨다.
4. 발효가 끝나 맑은 술이 고이면 용수를 박아 가운데 맑은 술이 고이면 채주 한다.
5. 남은 찌꺼기에 다시 소량의 누룩과 오메기떡과 끓여 식힌 물을 붓고, 같은 방법으로 덧술을 하여 다시 한 번 술을 만든다.

# 지황주(地黃酒)

술이 완성되면 그 액이 진국이어서 맛이 조청과 같이 매우 달고 흰머리를 빨리 검게 한다는 약술이다. 술 담글 때 우슬즙을 섞어 빚으면 더욱 약효가 좋다고 한다.

### 재료 및 분량

지황 50g, 찹쌀 1kg
누룩 300g, 끓여 식힌 물 1.5ℓ

### 만드는 방법

1. 찹쌀을 깨끗이 씻어 물에 5시간 담갔다 건져 1시간 정도 물기를 빼고, 김이 오른 찜기에 40분 정도 고두밥을 찐 다음 채반에 펼쳐서 식힌다.
2. 식힌 고두밥에 누룩과 끓여 식힌 물, 지황 썬 것을 넣고 버무려 빚어서 항아리에 담고 백지로 봉한다. 항아리 뚜껑을 덮어 23~25℃ 정도에서 봄과 여름에는 21일, 가을과 겨울에는 35일 동안 둔다.
3. 술이 완성되면 고운체에 걸러 채주한다. 옻칠과 같이 검으며 조청과 같이 맛이 달다.

# 이화주(梨花酒)

배꽃(梨花)이 필 때 담그는 술이라 하여 붙여진 이름이다. 이화주는 막걸리 중에 농도가 가장 진하다.

### 재료 및 분량

멥쌀 1kg, 이화주 쌀누룩 400g

### 만드는 방법

1. 멥쌀을 깨끗이 씻어 5시간 담갔다 건져 1시간 물기를 빼고 곱게 가루 내어 고운체로 쳐서, 끓는 물로 익반죽하여 구멍떡을 빚어 끓는 물에 삶은 구멍떡을 뜨거울 때 빨리 풀어준다.
2. 구멍 떡이 식으면 곱게 법제한 쌀누룩가루를 넣어 잘 버무려 빚어서 항아리에 넣고, 두꺼운 종이로 봉하여 23~25℃에서 15일 정도 발효시킨다.
3. 맛이 매우 달고 향기로우며 숟가락으로 떠먹기도 하고 냉수에 타서 마시기도 한다.

# 안동소주(安東燒酒)

안동소주는 멥쌀로 만든 고두밥에 누룩을 섞어 발효시킨 단양주를 단식 증류기인 소주고리로 증류시킨 45%의 청향형(淸香型)증류주이다.

### 재료 및 분량

멥쌀 1.5kg, 누룩 700g, 물 1.9ℓ

### 만드는 방법

1. 멥쌀을 깨끗이 씻어 물에 5시간 담갔다 건져 1시간 정도 물을 빼고 김이 오른 찜기에 1시간 정도 찐 다음 채반에 펼쳐서 식힌다.
2. 식힌 고두밥에 누룩과 물을 섞어 버무려 빚어서 항아리에 담고 23~25℃ 정도에서 약 15~20일간 발효시킨다.
3. 숙성된 술덧을 솥에 넣고 품온이 60℃ 정도 되도록 저으면서 김이 나도록 가열한다.
4. 예열된 솥 위에 소주고리를 얹고 시룻번을 붙여 밀봉하고 소주고리 맨 위의 냉각사관에 냉각수를 붓고 증류한다.

# 복분자막걸리

### 재료 및 분량

찹쌀 1kg, 누룩 200g, 물 1.3ℓ , 복분자 200g

### 만드는 방법

1. 찹쌀은 깨끗이 씻어 물에 5시간 정도 불린다음 1시간 정도 물기를 빼고 김이 오른 찜기에 40분 정도 고두밥을 찐 다음 채반에 펼쳐 식힌다.
2. 식힌 고두밥에 누룩과 물, 복분자를 넣고 잘 버무려 빚어서 항아리에 담는다.
3. 23~25℃ 정도의 온도에서 7~10일 정도 발효시킨다. (겨울철에는 발효기간이 10~15일 정도 걸린다).
4. 발효가 끝난 술은 고운체에 걸러 막걸리로 마신다.

*복분자는 씻으면 맛이 나빠지기 때문에 물에 씻지 않고 사용한다.

# 블루베리막걸리

### 재료 및 분량

찹쌀 1kg, 누룩 200g, 물 1.3ℓ , 블루베리 200g

### 만드는 방법

1. 찹쌀은 깨끗이 씻어 물에 5시간 정도 불린 다음 1시간 정도 물기를 빼고 김이 오른 찜기에 40분 정도 고두밥을 찐 다음 채반에 펼쳐 식힌다.
2. 식힌 고두밥에 누룩과 물, 블루베리를 넣고 잘 버무려 빚어서 항아리에 담는다.
3. 23~25℃ 정도의 온도에서 7~10일 정도 발효시킨다 (겨울철에는 발효기간이 10~15일 정도 걸린다).
4. 발효가 끝난 술은 고운체에 걸러 막걸리로 마신다.

# 냉이막걸리

### 재료 및 분량

찹쌀 1kg, 누룩 200g, 냉이 끓인 물 1.5ℓ (냉이 80g, 물 2ℓ )

### 만드는 방법

1. 찹쌀은 깨끗이 씻어 물에 5시간 정도 불린 다음 1시간 정도 물기를 빼고, 김이 오른 찜기에 40분 정도 고두밥을 찐 다음 채반에 펼쳐서 식힌다.
2. 물 2ℓ 에 냉이를 넣고 센불에서 끓으면 약불로 낮추어 30분 정도 더 끓여 냉이물의 양이 1.5ℓ 가 되도록 한다.
3. 식힌 고두밥에 누룩과 끓여 식힌 냉이물을 넣고 잘 버무려 빚어서 항아리에 담는다.
4. 23~25℃ 정도의 온도에서 7~10일 정도 발효시킨다 (겨울철에는 발효기간이 10~15일 정도 걸린다).
5. 발효가 끝난 술은 고운체에 걸러 막걸리로 마신다.

# 오이막걸리

### 재료 및 분량

찹쌀 1kg, 누룩 200g, 물 1.3ℓ , 오이 200g

### 만드는 방법

1. 찹쌀은 깨끗이 씻어 물에 5시간 정도 불린 다음 1시간 정도 물기를 빼고, 김이 오른 찜기에 40분 정도 고두밥을 찐 다음 채반에 펼쳐서 식힌다.
2. 오이는 깨끗이 씻어 씨를 제거하고 0.5㎝ 두께로 나박하게 썬다.
3. 식힌 고두밥에 누룩과 물, 오이를 넣어 섞이도록 잘 버무려 빚어서 항아리에 담는다.
4. 23~25℃ 정도의 온도에서 7~10일 정도 발효시킨다 (겨울철에는 발효기간이 10~15일 정도 걸린다).
5. 발효가 끝난 술은 고운체에 걸러 막걸리로 마신다.

*오이는 갈아서 사용하면 향이 많이 날아가는 단점이 있다.

# 고추막걸리

### 재료 및 분량

찹쌀 1kg, 누룩 200g, 물 1.5ℓ , 고춧가루 10g

### 만드는 방법

1. 찹쌀은 깨끗이 씻어 찬물에 5시간 정도 불린 다음 1시간 정도 물기를 빼고, 김이 오른 찜기에 40분 정도 고두밥을 찐 다음 채반에 펼쳐서 식힌다.
2. 식힌 고두밥에 누룩과 물, 고춧가루를 넣어 섞이도록 잘 버무려 빚어서 항아리에 담는다.
3. 23~25℃ 정도의 온도에서 7~10일 정도 발효시킨다 (겨울철에는 발효기간이 10~15일 정도 걸린다).
4. 발효가 끝난 술은 고운체에 걸러 막걸리로 마신다.

*청양고춧가루를 사용할 경우 맛이 더 맵기 때문에 양을 조절하여 사용한다.

# 울금막걸리

### 재료 및 분량

찹쌀 1kg, 누룩 200g, 물 1.5ℓ , 울금 10g

### 만드는 방법

1. 찹쌀은 깨끗이 씻어 물에 5시간 정도 불린 다음 1시간 정도 물기를 빼고 김이 오른 찜기에 40분 정도 고두밥을 찐 다음 채반에 펼쳐서 식힌다.
2. 식힌 고두밥에 누룩과 물, 울금을 넣어 섞이도록 잘 버무려 빚어서 항아리에 담는다.
3. 23~25℃정도의 온도에서 7~10일 정도 발효시킨다 (겨울철에는 발효기간이 10~15일 정도 걸린다).
4. 발효가 끝난 술은 고운체에 걸러 막걸리로 마신다.

*울금 가루를 사용할 경우 10g 정도만 사용하여도 좋다.

# 단호박막걸리

### 재료 및 분량

찹쌀 1kg, 누룩 200g, 물 1.5ℓ , 단호박 150g

### 만드는 방법

1. 찹쌀은 깨끗이 씻어 물에 5시간 정도 불린다.
2. 단호박은 껍질과 씨를 제거한다.
3. 1시간 정도 물기를 빼고 김이 오른 찜기에 25분 정도 찌다가 단호박을 넣고 15분을 더 찐 다음 채반에 펼쳐 식힌다.
4. 식힌 고두밥에 누룩과 물, 단호박을 넣어 섞이도록 잘 버무려 빚어서 항아리에 담는다.
5. 23~25℃정도의 온도에서 7~10일 정도 발효시킨다 (겨울철에는 발효기간이 10~15일 정도 걸린다).
6. 발효가 끝난 술은 고운체에 걸러 막걸리로 마신다.

*사철 만들어 먹을 수 있다.

# 쑥막걸리

### 재료 및 분량

찹쌀 1kg, 누룩 200g, 쑥 끓인 물 1.5ℓ (쑥 50g, 물 2ℓ )

### 만드는 방법

1. 찹쌀은 깨끗이 씻어 물에 5시간 정도 불린 다음 1시간 정도 물기를 빼고, 김이 오른 찜기에 40분 정도 고두밥을 찐 다음 채반에 펼쳐 식힌다.
2. 쑥은 물 2ℓ 에 넣고 센불에서 끓으면 약불로 낮추어 30분 끓이면 물량이 1.5ℓ 가 된다.
3. 식힌 고두밥에 누룩과 쑥 끓인 물을 넣어 섞이도록 잘 버무려 빚어서 항아리에 담는다.
4. 23~25℃ 정도의 온도에서 7~10일 정도 발효시킨다 (겨울철에는 발효기간이 10~15일 정도 걸린다).
5. 발효가 끝난 술은 고운체에 걸러 막걸리로 마신다.

*쑥은 3월의 애쑥을 사용하는 것이 쓴맛이 적고 맛이 좋다.

# 송순막걸리

### 재료 및 분량

찹쌀 1kg, 누룩 200g, 물 1.5ℓ , 송순 50g

### 만드는 방법

1. 찹쌀은 깨끗이 씻어 물에 5시간 정도 불린다.
2. 송순은 깨끗이 손질한다.
3. 불린 찹쌀은 1시간 정도 물기를 빼고, 김이 오른 찜기에 찹쌀을 25분 정도 찌다가 송순을 넣고 15분을 더 찐 다음 채반에 펼쳐 식힌다.
4. 식힌 송순 고두밥에 누룩과 물을 넣어 섞이도록 잘 버무려 빚어서 항아리에 담는다.
5. 23~25℃ 정도의 온도에서 7~10일 정도 발효시킨다.
(겨울철에는 발효기간이 10~15일 정도 걸린다).
6. 발효가 끝난 술은 고운체에 걸러 막걸리로 마신다.

*4월에 채취한 송순이 좋다.

# 솔잎막걸리

### 재료 및 분량

찹쌀 1kg, 누룩 200g, 물 1.5ℓ , 솔잎 50g

### 만드는 방법

1. 찹쌀은 깨끗이 씻어 물에 5시간 정도 불린다.
2. 솔잎을 깨끗이 손질한다.
3. 불린 찹쌀은 1시간 정도 물기를 빼고, 김이 오른 찜기에 25분 정도 찌다가 솔잎을 넣고 15분 더 찐 다음 채반에 펼쳐 식힌다.
4. 식힌 솔잎 고두밥에 누룩과 물을 넣어 섞이도록 잘 버무려 빚어서 항아리에 담는다.
5. 23~25℃ 정도의 온도에서 7~10일 정도 발효시킨다
(겨울철에는 발효기간이 10~15일 정도 걸린다).
6. 발효가 끝난 술은 고운체에 걸러 막걸리로 마신다.

# 파인애플막걸리

### 재료 및 분량

찹쌀 1kg, 누룩 200g, 물 1.3ℓ , 파인애플 200g

### 만드는 방법

1. 찹쌀은 깨끗이 씻어 물에 5시간 정도 불린 다음 1시간 정도 물을 빼고, 김이 오른 찜기에 40분 정도 고두밥을 찐 다음 채반에 펼쳐서 식힌다.
2. 파인애플은 껍질을 제거 후 0.5㎝ 두께로 나박하게 썬다.
3. 식힌 고두밥에 누룩과 물, 파인애플을 넣어 섞이도록 잘 버무려 빚어서 항아리에 담는다.
4. 23~25℃ 정도의 온도에서 7~10일 정도 발효시킨다 (겨울철에는 발효기간이 10~15일 정도 걸린다).
5. 발효가 끝난 술은 고운체에 걸러 막걸리로 마신다.

# 창포막걸리

### 재료 및 분량

찹쌀 1kg, 누룩 200g, 창포 끓인 물 1.5ℓ (창포 30g, 물 2ℓ )

### 만드는 방법

1. 찹쌀은 깨끗이 씻어 물에 5시간 정도 불린 다음 1시간 정도 물을 빼고, 김이 오른 찜기에 40분 정도 고두밥을 찐 다음 채반에 펼쳐 식힌다.
2. 물 2ℓ 에 창포를 넣고 센불에서 끓으면 약불로 낮추어 30분 정도 끓여 창포물을 1.5ℓ 가 되게 만든다.
3. 식힌 고두밥에 누룩과 창포 끓인 물을 넣어 섞이도록 잘 버무려 빚어서 항아리에 담는다.
4. 23~25℃ 정도의 온도에서 7~10일 정도 발효시킨다. (겨울철에는 발효기간이 10~15일 정도 걸린다).
5. 발효가 끝난 술은 고운체에 걸러 막걸리로 마신다.

# 백하주(白霞酒)

백하주(白霞酒)는 맑은 술의 모습이 흰 노을 같다하여 붙여진 이름이다.

### 재료 및 분량

밑술 : 멥쌀 1kg, 누룩 200g, 밀가루 100g, 끓는 물 1.2ℓ

덧술 : 멥쌀 2kg, 누룩 50g, 끓여 식힌 물 2.4ℓ

### 밑술 만들기

1. 멥쌀을 깨끗이 씻어 물에 5시간 담갔다 건져 1시간 물기를 빼고 곱게 가루 내어 끓는 물을 넣어 범벅을 만든다.
2. 식힌 범벅에 누룩, 밀가루를 잘 버무려 빚어서 술독에 담아 23~25℃에서 3일간 발효한다.

### 덧술 만들기

1. 멥쌀을 깨끗이 씻어 물에 5시간 담갔다 건져 1시간 정도 물기를 빼고, 김이 오른 찜기에 1시간 정도 고두밥을 찐 다음 채반에 펼쳐서 식힌다.
2. 식힌 고두밥과 누룩, 끓여 식힌 물을 밑술에 넣고 버무린 후 술독에 담아 23~25℃에서 20일간 발효시킨다.
3. 발효가 끝난 술은 용수를 박아서 하루 정도 두었다가 가운데 맑은 술이 고이면 채주하고, 남은 술은 좋은 물을 부어가며 고운체에 걸러 막걸리로 마신다.

# 녹향주(鹿鄕酒)

당귀는 피를 맑게 하고 혈액순환이 잘되게 하는 보혈(補血) 효능과 진통, 강장 등에 효능이 있어 여성에게 많이 쓰이는 한약재이다.

### 재료 및 분량

밑술 : 멥쌀 1kg, 누룩 200g, 끓여 식힌 물 1.2ℓ
덧술 : 멥쌀 2kg, 당귀 70g, 끓여 식힌 물 2.5ℓ

### 밑술 만들기

1. 멥쌀은 깨끗이 씻어 물에 5시간 담갔다 건져 1시간 정도 물기를 빼고 김이 오른 찜기에 1시간 정도 고두밥을 찐 다음 채반에 펼쳐서 식힌다.
2. 식힌 고두밥과 누룩, 끓여 식힌 물을 버무려 빚어서 항아리에 담아 23~25℃에서 3일간 발효시킨다.

### 덧술 만들기

1. 멥쌀을 깨끗이 씻어 물에 5시간 담갔다 건져 1시간 정도 물기를 빼고 김이 오른 찜기에 1시간 정도 고두밥을 찐 다음 채반에 펼쳐서 식힌다.
2. 식힌 고두밥과 누룩, 끓여 식힌 물, 당귀를 밑술에 넣고 버무린 후 술독에 담아 23~25℃에서 20일간 발효시킨다.
3. 숙성된 술덧을 솥에 넣고 품온이 60℃ 정도 되도록 저으면서 김이 나도록 가열한다.
4. 예열된 솥 위에 소주고리를 얹고 시룻번을 붙여 밀봉하고 소주고리 맨 위의 냉각사관에 냉각수를 붓고 증류한다.

# 송절주(松節酒)

송절(松節)은 봄에 잘 자란 소나무 마디를 이용해서 담근 술로 신경통, 관절염에 약효가 있는 술이다.

### 재료 및 분량

밑술 : 멥쌀 1kg , 누룩 200g, 소나무마디 · 당귀 각 25g, 물 3ℓ , 소나무 · 당귀 삶은 물 2ℓ
덧술 : 멥쌀 1.5kg, 찹쌀 1.5kg, 누룩 100g, 소나무마디 · 당귀 각 25g, 물 3ℓ , 소나무 · 당귀 삶은 물 2ℓ

### 밑술 만들기

1. 멥쌀을 깨끗이 씻어 물에 5시간 담갔다 건져 1시간 물기를 빼고 가루를 내어 김 오른 찜기에 15분 정도 백설기로 찐 후 차게 식힌다.
2. 작고 싱싱한 소나무마디를 깨끗이 씻고 당귀도 깨끗이 씻어 물 3ℓ 를 센불에서 끓기 시작하면, 약불로 낮추어 1시간 정도 끓이면 물이 2ℓ 가 된다.
3. 식힌 백설기에 누룩과 소나무 · 당귀 삶은 물을 넣어 잘 버무려 빚어서 항아리에 담아 20~23℃에서 5~6일간 발효시킨다.

### 덧술 만들기

1. 찹쌀과 멥쌀은 깨끗이 씻어 물에 5시간 담갔다 건져 1시간 정도 물기를 빼고 김 오른 찜기에 멥쌀은 1시간, 찹쌀은 40분을 쪄서 고두밥을 채반에 펼쳐서 식힌다.
2. 작고 싱싱한 소나무마디를 깨끗이 씻고, 당귀도 깨끗이 씻어 물 3ℓ 를 센불에서 끓기 시작하면 약불로 낮추어 1시간 정도 끓이면 물이 2ℓ 가 된다.
3. 식힌 고두밥에 누룩과 소나무 · 당귀 삶은 물, 밑술을 잘 버무려 빚어서 술독에 담아 23~25℃에서 20일 정도 발효시킨다.
4. 발효가 끝난 술은 용수를 박아서 하루 정도 두었다가 가운데 맑은 술이 고이면 채주하고, 남은 술은 좋은 물을 부어가며 고운체에 걸러 막걸리로 마신다.

*봄에는 진달래꽃, 가을에는 국화꽃, 겨울이면 유자껍질을 술 빚을 때 넣으면 향이 좋은 송절주를 얻을 수 있다.

# 도화주(桃花酒)

복사꽃 필 때 꽃과 가지를 넣고 담금 하여 맛과 향이 뛰어난 봄의 절기주이다.

### 재료 및 분량

밑술 : 멥쌀 1kg, 누룩 200g, 밀가루 100g, 끓는 물 1.5ℓ
덧술 : 멥쌀 1kg, 찹쌀 1kg, 도화꽃 말린 것 5g, 끓여 식힌 물 1.8ℓ

### 밑술 만들기

1. 멥쌀을 깨끗이 씻어 물에 5시간 담갔다 건져 1시간 물기를 빼고, 가루로 빻아 끓는 물로 범벅한다.
2. 식은 범벅에 누룩과 밀가루를 버무려 빚어서 항아리에 넣어 23~25℃에서 3일간 발효시킨다.

### 덧술 만들기

1. 찹쌀과 멥쌀을 각각 깨끗이 씻어 물에 5시간 담갔다 건져 1시간 정도 물기를 빼고 김 오른 찜기에 멥쌀은 1시간, 찹쌀은 40분을 쪄서 고두밥을 채반에 펼쳐서 식힌다.
2. 식힌 고두밥에 끓여 식힌 물과 도화꽃, 밑술을 넣어 잘 버무려 빚어서 술독에 담아 23~25℃에서 20일간 발효시킨다.
3. 발효가 끝난 술은 용수를 박아서 하루 정도 두었다가 가운데 맑은 술이 고이면 채주하고 남은 술은 좋은 물을 부어가며 고운체에 걸러 막걸리로 마신다.

*어린 복사가지를 항아리 밑에 넣고 담아서 발효시키면 술맛이 더욱 좋다.

# 하일약주(夏日藥酒)

여름에 비교적 빨리 맛있는 약주를 얻을 수 있는 주방문(酒方文)이다. 찹쌀과 멥쌀을 함께 써서 술맛이 달콤하다.

### 재료 및 분량

밑술 : 멥쌀 1kg, 누룩 200g, 끓는 물 1ℓ
덧술 : 멥쌀 1kg, 찹쌀 500g, 끓여 식힌 물 2ℓ

### 밑술 만들기

1. 멥쌀을 깨끗이 씻어 물에 5시간 담갔다 건져 1시간 물기를 빼고 가루로 빻아 끓는 물에 넣어 죽을 만든다.
2. 식힌 죽에 누룩을 넣어 잘 버무려 빚어서 항아리에 넣어 23~25℃에서 1일간 발효시킨다.

### 덧술 만들기

1. 찹쌀과 멥쌀을 각각 깨끗이 씻어 물에 5시간 담갔다 건져 1시간 정도 물기를 빼고 김 오른 찜기에 멥쌀은 1시간, 찹쌀은 40분을 쪄서 고두밥을 채반에 펼쳐서 식힌다.
2. 식힌 고두밥에 끓여 식힌 물과 밑술을 넣어 잘 버무려 빚어서 항아리에 넣어 23~25℃에서 7일간 발효시킨다.
3. 발효가 끝난 술은 용수를 박아서 하루 정도 두었다가 가운데 맑은 술이 고이면 채주하고, 남은 술은 좋은 물을 부어가며 고운체에 걸러 막걸리로 마신다.

# 산사춘

산사자는 9월에 열매가 빨갛게 익을 때 채취한다. 신맛과 떫은맛이 있어 산수유와 함께 수렴작용과 소화를 돕고 특히 기름진 음식이나 육류(肉類)의 소화를 돕는다. 산사와 산수유가 들어가서 술맛이 상큼하다.

### 재료 및 분량

밑술 : 찹쌀 1kg, 누룩 200g, 끓여 식힌 물 1.2ℓ

덧술 : 찹쌀 2kg, 산사자(산사나무 열매) 100g, 산수유 70g, 끓여 식힌 물 2.5ℓ

### 밑술 만들기

1. 찹쌀을 깨끗이 씻어 물에 5시간 담갔다 건져 1시간 정도 물기를 빼고 김이 오른 찜기에 40분 정도 고두밥을 찐 다음 채반에 펼쳐서 식힌다.
2. 식힌 고두밥에 누룩과 끓여 식힌 물을 넣어 잘 버무려 빚어서 술독에 담아 23~25℃에서 3일간 발효시킨다.

### 덧술 만들기

1. 찹쌀을 깨끗이 씻어 물에 5시간 담갔다 건져 1시간 정도 물기를 빼고 김이 오른 찜기에 40분 정도 고두밥을 찐 다음 채반에 펼쳐서 식힌다.
2. 식힌 고두밥에 산사자, 산수유, 끓여 식힌 물, 밑술을 넣어 잘 버무려 빚어서 술독에 담아 23~25℃에서 20일 발효시킨다.
3. 발효가 끝난 술은 용수를 박아서 하루 정도 두었다가 가운데 맑은 술이 고이면 채주하고, 남은 술은 좋은 물을 부어가며 고운체에 걸러 막걸리로 마신다.

# 소곡주(少麯酒)

누룩을 조금만 써서 맛있는 좋은 술을 빚는다 하여 소곡주(少麯酒)라는 이름이 붙여졌다. 누룩이 적게 들어가서 술맛이 감미롭다.

### 재료 및 분량

밑술 : 멥쌀 1kg, 누룩 200g, 끓는 물 1.2ℓ
덧술 : 멥쌀 2kg, 끓여 식힌 물 2.4ℓ

### 밑술 만들기

1. 멥쌀을 깨끗이 씻어 물에 5시간 담갔다 건져 1시간 물기를 빼고 가루로 빻아 끓는 물을 부어 범벅을 식힌다.
2. 식힌 범벅에 누룩을 넣고 잘 버무려 빚어서 술독에 담아 23~25℃에서 3일간 발효시킨다.

### 덧술 만들기

1. 멥쌀을 깨끗이 씻어 물에 5시간 담갔다 건져 1시간 정도 물기를 빼고, 김이 오른 찜기에 1시간 정도 고두밥을 찐 다음 채반에 펼쳐서 식힌다.
2. 식힌 고두밥에 끓여 식힌 물과 밑술을 넣어 잘 버무려 빚어서 술독에 담아 23~25℃에서 20일 발효시킨다.
3. 발효가 끝난 술은 용수를 박아서 하루 정도 두었다가 가운데 맑은 술이 고이면 채주하고, 남은 술은 좋은 물을 부어가며 고운체에 걸러 막걸리로 마신다.

# 유하주(流霞酒)

밑술을 반 익고 반 설게 범벅처럼 담그는 기법으로 하고, 덧술은 고두밥을 잘 익게 쪄서 담그는 술이다. 무증자(無蒸煮) 발효법을 사용하여 술맛이 담백하다.

### 재료 및 분량

밑술 : 멥쌀 1kg, 누룩 200g, 밀가루 100g, 끓는 물 1.2ℓ

덧술 : 멥쌀 1.5g, 끓는 물 1.8ℓ

### 밑술 만들기

1. 멥쌀을 깨끗이 씻어 물에 5시간 담갔다 건져 1시간 물기를 빼고 가루로 빻아 끓는 물을 넣어 범벅을 만들어 식힌다.
2. 식힌 범벅에 누룩과 밀가루를 넣어 잘 버무려 빚어서 술독에 담아 23~25℃에서 2~3일간 발효시킨다.

### 덧술 만들기

1. 멥쌀을 깨끗이 씻어 물에 5시간 담갔다 건져 1시간 정도 물기를 빼고, 김이 오른 찜기에 1시간 정도 고두밥을 찐 다음 채반에 펼쳐서 식힌다.
2. 식힌 고두밥에 끓여 식힌 물과 밑술을 넣어 잘 버무려 빚어서 술독에 담아 23~25℃에서 20일 발효시킨다.
3. 발효가 끝난 술은 용수를 박아서 하루 정도 두었다가 가운데 맑은 술이 고이면 채주하고 남은 술은 좋은 물을 부어가며 고운체에 걸러 막걸리로 마신다.

# 대추주

채주하면 붉은 대추 빛깔의 순하며 부드러운 대추술을 얻을 수 있다. 대추술은 몸을 보(補)하고 위와 장를 따뜻하게 하며 정신을 안정시킨다고 한다. 청주 지방의 대추술이 유명하다.

### 재료 및 분량

밑술 : 멥쌀 1kg, 누룩 200g, 끓여 식힌 물 1.2ℓ

덧술 : 멥쌀 1kg, 찹쌀 1kg, 누룩 100g, 대추물 2.5ℓ (물 3ℓ , 대추 300g, 계피 15g)

### 밑술 만들기

1. 멥쌀을 깨끗이 씻어 물에 5시간 담갔다 건져 1시간 정도 물기를 빼고, 김이 오른 찜기에 1시간 정도 고두밥을 찐 다음 채반에 펼쳐서 식힌다.
2. 법제한 누룩을 물에 1시간 침국시킨다.
3. 식힌 고두밥에 침국한 누룩즙을 넣어 잘 버무려 빚어서 항아리에 넣어 23~25℃에서 3일 발효시킨다.

### 덧술 만들기

1. 멥쌀을 깨끗이 씻어 물에 5시간 담갔다 건져 1시간 정도 물기를 빼고 김이 오른 찜기에 1시간 정도 고두밥을 찐 다음 (고두밥이 다 쪄지기 10분 전에 솔잎을 넣고 찐다) 채반에 펼쳐서 식힌다.
2. 물 3ℓ , 대추 300g, 계피 15g을 센불에서 끓기 시작하면 약불로 줄이고, 30분 끓이면 2.5ℓ 의 대추물이 된다.
3. 식힌 고두밥에 끓여 식힌 대추물과 밑술을 넣어 잘 버무려 빚어서 항아리에 넣어 23~25℃에서 20일 발효시킨다.
4. 발효가 끝난 술은 용수를 박아서 하루 정도 두었다가 가운데 맑은 술이 고이면 채주하고, 남은 술은 좋은 물을 부어가며 고운체에 걸러 막걸리로 마신다.

# 벽향주(碧香酒)

평양지방에서 담그던 춘주(春酒)류에 속하는 술이고 누룩을 되도록 적게 넣어서 빚는 고급술이다.

### 재료 및 분량

밑술 : 멥쌀 500g, 찹쌀 500g, 누룩 200g, 밀가루 100g, 끓여 식힌 물 1.5ℓ

덧술 : 멥쌀 2kg, 끓여 식힌 물 2.2ℓ

### 밑술 만들기

1. 멥쌀과 찹쌀을 깨끗이 씻어 물에 5시간 담갔다 건져 1시간 물기를 빼고, 가루로 빻아 끓는 물에 넣어 죽을 만들어 식힌다.
2. 식힌 죽에 누룩, 밀가루를 넣어 잘 버무려 빚어서 술독에 담아 23~25℃에서 1일간 발효시킨다.

### 덧술 만들기

1. 멥쌀을 깨끗이 씻어 물에 5시간 담갔다 건져 1시간 정도 물기를 빼고, 김이 오른 찜기에 1시간 정도 고두밥을 쪄서 채반에 펼쳐서 식힌다.
2. 식힌 고두밥에 끓여 식힌 물과 밑술을 넣어 잘 버무려 빚어서 술독에 담아 23~25℃에서 20일 발효시킨다.
3. 발효가 끝난 술은 용수를 박아서 하루 정도 두었다가 가운데 맑은 술이 고이면 채주하고, 남은 술은 좋은 물을 부어가며 고운체에 걸러 막걸리로 마신다.

# 만전향주(滿殿香酒)

원래의 방문에는 물의 비율이 낮아 향(香)과 맛이 진하며 술맛이 달다. 맑은 술의 양은 적으나 단맛이 난나.

### 재료 및 분량

밑술 : 멥쌀 1kg, 누룩 200g, 끓는 물 2ℓ
덧술 : 멥쌀 2kg, 누룩 100g, 끓는 물 1ℓ

### 밑술 만들기

1. 멥쌀을 깨끗이 씻어 물에 5시간 담갔다 건져 1시간 물기를 빼고, 가루로 빻아 끓는 물에 넣어 죽을 만들어 식힌다.
2. 식힌 죽에 누룩을 넣어 잘 버무려 빚어서 술독에 담아 23~25℃에서 2~3일간 발효시킨다.

### 덧술 만들기

1. 멥쌀을 깨끗이 씻어 물에 5시간 담갔다 건져 1시간 정도 물기를 빼고 김이 오른 찜기에 1시간 정도 고두밥을 찐 다음, 끓는 물을 섞어 차게 식힌다.
2. 식힌 고두밥에 누룩과 밑술을 넣어 잘 버무려 빚어서 술독에 담아 23~25℃에서 20일 발효시킨다.
3. 발효가 끝난 술은 용수를 박아서 하루 정도 두었다가 가운데 맑은 술이 고이면 채주하고, 남은 술은 좋은 물을 부어가며 고운체에 걸러 막걸리로 마신다.

# 석탄주(惜呑酒)

입에 머금으면 향기와 단맛이 가득하여 차마 삼키기 아깝다는 뜻에서 석탄주(惜呑酒)라고 한다. 술맛이 달고 달콤한 향이 난다.

### 재료 및 분량

밑술 : 멥쌀 1kg, 누룩 200g, 끓는 물 2.5ℓ
덧술 : 찹쌀 2kg

### 밑술 만들기

1. 멥쌀과 찹쌀을 깨끗이 씻어 물에 5시간 담갔다 건져 1시간 물기를 빼고, 가루로 빻아 끓는 물에 넣어 죽을 만들어 식힌다.
2. 식힌 죽에 누룩을 넣어 잘 버무려 빚어서 술독에 담아 23~25℃에서 1일간 발효시킨다.

### 덧술 만들기

1. 찹쌀을 깨끗이 씻어 물에 5시간 담갔다 건져 1시간 정도 물기를 빼고, 김이 오른 찜기에 40분 정도 고두밥을 쪄서 채반에 펼쳐 식힌다.
2. 식힌 고두밥에 밑술을 넣어 잘 버무려 빚어서 술독에 담아 23~25℃에서 20일 발효시킨다.
3. 발효가 끝난 술은 용수를 박아서 하루 정도 두었다가 가운데 맑은 술이 고이면 채주하고, 남은 술은 좋은 물을 부어가며 고운체에 걸러 막걸리로 마신다.

# 송화천로주(松花天露酒)

15세기 「산가요록」에 기록되어 있는 술로 일명 홍로주(紅露酒)라고 불린다. 송화향(松花香)이 감미롭고 향긋하다.

### 재료 및 분량

밑술 : 송홧가루 10g, 끓여 식힌 물 2.5ℓ, 찹쌀 1kg, 누룩 350g
덧술 : 송홧가루 20g, 끓여 식힌 물 800cc, 멥쌀 1.5kg, 누룩 50g

### 밑술 만들기

1. 송홧가루를 물에 풀어 끓여 식힌 다음 체에 거른다.
2. 찹쌀을 깨끗이 씻어 물에 5시간 담갔다 건져 1시간 물기를 빼고 가루로 빻아 송화 달인 물로 죽을 만들어 식힌다.
3. 식힌 죽과 누룩을 넣고 잘 버무려 빚어서 술독에 담아 23~25℃에서 1일간 발효시킨다.

### 덧술 만들기

1. 송홧가루를 물에 풀어 끓여 식힌 다음 체에 거른다.
2. 멥쌀을 깨끗이 씻어 물에 5시간 담갔다 건져 1시간 정도 물기를 빼고 김이 오른 찜기에 1시간 정도 고두밥을 찐 다음, 끓는 물을 섞어 차게 식힌다.
3. 식힌 고두밥에 누룩과 송화 달인 물, 밑술을 넣어 잘 버무려 빚어서 술독에 담아 23~25℃에서 20일 발효시킨다.
4. 발효가 끝난 술은 용수를 박아서 하루 정도 두었다가 가운데 맑은 술이 고이면 채주하고, 남은 술은 좋은 물을 부어가며 고운체에 걸러 막걸리로 마신다.

# 칠일주(七日酒)

빚은 지 칠일(七日)만에 완성되는 술이면서도 오래 보관해도 맛이 달고 좋다고 한다. 이양주이면서 급주다.

### 재료 및 분량

밑술 : 찹쌀 1kg, 누룩 300g, 끓는 물 1.5ℓ

덧술 : 찹쌀 2kg, 끓여 식힌 물 2ℓ

### 밑술 만들기

1. 찹쌀을 깨끗이 씻어 물에 5시간 담갔다 건져 1시간 물기를 빼고, 가루로 빻아 끓는 물에 풀어 죽을 만들어 식힌다.
2. 식힌 죽과 누룩을 넣고 잘 버무려 빚어서 술독에 담아 23~25℃에서 1일간 발효시킨다.

### 덧술 만들기

1. 바로 다음 날 찹쌀을 깨끗이 씻어 물에 5시간 담갔다 건져 1시간 정도 물기를 빼고 김이 오른 찜기에 40분 정도 고두밥을 쪄서 채반에 펼쳐 식힌다.
2. 식힌 고두밥에 밑술을 넣어 잘 버무려 빚어서 다음 끓여 식힌물과 섞어 술독에 담아 23~25℃에서 7일 발효시킨다.
3. 발효가 끝난 술은 용수를 박아서 하루 정도 두었다가 가운데 맑은 술이 고이면 채주하고 남은 술은 좋은 물을 부어가며 고운체에 걸러 막걸리로 마신다.

# 사삼주(沙蔘酒)

더덕은 뿌리에 사포닌과 이눌린 등이 비교적 많이 들어 있어 강장제로 많이 쓰이는데, 술을 담그면 향(香)이 좋은 약술이 된다.
가을철 더덕이 향이 진하다.

### 재료 및 분량

밑술 : 멥쌀 1kg, 누룩 200g, 끓여 식힌 물 1.2ℓ
덧술 : 찹쌀 2kg, 누룩 100g, 더덕 100g, 끓여 식힌 물 2.4ℓ

### 밑술 만들기

1. 멥쌀을 깨끗이 씻어 물에 5시간 담갔다 건져 1시간 정도 물기를 빼고, 김이 오른 찜기에 1시간 정도 고두밥을 찐 다음 채반에 펼쳐서 식힌다.
2. 식힌 고두밥에 누룩, 끓여 식힌 물을 넣어 잘 버무려 빚어서 술독에 담아 23~25℃에서 3일 발효시킨다.

### 덧술 만들기

1. 찹쌀을 깨끗이 씻어 물에 5시간 담갔다 건져 1시간 정도 물기를 빼고, 김이 오른 찜기에 40분 정도 고두밥을 찐 다음 채반에 펼쳐서 식힌다.
2. 식힌 고두밥에 누룩과 으깬 더덕, 밑술, 끓여 식힌물을 넣어 잘 버무려 빚어서 술독에 담아 23~25℃에서 20일 발효시킨다.
3. 발효가 끝난 술은 용수를 박아서 하루 정도 두었다가 가운데 맑은 술이 고이면 채주하고, 남은 술은 좋은 물을 부어가며 고운체에 걸러 막걸리로 마신다.

# 칠두주(七斗酒)

밑술과 덧술에 사용하는 멥쌀의 양(量)이 칠두(七斗:일곱 말)라 하여 붙여진 이름이다.
멥쌀만 사용해서 술맛이 맵고 씩씩한 것이 특징이다.

### 재료 및 분량

밑술 : 멥쌀 1kg, 누룩 200g, 밀가루 50g, 끓는 물 1.5ℓ
덧술 : 멥쌀 2kg, 끓는 물 2ℓ

### 밑술 만들기

1. 멥쌀을 깨끗이 씻어 물에 5시간 담갔다 건져 1시간 물기를 빼고, 빻은 가루를 끓는 물에 풀어 죽을 만들어 식힌다.
2. 식힌 죽에 누룩과 밀가루를 넣고 잘 버무려 빚어서 술독에 담아 23~25℃에서 2~3일간 발효시킨다

### 덧술 만들기

1. 멥쌀을 깨끗이 씻어 물에 5시간 담갔다 건져 1시간 정도 물기를 빼고 김이 오른 찜기에 1시간 정도 고두밥을 찐 다음, 끓는 물을 섞어 차게 식힌다.
2. 식힌 고두밥에 밑술을 넣어 잘 버무려 빚어서 술독에 담아 23~25℃에서 20일 발효시킨다.
3. 발효가 끝난 술은 용수를 박아서 하루 정도 두었다가 가운데 맑은 술이 고이면 채주하고, 남은 술은 좋은 물을 부어가며 고운체에 걸러 막걸리로 마신다.

# 황금주(黃金酒)

맑은 술로 잘 숙성시키면 술 빛깔이 노르스름한 황금빛을 띈다하여 황금주라 불린다. 술맛이 달고 향기롭다.

### 재료 및 분량

밑술 : 멥쌀 1kg, 누룩 300g, 끓는 물 3ℓ
덧술 : 찹쌀 2kg

### 밑술 만들기

1. 멥쌀을 깨끗이 씻어 물에 5시간 담갔다 건져 1시간 물기를 빼고 빻은 가루를 끓는 물에 풀어 죽을 만들어 식힌다.
2. 식힌 죽에 누룩을 넣고 잘 버무려 빚어서 술독에 담아 23~25℃에서 1일간 저어주며 발효시킨다.

### 덧술 만들기

1. 찹쌀을 깨끗이 씻어 물에 5시간 담갔다 건져 1시간 정도 물기를 빼고, 김이 오른 찜기에 40분 정도 고두밥을 찐 다음 채반에 펼쳐서 식힌다.
2. 식힌 고두밥에 밑술을 넣어 잘 버무려 빚어서 술독에 담아 23~25℃에서 20일 발효시킨다.
3. 발효가 끝난 술은 용수를 박아서 하루 정도 두었다가 가운데 맑은 술이 고이면 채주하고, 남은 술은 좋은 물을 부어가며 고운체에 걸러 막걸리로 마신다.

# 세신주(細辛酒)

「수운잡방(需雲雜方)」, 「역주방문(歷酒方文)」에 기록되어 있는 술로 밑술과 덧술에 멥쌀만을 사용하여 술맛이 강하다.

### 재료 및 분량

밑술 : 멥쌀 1kg, 누룩 200g, 끓는 물 3ℓ

덧술 : 멥쌀 1.5kg, 누룩 50g, 끓여 식힌 물 1ℓ

### 밑술 만들기

1. 멥쌀을 깨끗이 씻어 물에 5시간 담갔다 건져 1시간 물기를 빼고, 빻은 가루를 끓는 물에 풀어 죽을 만들어 식힌다.
2. 식힌 죽과 누룩을 넣고 잘 버무려 빚어서 술독에 담아 23~25℃에서 1~2일간 발효시킨다.

### 덧술 만들기

1. 멥쌀을 깨끗이 씻어 물에 5시간 담갔다 건져 1시간 정도 물기를 빼고, 김이 오른 찜기에 1시간 정도 고두밥을 찐 다음 채반에 펼쳐서 식힌다.
2. 식힌 고두밥에 누룩과 끓여 식힌 물, 밑술을 넣어 잘 버무려 빚어서 술독에 담아 23~25℃에서 20일 발효시킨다.
3. 발효가 끝난 술은 용수를 박아서 하루 정도 두었다가 가운데 맑은 술이 고이면 채주하고, 남은 술은 좋은 물을 부어가며 고운체에 걸러 막걸리로 마신다.

## 규합총서의 감향주(甘香酒)

향기롭고 단맛의 술로 「규합총서(閨閤叢書)」에서는 술맛에 매운맛이 있게 하려면 멥쌀을 반을 섞으라고 하였다.

### 재료 및 분량

밑술 : 찹쌀 1kg, 누룩 200g, 끓는 물 2.5ℓ

덧술 : 찹쌀 2kg, 누룩 100g, 끓여 식힌 물1ℓ

### 밑술 만들기

1. 찹쌀은 깨끗이 씻어 물에 5시간 담갔다 건져 1시간 물기를 빼고 빻아 가루를 만든다.
2. 가루를 체에 내려 끓는 물에 익반죽하여 구멍떡을 만들어 끓는 물에 삶아 낸 후 차게 식힌다.
3. 식힌 구멍떡에 누룩을 넣고 버무려 꽈리가 일도록 저어 술독에 담아 23~25℃에서 3일간 발효시킨다.

### 덧술 만들기

1. 찹쌀을 깨끗이 씻어 물에 5시간 담갔다 건져 1시간 정도 물기를 빼고, 김이 오른 찜기에 40분 정도 고두밥을 찐 다음 채반에 펼쳐서 식힌다.
2. 식힌 고두밥에 누룩과 끓여 식힌 물, 밑술을 넣어 잘 버무려 빚어서 술독에 넣어 23~25℃에서 20일 발효시킨다.
3. 발효가 끝난 술은 용수를 박아서 하루 정도 두었다가 가운데 맑은 술이 고이면 채주하고, 남은 술은 좋은 물을 부어가며 고운체에 걸러 막걸리로 마신다.

# 진달래술(杜鵑酒)

진달래꽃을 채취할 때는 만개한 꽃을 따서 꽃술을 떼어내고 물에 씻어 그늘에서 건조해서 사용한다. 술 향이 향기롭다.

### 재료 및 분량

밑술 : 멥쌀 1kg, 누룩 200g, 밀가루 100g, 끓는 물 1.2ℓ

덧술 : 멥쌀 1kg, 찹쌀 1kg, 진달래 꽃 적당량, 끓여 식힌 물 2.4ℓ

### 밑술 만들기

1. 멥쌀을 깨끗이 씻어 물에 5시간 담갔다 건져 1시간 물기를 빼고, 빻은 가루를 끓는 물을 넣어 범벅을 만들어 식힌다.
2. 식힌 범벅에 누룩과 밀가루를 넣어 잘 버무려 빚어서 술독에 담아 23~25℃에서 3일간 발효시킨다.

### 덧술 만들기

1. 찹쌀과 멥쌀을 각각 깨끗이 씻어 물에 5시간 담갔다 건져 1시간 정도 물기를 빼고, 김 오른 찜기에 멥쌀은 1시간, 찹쌀은 40분을 쪄서 고두밥을 채반에 펼쳐서 식힌다.
2. 식힌 고두밥에 끓여 식힌 물과 밑술을 넣어 잘 버무려 빚어서 켜켜로 진달래꽃을 얹어가며 술독에 담아 23~25℃에서 20일 발효시킨다.
3. 발효가 끝난 술은 용수를 박아서 하루 정도 두었다가 가운데 맑은 술이 고이면 채주하고, 남은 술은 좋은 물을 부어가며 고운체에 걸러 막걸리로 마신다.

# 호도주(胡桃酒)

이 술은 오로칠상(五勞七傷)을 치료하고 기 부족(氣不足)을 보한다고 한다. 호두의 기름기를 빼야 산패가 되지 않고 좋은 술이 된다.

### 재료 및 분량

밑술 : 멥쌀 1kg, 누룩 200g, 호두 50g, 끓는 물 1.2ℓ

덧술 : 멥쌀 2kg, 누룩 100g, 호두 100g, 끓여 식힌 물 2.4ℓ

### 밑술 만들기

1. 멥쌀을 깨끗이 씻어 물에 5시간 담갔다 건져 1시간 물기를 빼고, 빻은 가루를 끓는 물을 넣어 범벅을 만들어 식힌다.
2. 껍질 깐 호두를 종이 위에 얹고, 종이를 덮어 밀대로 밀어 기름기를 빼고 곱게 간다.
3. 식힌 범벅에 누룩과 갈은 호두를 넣어 잘 버무려 빚어서 술독에 담아 23~25℃에서 3일간 발효시킨다.

### 덧술 만들기

1. 멥쌀을 깨끗이 씻어 물에 5시간 담갔다 건져 1시간 정도 물기를 빼고, 김이 오른 찜기에 1시간 정도 고두밥을 찐 다음 채반에 펼쳐서 식힌다.
2. 껍질 깐 호두를 종이 위에 얹고, 종이를 덮어 밀대로 밀어 기름기를 빼고 곱게 간다.
3. 식힌 고두밥에 누룩과 간 호두, 끓여 식힌 물, 밑술을 넣어 잘 버무려 빚어서 술독에 담아 23~25℃에서 20일 발효시킨다.
4. 발효가 끝난 술은 용수를 박아서 하루 정도 두었다가 가운데 맑은 술이 고이면 채주하고, 남은 술은 좋은 물을 부어가며 고운체에 걸러 막걸리로 마신다.

# 이강주(梨薑酒)

조선조 중엽 전라도에서 제조된 우리나라 오대(五大) 명주(名酒) 중 하나로 상류사회에서 마시던 고급소주이다.
배와 생강, 계피의 향이 아주 잘 어우러진 술이다.

### 재료 및 분량

밑술 : 멥쌀 1kg(보리쌀), 누룩 200g, 끓여 식힌 물 1.5ℓ
덧술 : 멥쌀 1.5kg(보리쌀), 누룩 50g, 끓여 식힌 물 2.5ℓ
증류 : 배 $\frac{1}{2}$개, 생강 3g, 울금 3g, 계피 3g, 꿀 적당량

### 밑술 만들기

1. 멥쌀을 깨끗이 씻어 물에 5시간 담갔다 건져 1시간 정도 물기를 빼고, 김이 오른 찜기에 1시간 정도 고두밥을 찐 다음 채반에 펼쳐서 식힌다.
2. 식힌 고두밥에 누룩과 끓여 식힌 물을 넣어 잘 버무려 빚어서 술독에 담아 23~25℃에서 3일 발효시킨다.

### 덧술 만들기

1. 멥쌀을 깨끗이 씻어 물에 5시간 담갔다 건져 1시간 정도 물기를 빼고, 김이 오른 찜기에 1시간 정도 고두밥을 찐 다음 채반에 펼쳐서 식힌다.
2. 식힌 고두밥에 누룩과 끓여 식힌 물, 밑술을 넣어 잘 버무려 빚어서 술독에 담아 23~25℃에서 7일 발효시킨다.

### 증류 만들기

1. 숙성된 술덧을 솥에 넣고 온도가 60℃ 정도 되도록 저어가면서 김이 나도록 가열한다.
2. 예열된 솥 위에 소주고리를 얹고 시룻번을 붙여 밀봉하고, 소주고리 맨 위의 냉각사관에 냉각수를 붓고 증류한다.
3. 증류 후 증류액에 배즙과 생강즙, 울금, 계피가루, 꿀을 첨가하여 침출시킨다.

# 하향주(荷香酒)

「주찬(酒饌)」에 기록되어 있으며 하향주(荷香酒)는 쌀로만 빚은 술에서 연꽃향이 난다고 해서 붙여진 이름이다. 술맛이 달고 연꽃향이 은은하다.

### 재료 및 분량

밑술 : 멥쌀 1kg, 누룩 200g, 끓여 식힌 물 1.5ℓ
덧술 : 찹쌀 2kg

### 밑술 만들기

1. 멥쌀은 깨끗이 씻어 물에 5시간 담갔다 건져 1시간 물기를 빼고 빻아 가루를 만든다.
2. 가루를 체에 내려 끓는 물에 익반죽하여 구멍떡을 만들어 끓는 물에 삶아 낸 후 차게 식힌다.
3. 식힌 구멍떡에 누룩과 끓여 식힌 물을 넣어 잘 버무려 빚어서 술독에 담아 23~25℃에서 3일간 발효시킨다.

### 덧술 만들기

1. 찹쌀을 깨끗이 씻어 물에 5시간 담갔다 건져 1시간 정도 물기를 빼고, 김이 오른 찜기에 40분 정도 고두밥을 찐 다음 채반에 펼쳐서 식힌다.
2. 식힌 고두밥에 밑술을 넣어 잘 버무려 빚어서 술독에 담아 23~25℃에서 20일 발효시킨다.
3. 발효가 끝난 술은 용수를 박아서 하루 정도 두었다가 가운데 맑은 술이 고이면 채주하고, 남은 술은 좋은 물을 부어가며 고운체에 걸러 막걸리로 마신다.

# 상실주(橡實酒)

상실주를 채주하고 남은 술지게미는 햇볕에 말려 저장해 두었다가 냉수에 타서 마시면 몸이 가벼워지고 팔에 힘이 난다고 한다. 도토리의 쌉쌀한 맛이 토속적이다.

### 재료 및 분량

밑술 : 찹쌀 1kg, 도토리가루 200g, 누룩 250g, 끓는 물 1.5ℓ

덧술 : 찹쌀 1.5kg, 끓여 식힌 물 2ℓ

### 밑술 만들기

1. 찹쌀을 깨끗이 씻어 물에 5시간 담갔다 건져 1시간 물기를 빼고, 빻은 가루에 도토리가루를 잘 섞어서 끓는 물을 넣어 범벅을 만들어 식힌다.
2. 식힌 범벅에 누룩을 넣어 잘 버무려 빚어서 술독에 담아 23~25℃에서 3일간 발효시킨다.

### 덧술 만들기

1. 찹쌀을 깨끗이 씻어 물에 5시간 담갔다 건져 1시간 물기를 빼고, 빻은 가루를 김 오른 찜기에 15분 쪄서 백설기를 만들어 끓는 물에 풀어 식힌다.
2. 식힌 백설기에 끓여 식힌 물과 밑술을 넣어 잘 버무려 빚어서 술독에 담아 23~25℃에서 20일 발효시킨다.
3. 발효가 끝난 술은 용수를 박아서 하루 정도 두었다가 가운데 맑은 술이 고이면 채주하고, 남은 술은 좋은 물을 부어가며 고운체에 걸러 막걸리로 마신다.

# 황국화주

세시주(歲時酒)로 음력 구월 늦가을 향기로운 감국(甘菊)을 따다가 생지황과 당귀, 구기사, 감초(甘草)와 함께 달여 만드는 술이다. 함양지방의 황국화주가 유명하다.

### 재료 및 분량

밑술 : 찹쌀 1kg, 누룩 200g, 끓여 식힌 물 1.2ℓ

덧술 : 멥쌀 2kg, 누룩 100g, 약재 달인 물 2.4ℓ (물 3ℓ , 감국, 생지황, 구기자, 감초 적당량)

### 밑술 만들기

1. 찹쌀은 깨끗이 씻어 물에 5시간 담갔다 건져 1시간 물기를 빼고, 빻은 가루를 김 오른 찜기에 15분 쪄서 백설기를 만들어 식힌다.
2. 식힌 백설기에 누룩과 끓여 식힌 물을 넣어 잘 버무려 빚어서 술독에 담아 23~25℃에서 3일간 발효시킨다.

### 덧술 만들기

1. 멥쌀을 깨끗이 씻어 5시간 담갔다 건져 1시간 정도 물기를 빼고, 김이 오른 찜기에 1시간 정도 고두밥을 찐 다음 채반에 펼쳐서 식힌다.
2. 센불에서 물 3ℓ , 감국, 생지황, 구기자, 감초를 넣고 끓으면 약불에서 30분 더 끓여 물 2.4ℓ 가 된다.
3. 식힌 고두밥에 누룩과 ②의 약재 달인 물을 넣어 잘 버무려 빚어서 술독에 담아 23~25℃에서 20일간 발효시킨다
4. 발효가 끝난 술은 용수를 박아서 하루 정도 두었다가 가운데 맑은 술이 고이면 채주하고, 남은 술은 좋은 물을 부어가며 고운체에 걸러 막걸리로 마신다.

# 경장주(瓊漿酒)

이 술을 맛본 서왕모(西王母)가 백운가(白雲歌)를 불러 멀리 있는 마을사람들까지 놀라게 했다는 술이다. 술이 다 익으면 그 맛과 빛깔이 이루 말할 수 없이 좋다.

### 재료 및 분량

밑술 : 멥쌀 1kg, 찹쌀 1kg, 누룩 400g, 끓는 물 2ℓ
덧술 : 멥쌀 2kg, 찹쌀 2kg, 누룩 100g, 끓는 물 4.5ℓ

### 밑술 만들기

1. 멥쌀을 깨끗이 씻어 5시간 담갔다 건져 1시간 정도 물기를 빼고, 김이 오른 찜기에 1시간 정도 고두밥을 찐 다음 채반에 펼쳐서 식힌다.
2. 찹쌀을 깨끗이 씻어 물에 5시간 담갔다 건져 1시간 물기를 빼고, 빻은 가루를 김 오른 찜기에 15분 쪄서 백설기를 만들고, 끓는 물을 부어 갠 후 죽을 만들어 차게 식힌다.
3. 식힌 고두밥과 찹쌀죽, 누룩을 버무려 빚어서 항아리에 넣어 23~25℃에서 3일간 발효시킨다.

### 덧술 만들기

1. 멥쌀을 깨끗이 씻어 5시간 담갔다 건져 1시간 정도 물기를 빼고, 김이 오른 찜기에 1시간 정도 고두밥을 찐 다음 채반에 펼쳐서 식힌다.
2. 찹쌀을 깨끗이 씻어 물에 5시간 담갔다 건져 1시간 물기를 빼고, 빻은 가루를 김 오른 찜기에 15분 쪄서 백설기를 만들고, 끓는 물을 부어 갠 후 죽을 만든다.
3. 식힌 고두밥과 찹쌀죽, 누룩과 밑술을 넣고 버무려 빚어서 술독에 담아 23~25℃에서 20일간 발효시킨다.
4. 발효가 끝난 술은 용수를 박아서 하루 정도 두었다가 가운데 맑은 술이 고이면 채주하고, 남은 술은 좋은 물을 부어가며 고운체에 걸러 막걸리로 마신다.

*서왕모란 중국 곤륜산 요지(搖地)에 살며 불로장생(不老長生) 하는 선약(仙藥)을 관장하는 선녀를 뜻한다.

# 청명주(淸明酒)

조선 중엽부터 빚어 마시던 술로 춘분에서 15일째 되는 청명일(淸明日), 즉 음력 3월 초순에 빚는 절기주로 궁중 진상품이었다고 한다.

### 재료 및 분량

밑술 : 찹쌀 5kg, 누룩 500g, 밀가루 200g, 끓는 물 6ℓ
덧술 : 찹쌀 3kg

### 누룩 만들기

1. 백곡으로 빚는다. 다만 누룩 만들 때 물대신 이전에 만들어 둔 청명주로 반죽하여 성형하는 것이 다르다. 그러나 누룩은 일반적인 재래 누룩을 곱게 법제하여 사용해도 무방하다.

### 밑술 만들기

1. 멥쌀과 찹쌀을 깨끗이 씻어 물에 5시간 담갔다 건져 1시간 물기를 빼고 가루로 빻아 끓는 물에 넣어 죽을 만들어 식힌다.
2. 식힌 죽에 누룩과 밀가루를 넣어 잘 버무려 빚어서 술독에 담아 23~25℃에서 1일간 발효시킨다

### 덧술 만들기

1. 찹쌀을 깨끗이 씻어 5시간 담갔다 건져 1시간 정도 물기를 빼고, 김이 오른 찜기에 40분 정도 고두밥을 찐 다음 채반에 펼쳐서 식힌다.
2. 식힌 고두밥에 밑술을 넣어 잘 버무려 빚어서 술독에 담아 23~25℃에서 20일간 발효시킨다
3. 발효가 끝난 술은 용수를 박아서 하루 정도 두었다가 가운데 맑은 술이 고이면 채주하고, 남은 술은 좋은 물을 부어가며 고운체에 걸러 막걸리로 마신다.

# 향료방(香醪方)

「수운잡방(需雲雜方)」에 나와 있는 향기로운 술로 멥쌀을 3일간 담갔다 건져 쓴다고 하였다.

### 재료 및 분량

밑술 : 멥쌀 1kg, 누룩 200g, 밀가루 100g, 끓는 물 1.2ℓ
덧술 : 찹쌀 2kg, 누룩 50g, 끓여 식힌 물 2ℓ

### 밑술 만들기

1. 멥쌀을 깨끗이 씻어 물에 5시간 담갔다 건져 1시간 물기를 빼고, 빻은 가루를 김 오른 찜기에 15분 쪄서 백설기를 만들고, 끓는 물을 부어 갠 후 죽을 만들어 식힌다.
2. 식힌 백설기죽에 누룩과 밀가루를 넣어 잘 버무려 빚어서 술독에 담아 23~25℃에서 1~2일간 발효시킨다.

### 덧술 만들기

1. 찹쌀을 깨끗이 씻어 5시간 담갔다 건져 1시간 정도 물기를 빼고, 김이 오른 찜기에 40분 정도 고두밥을 찐 다음 채반에 펼쳐서 식힌다.
2. 식힌 고두밥에 누룩과 끓여 식힌 물, 밑술을 넣어 잘 버무려 빚어서 술독에 담아 23~25℃에서 20일간 발효시킨다.
3. 발효가 끝난 술은 용수를 박아서 하루 정도 두었다가 가운데 맑은 술이 고이면 채주하고, 남은 술은 좋은 물을 부어가며 고운체에 걸러 막걸리로 마신다.

## 수운잡방의 감향주(甘香酒)

술맛이 달고 아름답다하여 감향주(甘香酒)라고 한다. 얻어지는 술의 양은 적으며 극도의 농담금 형태여서,
술의 양이 적으나 단맛의 술을 얻을 수 있다.

### 재료 및 분량

밑술 : 멥쌀 1kg, 누룩 200g, 밀가루 100g, 끓여 식힌 물 1.2ℓ
덧술 : 찹쌀 2kg

### 밑술 만들기

1. 멥쌀은 깨끗이 씻어 물에 5시간 담갔다 건져 1시간 물기를 빼고 빻아 가루를 만든다.
2. 가루를 체에 내려 끓는 물에 익반죽하여 구멍떡을 만들어 끓는 물에 삶아 낸 후 차게 식힌다.
3. 식힌 구멍떡에 누룩과 끓여 식힌 물을 넣어 잘 버무려 빚어서 술독에 담아 23~25℃에서 2~3일간 발효시킨다.

### 덧술 만들기

1. 찹쌀을 깨끗이 씻어 물에 5시간 담갔다 건져 1시간 정도 물기를 빼고, 김이 오른 찜기에 40분 정도 고두밥을 찐 다음 채반에 펼쳐서 식힌다.
2. 식힌 고두밥에 밑술을 넣어 잘 버무려 빚어서 술독에 담아 23~25℃에서 20일 발효시킨다.
3. 발효가 끝난 술은 용수를 박아서 하루 정도 두었다가 가운데 맑은 술이 고이면 채주하고, 남은 술은 좋은 물을 부어가며 고운체에 걸러 막걸리로 마신다.

# 동양주(冬陽酒)

동양주(冬陽酒)는 채주하면 그 맛이 마치 꿀과 같다고 한다. 가장 좋은 밑술일 때 덧술 담금을 하여 양을 늘리는 방법이다.

### 재료 및 분량

밑술 : 멥쌀 1kg, 누룩 200g, 끓여 식힌 물 1ℓ
덧술 : 찹쌀 2kg, 끓여 식힌 물 1.5ℓ

### 밑술 만들기

1. 멥쌀은 깨끗이 씻어 물에 5시간 담갔다 건져 1시간 물기를 빼고 빻아 가루를 만든다.
2. 가루를 체에 내려 끓는 물에 익반죽하여 구멍떡을 만들어 끓는 물에 삶아 낸 후 차게 식힌다.
3. 식힌 구멍떡에 누룩과 끓여 식힌 물을 넣어 잘 버무려 빚어서 술독에 담아 23~25℃에서 2~3일간 발효시킨다.

### 덧술 만들기

1. 찹쌀을 깨끗이 씻어 물에 5시간 담갔다 건져 1시간 정도 물기를 빼고, 김이 오른 찜기에 40분 정도 고두밥을 찐 다음 채반에 펼쳐서 식힌다.
2. 식힌 고두밥에 끓여 식힌 물과 밑술을 넣어 잘 버무려 빚어서 술독에 담아 23~25℃에서 20일 발효시킨다.
3. 발효가 끝난 술은 용수를 박아서 하루 정도 두었다가 가운데 맑은 술이 고이면 채주하고, 남은 술은 좋은 물을 부어가며 고운체에 걸러 막걸리로 마신다.

# 유자주(柚子酒)

남해의 유자주는 저온에서 발효숙성 시키는 것이 특징이며 유자향이 그윽한 황금빛의 유자주를 얻을 수 있다.

### 재료 및 분량

밑술 : 찹쌀 1kg, 멥쌀 1kg, 누룩 400g, 끓여 식힌 물 2.4ℓ
덧술 : 찹쌀 1.5kg, 멥쌀 1.5kg, 유자껍질 150g, 끓여 식힌 물 3.6ℓ

### 밑술 만들기

1. 찹쌀과 멥쌀을 깨끗이 씻어 5시간 담갔다 건져 1시간 정도 물기를 빼고, 김이 오른 찜기에 멥쌀은 1시간, 찹쌀은 40분 정도 고두밥을 찐 다음 채반에 펼쳐서 식힌다.
2. 식힌 고두밥에 누룩과 끓여 식힌 물을 넣어 잘 버무려 빚어서 술독에 담아 23~25℃에서 3일간 발효시킨다.

### 덧술 만들기

1. 찹쌀과 멥쌀을 깨끗이 씻어 물에 5시간 담갔다 건져 1시간 정도 물기를 빼고, 김이 오른 찜기에 멥쌀은 1시간, 찹쌀은 40분 정도 고두밥을 찐 다음 채반에 펼쳐서 식힌다.
2. 식힌 고두밥에 유자껍질 채 썬 것, 끓여 식힌 물을 넣어 잘 버무려 빚어서 술독에 담아 23~25℃에서 20일 발효시킨다.
3. 발효가 끝난 술은 용수를 박아서 하루 정도 두었다가 가운데 맑은 술이 고이면 채주하고, 남은 술은 좋은 물을 부어가며 고운체에 걸러 막걸리로 마신다.

# 방문주(方文酒)

해주지방에서 담그던 술로 일명 '백로주' 라고도 한다. 밑술에 밀가루가 들어가서 발효가 안정적이다.

### 재료 및 분량

밑술 : 멥쌀 1kg, 누룩 150g, 밀가루 150g, 끓는 물 1.2ℓ

덧술 : 멥쌀 2kg, 누룩 100g, 끓여 식힌 물 2ℓ

### 밑술 만들기

1. 멥쌀을 깨끗이 씻어 물에 5시간 담갔다 건져 1시간 물기를 빼고, 가루로 빻아 끓는 물로 범벅을 만들어 식힌다.
2. 식힌 범벅에 누룩과 밀가루를 버무려 빚어서 술독에 담아 23~25℃에서 3일간 발효시킨다.

### 덧술 만들기

1. 멥쌀을 깨끗이 씻어 물에 5시간 담갔다 건져 1시간 정도 물기를 빼고, 김이 오른 찜기에 1시간 정도 고두밥을 찐 다음 채반에 펼쳐서 식힌다.
2. 식힌 고두밥에 누룩과 끓여 식힌 물, 밑술을 넣어 잘 버무려 빚어서 술독에 담아 23~25℃에서 20일간 발효시킨다.
3. 발효가 끝난 술은 용수를 박아서 하루 정도 두었다가 가운데 맑은 술이 고이면 채주하고, 남은 술은 좋은 물을 부어가며 고운체에 걸러 막걸리로 마신다.

# 동하주(冬夏酒)

발효가 끝나면 채주하여 맑은 술로 쓰는데 맛이 너무 독하면 물을 타서 쓰기도 한다. 술맛이 강해 애주가들이 좋아한다.

### 재료 및 분량

밑술 : 멥쌀 1kg, 누룩 200g, 끓는 물 1.2ℓ
덧술 : 멥쌀 2kg, 끓는 물 2.4ℓ

### 밑술 만들기

1. 멥쌀을 깨끗이 씻어 물에 5시간 담갔다 건져 1시간 물기를 빼고, 가루로 빻아 끓는 물로 범벅을 만들어 식힌다.
2. 식힌 범벅에 누룩을 넣어 버무려 빚어서 술독에 담아 23~25℃에서 3일간 발효시킨다.

### 덧술 만들기

1. 멥쌀을 깨끗이 씻어 물에 5시간 담갔다 건져 1시간 정도 물기를 빼고, 김이 오른 찜기에 1시간 정도 고두밥을 찐 다음 분량의 끓는 물을 부어 버무린 다음 식힌다.
2. 식힌 고두밥에 밑술을 넣어 잘 버무려 빚어서 술독에 담아 23~25℃에서 20일간 발효시킨다.
3. 발효가 끝난 술은 용수를 박아서 하루 정도 두었다가 가운데 맑은 술이 고이면 채주하고, 남은 술은 좋은 물을 부어가며 고운체에 걸러 막걸리로 마신다.

# 남경주(南京酒)

「수운잡방(需雲雜方)」에 나와 있는 술로 옛날에는 흐르는 강수(江水)를 용수(用水)로 썼다고 기록되어 있다.
밑술에 백설기가 들어가 달콤한 술맛을 낸다.

### 재료 및 분량

밑술 : 멥쌀 1kg, 누룩 150g, 밀가루 100g, 끓는 물 1ℓ
덧술 : 멥쌀 1.5kg, 끓여 식힌 물 2ℓ

### 밑술 만들기

1. 멥쌀을 깨끗이 씻어 물에 5시간 담갔다 건져 1시간 물기를 빼고, 빻은 가루를 김 오른 찜기에 15분 쪄서 백설기를 만들고, 끓는 물을 부어 갠 후 죽을 만들어 식힌다.
2. 식힌 백설기에 누룩과 밀가루를 넣어 잘 버무려 빚어서 술독에 담아 23~25℃에서 1~2일간 발효시킨다.

### 덧술 만들기

1. 멥쌀을 깨끗이 씻어 물에 5시간 담갔다 건져 1시간 정도 물기를 빼고, 김이 오른 찜기에 1시간 정도 고두밥을 찐 다음 채반에 펼쳐 식힌다.
2. 식힌 고두밥에 끓여 식힌 물과 밑술을 넣어 잘 버무려 빚어서 술독에 담아 23~25℃에서 20일간 발효시킨다.
3. 발효가 끝난 술은 용수를 박아서 하루 정도 두었다가 가운데 맑은 술이 고이면 채주하고, 남은 술은 좋은 물을 부어가며 고운체에 걸러 막걸리로 마신다.

# 호산춘(壺山春)

호산춘은 원래 전라북도 여산 지방에서 빚어졌던 술로 여산의 옛 이름인 호산(壺山)이란 지명(地名)을 빌어 붙여진 이름으로 솔 향이 가득한 술이다.

### 재료 및 분량

밑술 : 멥쌀 1kg, 누룩 200g, 솔잎 50g, 끓여 식힌 물 1ℓ

덧술 : 찹쌀 2kg, 누룩 50g, 끓여 식힌 물 2.2ℓ

### 밑술 만들기

1. 멥쌀을 깨끗이 씻어 물에 5시간 담갔다 건져 1시간 물기를 빼고, 빻은 가루를 김 오른 찜기에 15분 쪄서 백설기를 만들어 식힌다(이때 솔잎을 한줌 얹는다).
2. 식힌 백설기에 누룩을 넣어 메주 뭉치듯이 잘 버무려 빚어서 술독에 담아 15~20℃에서 3주일간 발효시킨다.

### 덧술 만들기

1. 찹쌀을 깨끗이 씻어 물에 5시간 담갔다 건져 1시간 정도 물기를 빼고, 김이 오른 찜기에 40분 정도 고두밥을 찐 다음 채반에 펼쳐 식힌다.
2. 식힌 고두밥에 누룩과 끓여 식힌 물, 밑술을 넣어 잘 버무려 빚어서 술독에 담아 23~25℃에서 20일간 발효시킨다.
3. 발효가 끝난 술은 용수를 박아서 하루 정도 두었다가 가운데 맑은 술이 고이면 채주하고, 남은 술은 좋은 물을 부어가며 고운체에 걸러 막걸리로 마신다.

# 진상주(進上酒)

겨울이면 7일, 봄 · 가을이면 5일, 여름이면 3일이 지난 후 덧술 하는데 진상품(進上品)으로 쓸 만큼 달고 맛있는 술이다.

### 재료 및 분량

밑술 : 멥쌀 1kg, 누룩 300g, 끓는 물 3ℓ
덧술 : 찹쌀 4kg, 끓여 식힌 물 2ℓ

### 밑술 만들기

1. 멥쌀과 찹쌀을 깨끗이 씻어 물에 5시간 담갔다 건져 1시간 물기를 빼고, 가루로 빻아 끓는 물에 넣어 죽을 만들어 식힌다.
2. 식힌 죽에 누룩을 넣어 잘 버무려 빚어서 술독에 담아 23~25℃에서 1일간 발효시킨다.

### 덧술 만들기

1. 찹쌀을 깨끗이 씻어 5시간 담갔다 건져 1시간 정도 물기를 빼고, 김이 오른 찜기에 40분 정도 고두밥을 찐 다음 채반에 펼쳐서 식힌다.
2. 식힌 고두밥에 끓여 식힌 물과 밑술을 넣어 잘 버무려 빚어서 술독에 담아 23~25℃에서 20일간 발효시킨다.
3. 발효가 끝난 술은 용수를 박아서 하루 정도 두었다가 가운데 맑은 술이 고이면 채주하고, 남은 술은 좋은 물을 부어가며 고운체에 걸러 막걸리로 마신다.

# 백화주(百花酒)

이른 봄에 매화에서부터 늦가을 감국에 이르기까지 온갖 꽃을 따서 그늘에 말려 술을 담그는 데 백가지의 꽃 향이 난다고 하여 백화주라 한다.

### 재료 및 분량

밑술 : 멥쌀 1kg, 누룩 200g, 끓여 식힌 물 1.5ℓ

덧술 : 찹쌀 1.5kg, 꽃 말린 것 100g, 끓여 식힌 물 2ℓ

### 밑술 만들기

1. 멥쌀을 깨끗이 씻어 물에 5시간 담갔다 건져 1시간 물기를 빼고, 빻은 가루를 김 오른 찜기에 15분 쪄서 백설기를 만들어 식힌다.
2. 식힌 백설기에 누룩과 끓여 식힌 물을 넣어 잘 버무려 빚어서 술독에 담아 23~25℃에서 2일간 발효시킨다.

### 덧술 만들기

1. 찹쌀을 깨끗이 씻어 물에 5시간 담갔다 건져 1시간 정도 물기를 빼고, 김이 오른 찜기에 40분 정도 고두밥을 찐 다음 채반에 펼쳐 식힌다.
2. 식힌 고두밥에 누룩과 끓여 식힌 물, 밑술을 넣어 잘 버무려 빚어서 술독에 담아 준비한 꽃을 켜켜로 얹어 담아 23~25℃에서 20일간 발효시킨다.
3. 발효가 끝난 술은 용수를 박아서 하루 정도 두었다가 가운데 맑은 술이 고이면 채주하고, 남은 술은 좋은 물을 부어가며 고운체에 걸러 막걸리로 마신다.

# 절주방(節酒方)

더위에 술맛이 더욱 좋고 한 해를 두어도 맛이 변하지 않는다고 하였다. 여름철에 담아도 잘 변하지 않는다.

**재료 및 분량**

밑술 : 찹쌀 1kg, 누룩 300g, 끓여 식힌 물 1.2ℓ

덧술 : 찹쌀 2kg, 끓여 식힌 물 2ℓ

**밑술 만들기**

1. 찹쌀은 깨끗이 씻어 물에 5시간 담갔다 건져 1시간 물기를 빼고 빻아 가루를 만든다.
2. 가루를 체에 내려 끓는 물에 익반죽해 구멍떡을 만들어 끓는 물에 삶아 낸 후 차게 식힌다.
3. 식힌 구멍떡에 누룩과 끓여 식힌 물을 넣어 잘 버무려 빚어서 술독에 담아 23~25℃에서 3일간 발효시킨다.

**덧술 만들기**

1. 찹쌀을 깨끗이 씻어 물에 5시간 담갔다 건져 1시간 정도 물기를 빼고, 김이 오른 찜기에 40분 정도 고두밥을 찐 다음 채반에 펼쳐서 식힌다.
2. 끓여 식힌 물을 밑술에 넣어 체에 걸러 찌꺼기는 버리고, 식힌 고두밥과 버무려 항아리에 담아 넣어 23~25℃에서 20일 정도 발효시킨다.
3. 발효가 끝난 술은 용수를 박아서 하루 정도 두었다가 가운데 맑은 술이 고이면 채주하고, 남은 술은 좋은 물을 부어가며 고운체에 걸러 막걸리로 마신다.

# 오두주(五斗酒)

「주방문(酒方文)」 대로 하려면 밑술 하는 날 찹쌀을 담가 3일 두었다 건져 담갔던 물을 뿌려가며 고두밥을 찌고 식으면 넛 빚어 항아리에 넣는다.

### 재료 및 분량

밑술 : 멥쌀 2kg, 누룩 400g, 끓는 물 3ℓ

덧술 : 찹쌀 1kg

### 밑술 만들기

1. 멥쌀을 깨끗이 씻어 물에 3일 정도 담갔다 건져 1시간 물기를 빼고, 빻은 가루를 김 오른 찜기에 15분 쪄서 백설기를 만들고, 끓는 물을 부어 갠 후 죽을 만들어 식힌다.
2. 백설기를 푼 식힌 죽에 누룩을 넣어 잘 버무려 빚어서 항아리에 담아 23~25℃에서 1~2일간 발효시킨다.

### 덧술 만들기

1. 밑술을 담는 날 찹쌀을 깨끗이 씻어 물에 5시간 담갔다 건져 1시간 정도 물기를 빼고, 김이 오른 찜기에 40분 정도 고두밥을 찐 다음 채반에 펼쳐서 식힌다.
2. 식힌 고두밥에 밑술을 넣어 잘 버무려 빚어서 항아리에 넣어 23~25℃에서 20일 발효시킨다.
3. 발효가 끝난 술은 용수를 박아서 하루 정도 두었다가 가운데 맑은 술이 고이면 채주하고, 남은 술은 좋은 물을 부어가며 고운체에 걸러 막걸리로 마신다.

*얻을 수 있는 술의 양이 적으며 극도의 농담금 형태여서, 술의 양이 적으나 단맛의 술을 얻을 수 있다.

# 약산춘(藥山春)

추울 때 빚으면서 2~3회 덧술을 하여 술맛과 주정도수를 높이는 고급술로 춘주(春酒)에 속하는 대표적인 술이다. 낮은 온도에서 장기 발효하면 향(香)과 맛이 더욱 고급스럽다.

### 재료 및 분량

밑술 : 멥쌀 2.5kg, 누룩 500g, 끓여 식힌 물 2.5ℓ
덧술 : 멥쌀 2.5kg, 끓여 식힌 물 2.5ℓ

### 밑술 만들기

1. 멥쌀을 깨끗이 씻어 물에 5시간 담갔다 건져 1시간 물기를 빼고, 빻은 가루를 김 오른 찜기에 15분 쪄서 백설기를 만들어 식힌다.
2. 끓여 식힌 물에 누룩을 1시간 침국하여 누룩즙을 거른다.
3. 식힌 백설기에 누룩 거른 즙을 넣어 잘 버무려 빚어서 술독에 담아 23~25℃에서 2일간 발효시킨다.

### 덧술 만들기

1. 멥쌀을 깨끗이 씻어 물에 5시간 담갔다 건져 1시간 정도 물기를 빼고, 김이 오른 찜기에 1시간 정도 고두밥을 찐 다음 채반에 펼쳐서 식힌다.
2. 식힌 고두밥에 끓여 식힌 물과 밑술을 넣어 잘 버무려 빚어서 술독에 담아 23~25℃에서 20일 발효시킨다.
3. 발효가 끝난 술은 용수를 박아서 하루 정도 두었다가 가운데 맑은 술이 고이면 채주하고, 남은 술은 좋은 물을 부어가며 고운체에 걸러 막걸리로 마신다.

# 정향주(丁香酒)

술항아리를 햇살이 들지 않는 곳에 오래 두면 맛이 좋을 뿐 아니라 향(香)이 좋아지는 술이다.

### 재료 및 분량

밑술 : 멥쌀 1kg, 누룩 200g, 끓는 물 1ℓ
덧술 : 멥쌀 2kg, 끓는 물 1ℓ

### 밑술 만들기

1. 멥쌀은 깨끗이 씻어 물에 5시간 담갔다 건져 1시간 물기를 빼고 빻아 가루를 만든다.
2. 가루를 체에 내려 끓는 물에 익반죽해 구멍떡을 만들어 끓는 물에 삶아 낸 후 차게 식힌다.
3. 준비한 구멍떡에 누룩, 끓여 식힌 물을 넣어 잘 버무려 빚어서 술독에 담아 23~25℃에서 3일간 발효시킨다.

### 덧술 만들기

1. 멥쌀을 깨끗이 씻어 물에 5시간 담갔다 건져 1시간 정도 물기를 빼고, 김이 오른 찜기에 1시간 정도 고두밥을 찐 다음 끓는 물을 부어 버무린 다음 식힌다.
2. 식힌 고두밥에 밑술을 넣어 잘 버무려 빚어서 술독에 담아 23~25℃에서 20일 발효시킨다.
3. 발효가 끝난 술은 용수를 박아서 하루 정도 두었다가 가운데 맑은 술이 고이면 채주하고, 남은 술은 좋은 물을 부어가며 고운체에 걸러 막걸리로 마신다.

*끓는 물이 고두밥에 빨리 스며들어 부풀면서 효소의 반응이 빠르고 쉽게 진행되어 발효율을 높일 수 있다.

# 경면녹파주(鏡面綠波酒)

녹파주는 맑은 술의 빛깔이 마치 푸른 파도와 같다하여 붙여진 이름이다. 다른 술에 비해 술 빛깔이 아름답다.

### 재료 및 분량

밑술 : 멥쌀 1kg, 누룩 200g, 끓는 물 3ℓ
덧술 : 찹쌀 2kg, 끓는 물 2ℓ

### 밑술 만들기

1. 멥쌀을 깨끗이 씻어 물에 5시간 담갔다 건져 1시간 물기를 빼고, 가루로 빻아 끓는 물에 넣어 죽을 만들어 식힌다.
2. 식힌 죽에 누룩을 넣어 잘 버무려 빚어서 술독에 담아 23~25℃에서 1일간 발효시킨다.

### 덧술 만들기

1. 찹쌀을 깨끗이 씻어 5시간 담갔다 건져 1시간 정도 물기를 빼고, 김이 오른 찜기에 40분 정도 고두밥을 찐 다음 끓는 물을 부어 버무린 다음 식힌다.
2. 식힌 고두밥에 밑술을 넣어 잘 버무려 빚어서 술독에 담아 23~25℃에서 20일간 발효시킨다.
3. 발효가 끝난 술은 용수를 박아서 하루 정도 두었다가 가운데 맑은 술이 고이면 채주하고, 남은 술은 좋은 물을 부어가며 고운체에 걸러 막걸리로 마신다.

# 창포주(菖蒲酒)

예로부터 단오에 창포주를 마시면 정신이 맑아지고 기운이 화(和) 하며 온갖 병이 없어지며 장수한다고 하였다.
단오절에 마시는 대표적인 술이다.

### 재료 및 분량

밑술 : 멥쌀 1kg, 누룩 200g, 끓여 식힌 물 1.6ℓ
덧술 : 찹쌀 2kg, 끓여 식힌 물 2.4ℓ , 창포뿌리 100g

### 밑술 만들기

1. 멥쌀을 깨끗이 씻어 5시간 담갔다 건져 1시간 정도 물기를 빼고, 김이 오른 찜기에 1시간 정도 고두밥을 찐 다음 채반에 펼쳐서 식힌다.
2. 누룩을 1시간 물에 침국하여 누룩즙을 만든다.
3. 식힌 고두밥에 누룩즙을 넣어 버무려 빚어서 물을 붓고 술독에 담아 23~25℃ 정도에서 3일간 발효한다.

### 덧술 만들기

1. 찹쌀을 깨끗이 씻어 5시간 담갔다 건져 1시간 정도 물기를 빼고, 김이 오른 찜기에 40분 정도 고두밥을 찐 다음 채반에 펼쳐서 식힌다.
2. 식힌 고두밥에 창포뿌리 썬 것과 끓여 식힌 물, 밑술을 넣어 버무려 빚어서 물을 붓고 항아리에 담아 23~25℃ 정도에서 3일간 발효한다.
3. 발효가 끝난 술은 용수를 박아서 하루 정도 두었다가 가운데 맑은 술이 고이면 채주하고, 남은 술은 좋은 물을 부어가며 고운체에 걸러 막걸리로 마신다.

# 십일주(十日酒)

따뜻한 곳에서 발효시켜 10일 만에 완성시키는 술로 막걸리로 빚어 마신다.

### 재료 및 분량

밑술 : 멥쌀 2kg, 누룩 400g, 끓는 물 2ℓ
덧술 : 찹쌀 500g, 누룩 50g, 끓여 식힌 물 2ℓ

### 밑술 만들기

1. 멥쌀을 깨끗이 씻어 물에 5시간 담갔다 건져 1시간 물기를 빼고, 빻은 가루를 김 오른 찜기에 15분 쪄서 백설기를 만들어 끓는 물을 부어 버무린 다음 식힌다.
2. 식힌 백설기에 누룩을 넣어 잘 버무려 빚어서 술독에 담아 23~25℃에서 2일간 발효시킨다.

### 덧술 만들기

1. 찹쌀을 깨끗이 씻어 물에 5시간 담갔다 건져 1시간 정도 물기를 빼고, 김이 오른 찜기에 40분 정도 고두밥을 찐 다음 채반에 펼쳐서 식힌다.
2. 식힌 고두밥에 누룩과 끓여 식힌 물, 밑술을 넣어 잘 버무려 빚어서 술독에 담아 23~25℃에서 10일간 발효시킨다.
3. 발효가 끝난 술은 용수를 박아서 하루 정도 두었다가 가운데 맑은 술이 고이면 채주하고, 남은 술은 좋은 물을 부어가며 고운체에 걸러 막걸리로 마신다.

# 인삼주

인삼주를 담그는 누룩은 누룩 제조 시에도 건조 미삼가루를 통밀과 9:1의 비율로 섞어 만든 것을 쓰기도 하며,
인삼주 담글 때 덧술 하지 않고 단양주로 담금 할 수도 있다. 금산지방의 인삼주가 유명하다.

### 재료 및 분량

밑술 : 멥쌀 1kg, 생미삼(5년근) 50g, 누룩 200g, 끓여 식힌 물 1.2ℓ
덧술 : 찹쌀 2kg, 생미삼(5년근) 50g, 솔잎 30g, 끓여 식힌 물 2.4ℓ

### 밑술 만들기

1. 멥쌀을 깨끗이 씻어 5시간 담갔다 건져 1시간 정도 물기를 빼고, 김이 오른 찜기에 1시간 정도 고두밥을 찐 다음 채반에 펼쳐서 식힌다.
2. 식힌 고두밥에 누룩과 파쇄한 미삼을 버무려 빚어서 끓여 식힌 물을 붓고 술독에 담아 23~25℃ 정도에서 3일간 발효시킨다.

### 덧술 만들기

1. 찹쌀을 깨끗이 씻어 물에 5시간 담갔다 건져 1시간 정도 물기를 빼고, 김이 오른 찜기에 40분 정도 고두밥을 찌는데 솔잎을 넣고 함께 쪄서 채반에 펼쳐서 식힌다.
2. 식힌 고두밥에 파쇄한 미삼과 끓여 식힌 물, 밑술을 넣어 잘 버무려 빚어서 술독에 담아 23~25℃에서 20일 발효시킨다.
3. 발효가 끝난 술은 용수를 박아서 하루 정도 두었다가 가운데 맑은 술이 고이면 채주하고, 남은 술은 좋은 물을 부어가며 고운체에 걸러 막걸리로 마신다.

# 애 주(艾酒)

쑥이 나오는 봄(4월 그믐)에 담금 하는 것이 좋으며 하루에 3번 마시면 만병이 낫는다고 한다. 「수운잡방」 에는 덧술 할 때 물을 조금도 섞지 않고 고두밥과 밑술을 버무려 담고 술독을 봉하여 8월 보름에나 열어서 쓴다고 기록되어 있다.

### 재료 및 분량

밑술 : 멥쌀 1kg, 누룩 200g, 끓는 물 1.2ℓ
덧술 : 멥쌀 2kg, 쑥 끓인 물 2ℓ (참쑥 100g, 물 2.5ℓ )

### 밑술 만들기

1. 멥쌀을 깨끗이 씻어 물에 5시간 담갔다 건져 1시간 물기를 빼고, 빻은 가루를 김 오른 찜기에 15분 쪄서 백설기를 만들어 끓는 물을 부어 죽을 만들어 식힌다.
2. 식힌 백설기 죽에 누룩을 넣어 잘 버무려 빚어서 술독에 담아 23~25℃에서 1일간 발효시킨다.

### 덧술 만들기

1. 멥쌀을 깨끗이 씻어 물에 5시간 담갔다 건져 1시간 정도 물기를 빼고, 김이 오른 찜기에 1시간 정도 고두밥을 찐 다음 채반에 펼쳐서 식힌다.
2. 참쑥 100g, 물 2.5ℓ 를 센불에서 끓기 시작하면 약불에서 30분 더 끓여 쑥 끓인 물 2ℓ 를 만든다.
3. 식힌 고두밥에 누룩과 쑥 끓인 물, 밑술을 넣어 잘 버무려 빚어서 술독에 담아 23~25℃에서 30일 발효시킨다.
4. 발효가 끝난 술은 용수를 박아서 하루 정도 두었다가 가운데 맑은 술이 고이면 채주하고, 남은 술은 좋은 물을 부어가며 고운체에 걸러 막걸리로 마신다.

# 오정주(五精酒)

황성은 일명 늉글래 뿌리라고도 하는 약재이며 만병을 다스리고 허한 것을 보하며 오래 살게 하고, 백발도 검게 하며 치아도 다시 나게 한다는 술이다.

### 재료 및 분량

한약재물 : 물 4ℓ, 껍질 벗긴 황정 40g, 천문동 20g, 송엽 20g, 백출 20g, 구기자 35g

밑술 : 멥쌀 1kg, 밀가루 100g, 누룩 250g, 한약재물 3ℓ

덧술 : 멥쌀 2kg

### 밑술 만들기

1. 껍질 벗긴 황정, 천문동, 송엽, 백출, 구기자 썬 것, 물 4ℓ 를 센불에서 끓기 시작하면 약불에서 1시간 더 끓이고 한약재물 3ℓ 를 만든다.
2. 멥쌀을 깨끗이 씻어 물에 5시간 담갔다 건져 1시간 물기를 빼고, 가루로 빻아 한약재 끓인 물을 넣어 죽을 만들어 식힌다.
3. 식힌 죽에 누룩과 밀가루를 넣어 잘 버무려 빚어서 술독에 담아 23~25℃에서 1일간 발효시킨다.

### 덧술 만들기

1. 멥쌀을 깨끗이 씻어 5시간 담갔다 건져 1시간 정도 물기를 빼고, 김이 오른 찜기에 1시간 정도 고두밥을 찐 다음 채반에 펼쳐서 식힌다.
2. 식힌 고두밥에 밑술을 넣어 잘 버무려 빚어서 술독에 담아 23~25℃에서 20일간 발효시킨다.
3. 발효가 끝난 술은 용수를 박아서 하루 정도 두었다가 가운데 맑은 술이 고이면 채주하고, 남은 술은 좋은 물을 부어가며 고운체에 걸러 막걸리로 마신다.

# 오미자막걸리

오미자 막걸리는 신맛과 단맛이 잘 어울리고 고운 색깔을 띄는 술이다. 엿기름이 들어가 당화에 도움이 되어 당의 원료로도 이용된다.

### 재료 및 분량

밑술 : 멥쌀 1kg, 누룩 200g, 끓여 식힌 물 1.2ℓ
덧술 : 찹쌀 1kg, 오미자 100g, 엿기름가루 150g, 끓여 식힌 물 1.2ℓ

### 밑술 만들기

1. 멥쌀을 깨끗이 씻어 5시간 담갔다 건져 1시간 정도 물기를 빼고, 김이 오른 찜기에 1시간 정도 고두밥을 찐 다음 채반에 펼쳐서 식힌다.
2. 끓여서 식힌 물에 누룩을 1시간 침국하여 누룩즙을 만든다.
3. 식힌 고두밥에 누룩즙을 넣어 버무려 빚어서 물을 붓고 술독에 담아 23~25℃ 정도에서 3일간 발효한다.

### 덧술 만들기

1. 찹쌀을 깨끗이 씻어 5시간 담갔다 건져 1시간 정도 물기를 빼고 김이 오른 찜기에 40분 정도 고두밥을 찐 다음, 따뜻할 때 엿기름가루와 섞고 끓여 식힌 물을 넣어 버무린다.
2. 오미자는 깨끗이 씻어 물기를 빼고 샤주머니에 담아 밑술에 ①과 같이 술독에 담아 23~25℃에서 20일간 발효시킨다.
3. 발효가 끝난 술은 용수를 박아서 하루 정도 두었다가 가운데 맑은 술이 고이면 채주하고, 남은 술은 좋은 물을 부어가며 고운체에 걸러 막걸리로 마신다.

# 예주(醴酒)

정월에 술을 빚어 단오에 내어 쓰는 술인데, 농담근하고 저온에서 발효시켜 단맛의 술(단술)을 얻게 된다.

### 재료 및 분량

밑술 : 찹쌀 1kg, 누룩 200g, 끓는 물 2ℓ

덧술 : 찹쌀 2kg, 끓여 식힌 물 1.5ℓ

### 밑술 만들기

1. 정월 상순에 찹쌀을 깨끗이 씻어 물에 하루 동안 담갔다 다시 씻어 건져 1시간 물기를 빼고, 빻아 가루 내어 끓는 물을 부어 죽을 만들어 식힌다.
2. 식힌 죽에 누룩을 넣어 버무려 빚어서 술독에 담아 15℃ 정도에서 2주간 발효시킨다.

### 덧술 만들기

1. 찹쌀을 깨끗이 씻어 물에 하루 동안 담갔다 건져 1시간 물기를 빼고, 김 오른 찜기에 40분 정도 찐 고두밥을 채반에 펼쳐서 식힌다.
2. 식힌 고두밥에 끓여 식힌 물, 밑술을 넣어 버무려 빚어서 술독에 담아 15℃에서 20~30일 동안 발효시킨다.
3. 발효가 끝난 술은 용수를 박아서 하루정도 두었다가 가운데 맑은 술이 고이면 채주하고, 남은 술은 좋은 물을 부어가며 고운체에 걸러 막걸리로 마신다.

# 삼오주(三午酒)

모두 오일(午日)만을 택하여 3번 담금 한 술로 중밑술, 덧술 할 때는 양을 2배씩 늘려 담글 수 있다.

### 재료 및 분량

누룩 침국 : 밀가루 1kg, 누룩 400g, 끓여 식힌 물 5ℓ
밑술 : 멥쌀 1kg 중밑술 : 멥쌀 1kg 덧술 : 멥쌀 1kg

### 누룩 침국

1. 정월 첫 오일(午日)에 끓여 식힌 물에 밀가루와 누룩을 넣어 술독에 담아 20~23℃에 12일간 발효시킨다. 하루에 2회 저어준다.

### 밑술 만들기

1. 정월 둘째 오일(午日)에 멥쌀을 깨끗이 씻어 물에 5시간 동안 담갔다 건져 1시간 물기를 빼고 김 오른 찜기에 40분 정도 찐 다음, 더운 김이 나가기 전에(30℃) 먼저 만든 누룩즙과 버무려 빚어서 술독에 담아 20~23℃ 정도에서 12일간 발효시킨다.

### 중밑술 만들기

1. 정월 셋째 오일(午日)에 멥쌀을 깨끗이 씻어 물에 5시간 동안 담갔다 건져 1시간 물기를 빼고 김 오른 찜기에 40분 정도 찐 다음, 더운 김이 나가기 전에(30℃) 먼저 만든 밑술과 버무려 빚어서 술독에 담아 20~23℃ 정도에서 12일간 발효시킨다.

### 덧술 만들기

1. 정월 넷째 오일(午日)에 멥쌀을 깨끗이 씻어 물에 5시간 동안 담갔다 건져 1시간 물기를 빼고 김 오른 찜기에 40분 정도 찐 다음, 더운 김이 나가기 전에(30℃) 먼저 만든 중밑술과 버무려 빚어서 술독에 담아 20~23℃ 정도에서 20~30일간 발효시킨다.
2. 발효가 끝난 술은 용수를 박아서 하루 정도 두었다가 가운데 맑은 술이 고이면 채주하고, 남은 술은 좋은 물을 부어가며 고운체에 걸러 막걸리로 마신다.

# 두강주(杜康酒)

중국 고서에 두강(杜康)이 빚었다고 해서 두강주(杜康酒)라는 기록이 있다. 술맛이 맵고 알코올 도수가 높다.

### 재료 및 분량

밑술 : 멥쌀 1kg, 누룩 250g, 끓는 물 1.5ℓ
중밑술 : 멥쌀 1kg, 끓는 물 1.5ℓ
덧술 : 멥쌀 2kg

### 밑술 만들기

1. 멥쌀을 깨끗이 씻어 물에 하루 동안 담갔다 다시 씻어 건져 1시간 물기를 빼고, 빻아 가루 내어 끓는 물을 부어 죽을 만들어 식힌다.
2. 식힌 죽에 누룩을 넣어 버무려 빚어서 술독에 담아 20~23℃ 정도에서 7일간 발효시킨다.

### 중밑술 만들기

1. 멥쌀을 깨끗이 씻어 물에 하루 동안 담갔다 다시 씻어 건져 1시간 물기를 빼고, 빻아 가루 내어 끓는 물을 부어 죽을 만들어 식힌다.
2. 식힌 죽에 밑술을 넣어 버무려 빚어서 술독에 담아 20~23℃ 정도에서 7일간 발효시킨다.

### 덧술 만들기

1. 멥쌀을 깨끗이 씻어 물에 하루 동안 담갔다 건져 1시간 물기를 빼고, 김 오른 찜기에 1시간 정도 찐 고두밥을 채반에 펼쳐서 식힌다.
2. 식힌 고두밥에 중밑술을 넣어 버무려 빚어서 술독에 담아 20~23℃에서 20~30일 동안 발효시킨다.
3. 발효가 끝난 술은 용수를 박아서 하루 정도 두었다가 가운데 맑은 술이 고이면 채주하고, 남은 술은 좋은 물을 부어가며 고운체에 걸러 막걸리로 마신다.

# 별주(別酒)

별주(別酒)는 그 맛이 감미롭고 향기로우며 독하다. 단오 때 사용하는 절기주이다.

### 재료 및 분량

밑술 : 멥쌀 1kg, 누룩 250g, 끓는 물 1.5ℓ
중밑술 : 멥쌀 1kg, 끓는 물 1.5ℓ
덧술 : 멥쌀 500g, 찹쌀 1kg

### 밑술 만들기

1. 멥쌀을 깨끗이 씻어 물에 하루 동안 담갔다 다시 씻어 건져 1시간 물기를 빼고, 빻아 가루 내어 끓는 물을 부어 죽을 만들어 식힌다.
2. 식힌 죽에 누룩을 넣어 버무려 빚어서 술독에 담아 20~23℃ 정도의 온도에서 7일간 발효시킨다.

### 중밑술 만들기

1. 멥쌀을 깨끗이 씻어 물에 하루 동안 담갔다 다시 씻어 건져 1시간 물기를 빼고, 빻아 가루 내어 끓는 물을 부어 죽을 만든다.
2. 식힌 죽에 밑술을 넣어 버무려 빚어서 술독에 넣어 20~23℃ 정도의 온도에서 7일간 발효시킨다.

### 덧술 만들기

1. 멥쌀과 찹쌀을 깨끗이 씻어 물에 하루 동안 담갔다 건져 1시간 물기를 빼고, 김 오른 찜기에 멥쌀 1시간, 찹쌀 40분 정도 찐 고두밥을 채반에 펼쳐서 식힌다.
2. 식힌 고두밥에 중밑술을 넣어 버무려 빚어서 술독에 담아 20~23℃에서 20~30일 동안 발효시킨다.
3. 발효가 끝난 술은 용수를 박아서 하루 정도 두었다가 가운데 맑은 술이 고이면 채주하고, 남은 술은 좋은 물을 부어가며 고운체에 걸러 막걸리로 마신다.

# 삼해주(三亥酒)

쌀과 누룩으로 해일(亥日)만을 골라 삼양주 기법으로 빚은 술로 기간만 100여일이 걸린다. 술 맛이 좋으며 사과향이 나는 술이다.

### 재료 및 분량

밑술 : 멥쌀 1kg, 누룩 400g, 끓는 물 1.2ℓ
중밑술 : 멥쌀 2kg, 밀가루 200g
덧술 : 멥쌀 3kg, 끓여 식힌 물 4ℓ

### 밑술 만들기

1. 멥쌀을 깨끗이 씻어 물에 5시간 담갔다 건져 1시간 물기를 빼고, 빻은 가루에 끓는 물을 넣어 범벅을 만든다.
2. 식힌 범벅에 누룩을 넣어 잘 버무려 빚어서 술독에 넣어 15℃에서 2~4주간 발효시킨다.

### 중밑술 만들기

1. 멥쌀을 깨끗이 씻어 물에 5시간 담갔다 건져 1시간 물기를 빼고 빻아 가루로 만든다.
2. 밀가루를 넣고 끓는 물로 익반죽하여 여러 개의 물송편을 만든다.
3. 끓는 물에 넣고 삶아 건져 내어 식히면서 여러 조각으로 나누어 식힌다.
4. 식힌 물송편에 밑술을 부어 버무려 술독에 넣어 15℃에서 2~4주간 발효시킨다.

### 덧술 만들기

1. 멥쌀을 깨끗이 씻어 물에 하루 동안 담갔다 건져 1시간 물기를 빼고, 김 오른 찜기에 1시간 정도 찐 고두밥을 채반에 펼쳐서 식힌다.
2. 식힌 고두밥에 중밑술과 끓여 식힌 물을 넣어 버무려 빚어서 술독에 담아 20~23℃에서 20~30일 동안 발효시킨다.
3. 발효가 끝난 술은 용수를 박아서 하루 정도 두었다가 가운데 맑은 술이 고이면 채주하고, 남은 술은 좋은 물을 부어가며 고운체에 걸러 막걸리로 마신다.

# 아황주(鵝黃酒)

밑술과 최종 덧술까지 모두 끓는 물에 개서 죽을 만드는 방법으로 술을 빚으며 봄, 가을에 빚으면 가장 좋다고 한다. 서늘한 온도에서 오랫동안 발효시킨 술이다.

### 재료 및 분량

밑술 : 멥쌀 500g, 찹쌀 500g, 누룩 200g, 끓는 물 1.5ℓ
중밑술 : 멥쌀 1kg, 누룩 50g, 끓는 물 2ℓ
덧술 : 멥쌀 2kg(또는 찹쌀 2kg), 끓는 물 2ℓ

### 밑술 만들기

1. 멥쌀과 찹쌀을 깨끗이 씻어 물에 5시간 담갔다 건져 1시간 물기를 빼고, 빻은 가루를 김 오른 찜기에 15분 쪄서 백설기를 만들어 끓는 물을 부어 백설기 죽을 만들어 식힌다.
2. 식힌 백설기 죽에 누룩을 넣어 잘 버무려 빚어서 술독에 담아 20~23℃에서 7일간 발효시킨다.

### 중밑술 만들기

1. 멥쌀을 깨끗이 씻어 물에 5시간 담갔다 건져 1시간 물기를 빼고, 빻은 가루를 김 오른 찜기에 15분 쪄서 백설기를 만들어 끓는 물을 부어 백설기 죽을 만들어 식힌다.
2. 식힌 백설기 죽에 누룩과 밑술을 넣어 잘 버무려 빚어서 술독에 넣어 20~23℃에서 7일간 발효시킨다.

### 덧술 만들기

1. 멥쌀(또는 찹쌀)을 깨끗이 씻어 물에 5시간 담갔다 건져 1시간 물기를 빼고, 빻은 가루를 김 오른 찜기에 15분 쪄서 백설기를 만들어 끓는 물을 부어 백설기 죽을 만들어 식힌다.
2. 식힌 백설기 죽에 중밑술을 걸러 넣어 잘 버무려 빚어서 술독에 넣어 20~23℃에서 20일간 발효시킨다.
3. 발효가 끝난 술은 용수를 박아서 하루 정도 두었다가 가운데 맑은 술이 고이면 채주하고, 남은 술은 좋은 물을 부어가며 고운체에 걸러 막걸리로 마신다.

# 칠두오승주(七斗五升酒)

재료로 쓰는 양(量)이 일곱 말 닷 되 여서 붙여진 이름으로 오두오승주(五斗五升酒)라 불리기도 한다.

### 재료 및 분량

밑술 : 멥쌀 1kg, 누룩 200g, 끓는 물 1.2ℓ
중밑술 : 멥쌀 1kg, 누룩 100g, 끓는 물 1.2ℓ
덧술 : 멥쌀 2kg, 누룩 50g, 끓여 식힌 물 2.5ℓ

### 밑술 만들기

1. 멥쌀을 깨끗이 씻어 물에 5시간 담갔다 건져 1시간 물기를 빼고, 가루로 빻아 김 오른 찜기에 15분 쪄서 백설기를 만들어 끓는 물을 부어 백설기 죽을 만들어 식힌다.
2. 식힌 백설기 죽에 누룩을 넣어 잘 버무려 빚어서 술독에 담아 20~23℃에서 7일간 발효시킨다.

### 중밑술 만들기

1. 멥쌀을 깨끗이 씻어 물에 5시간 담갔다 건져 1시간 물기를 빼고, 가루로 빻아 김 오른 찜기에 15분 쪄서 백설기를 만들어 끓는 물을 부어 백설기 죽을 만들어 식힌다.
2. 식힌 백설기 죽에 누룩과 밑술을 넣어 잘 버무려 빚어서 술독에 넣어 20~23℃에서 7일간 발효시킨다.

### 덧술 만들기

1. 멥쌀을 깨끗이 씻어 물에 하루 동안 담갔다 건져 1시간 물기를 빼고, 김 오른 찜기에 1시간 정도 찐 고두밥을 채반에 펼쳐서 식힌다.
2. 식힌 고두밥에 누룩과 중밑술, 끓여 식힌 물을 넣어 버무려 빚어서 술독에 담아 20~23℃에서 20~30일 동안 발효시킨다.
3. 발효가 끝난 술은 용수를 박아서 하루 정도 두었다가 가운데 맑은 술이 고이면 채주하고, 남은 술은 좋은 물을 부어가며 고운체에 걸러 막걸리로 마신다.

# 사오주(四午酒)

사오주(四午酒)는 삼오주(三午酒)보다 한 번 더 담금 하여 오일(午日)에만 4번 덧 담금 한 것이다. 다 된 술은 독 밑까지 맑아 빛깔이 가을 이슬과 같다고 한다.

### 재료 및 분량

밑술 : 밀가루 1kg, 누룩 500g, 끓여 식힌 물 5ℓ
중밑술 1 : 멥쌀 1kg　중밑술 2 : 멥쌀 1kg　중밑술 3 : 멥쌀 1kg
덧술 : 멥쌀 1kg

### 밑술 만들기

1. 정월 첫 오일(午日)에 물을 끓여 식혀 술독에 먼저 붓는다.
2. 좋은 누룩을 가루로 내어 술독에 넣고 밀가루를 같이 넣어 섞는다.

### 중밑술1 만들기

1. 멥쌀을 깨끗이 씻어 물에 5시간 담갔다 건져 1시간 물기를 빼고 빻아 가루로 만들어, 김 오른 찜기에 15분 동안 쪄서 백설기를 만든 다음 차게 식힌다.
2. 식힌 백설기에 밑술을 넣어 잘 버무려 빚어서 술독에 담아 20~23℃ 정도에서 10~12일간 발효시킨다.

### 중밑술2 만들기

1. 멥쌀을 깨끗이 씻어 물에 5시간 담갔다 건져 1시간 물기를 빼고 빻아 가루로 만들어, 김 오른 찜기에 15분 동안 쪄서 백설기를 만든 다음 차게 식힌다.
2. 식힌 백설기에 중밑술을 넣어 잘 버무려 빚어서 항아리에 담아 20~23℃ 정도에서 10~12일간 발효시킨다.

### 중밑술3 · 덧술 만들기

1. 셋째 오일, 넷째 오일에도 같은 방법으로 덧술 하여 단단히 봉해두었다가, 4월 20일(음력)에 열어보면 독 밑까지 맑아 빛깔은 가을 이슬과 같다고 한다.
2. 발효가 끝난 술은 용수를 박아서 하루 정도 두었다가 가운데 맑은 술이 고이면 채주하고, 남은 술은 좋은 물을 부어가며 고운체에 걸러 막걸리로 마신다.

# 사마주(四馬酒)

12지간 중 말날만을 택하여 밑술 세 번 하고 네 번째 덧술을 빚어 얻는 사양주(四釀酒)로, 담그는 기간만 1개월 이상 걸린다. 술의 색이 검고 진피향이 나며 달콤하다.

### 재료 및 분량

밑술 : 멥쌀 800g, 누룩 160g, 끓는 물 1ℓ
중밑술 1 : 멥쌀 800g, 누룩 80g, 엿기름 400g, 끓여 식힌 물 1ℓ
중밑술 2 : 멥쌀 1.6kg, 누룩 50g, 용안육 150g, 진피 150g, 끓여 식힌 물 2ℓ
덧술 : 찹쌀(멥쌀) 2kg, 누룩 50g, 끓여 식힌 물 3ℓ

### 밑술 만들기

1. 멥쌀을 깨끗이 씻어 물에 5시간 담갔다 건져 1시간 물기를 빼고, 가루로 빻아 끓는 물을 넣어 범벅을 만들어 식힌다.
2. 식힌 범벅에 누룩을 넣어 잘 버무려 빚어서 술독에 담아 20~23℃에서 10~12일간 발효시킨다.

### 중밑술1 만들기

1. 멥쌀은 깨끗이 씻어 물에 5시간 담갔다 건져 1시간 물기를 빼고 빻아 가루를 만든다.
2. 가루를 체에 내려 끓여 식힌 물로 익반죽해 구멍떡을 만들어 끓는 물에 삶아 낸 후 차게 식힌다.
3. 식힌 구멍떡에 누룩과 엿기름, 밑술을 넣어 잘 버무려 빚어서 술독에 담아 20~23℃에서 10일간 발효시킨다.

### 중밑술2 만들기

1. 멥쌀을 깨끗이 씻어 물에 담갔다 건져 1시간 물기를 빼고, 1시간 정도 고두밥을 쪄서 식힌 다음 용안육, 진피를 각각 섞는다.
2. 고두밥에 누룩과  끓여 식힌 물, 2차 밑술을 섞어 술독에 담아 20~23℃ 정도에서 10여일 둔다.

### 덧술 만들기

1. 찹쌀을 깨끗이 씻어 물에 5시간 담갔다 건져 1시간 물기를 빼고, 김 오른 찜기에 40분 정도 찐 고두밥을 채반에 펼쳐서 식힌다.
2. 식힌 고두밥을 누룩과 끓여 식힌 물, 중밑술을 넣어 버무려 빚어서 술독에 담아 20~23℃에서 20~30일 동안 발효시킨다.
3. 발효가 끝난 술은 용수를 박아서 하루 정도 두었다가 가운데 맑은 술이 고이면 채주하고, 남은 술은 좋은 물을 부어가며 고운체에 걸러 막걸리로 마신다.

# 과하주(過夏酒)

여름을 지나도 변하지 않는다 하여 과하주(過夏酒)라는 이름이 붙었다. 여름을 나기에 좋은 술이다.

### 재료 및 분량

찹쌀 1kg, 누룩 200g, 끓여 식힌 물 1.5ℓ , 소주 1ℓ (25~27%)

### 만드는 방법

1. 끓여 식힌 물에 누룩을 침국하여 누룩즙을 만든다.
2. 찹쌀을 깨끗이 씻어 물에 5시간 담갔다 건져 1시간 물기를 빼고, 김 오른 찜기에 40분 정도 찐 고두밥을 채반에 펼쳐서 식힌다.
3. 식힌 고두밥에 누룩즙을 넣어 버무려 빚어서 술독에 담아 23~25℃에서 7~10일 후에 단맛이 들고 쓴맛이 나면 소주를 부어 발효시킨다.
4. 발효가 끝난 술은 용수를 박아서 하루 정도 두었다가 가운데 맑은 술이 고이면 채주하고, 남은 술은 좋은 물을 부어가며 고운체에 걸러 막걸리로 마신다.

# 오종주방문(五種酒方文)

다섯 가지(후추, 계피, 대추, 잣, 생강) 재료를 넣었다 해서 오종주(五種酒)라고 한다.

### 재료 및 분량

찹쌀 1kg, 누룩 200g, 잣 1작은술, 대추 3개, 생강 50g, 물 1.2ℓ
후추 1작은술, 통계피 25g, 소주 1.2ℓ (25~27%)

### 만드는 방법

1. 끓여 식힌 물에 누룩을 침국하여 누룩즙을 만든다.
2. 찹쌀을 깨끗이 씻어 물에 5시간 담갔다 건져 1시간 물기를 빼고, 김 오른 찜기에 40분 정도 찐 고두밥을 채반에 펼쳐서 식힌다.
3. 식힌 고두밥에 누룩즙과 생강, 대추, 잣을 넣고 버무려 빚어서 술독에 담아 23~25℃에서 5~7일 정도 발효시킨 후 계피와 후추를 빻아 샤주머니에 넣고 술독 밑에 넣는다. 발효가 되어 단맛이 들고 쓴맛이 나면 소주를 부어 25℃에서 발효를 시키다 밥알이 뜨면, 찬 데로 옮겨 5일 정도 두었다가 용수를 박아 청주를 채주한다.

# 강하주(薑荷酒)

전남 보성 시방의 토속주로 그 맛과 향이 일품이라고 한다. 보양(補陽)의 효과가 있으며 혼양주로서 오래 보존할 수 있다.

### 재료 및 분량

찹쌀 1kg, 누룩 200g, 대추 · 생강 적당량, 끓여 식힌 물 1.5ℓ , 소주 1ℓ

### 만드는 방법

1. 찹쌀을 깨끗이 씻어 물에 5시간 담갔다 건져 1시간 물기를 빼고, 김 오른 찜기에 40분 정도 찐 고두밥을 채반에 펼쳐서 식힌다.
2. 식힌 고두밥에 누룩과 대추, 찧은 생강, 끓여 식힌 물을 넣어 잘 버무려 빚어 술독에 담아 23~25℃ 정도에서 3~4일 발효시키다 단맛이 돌고 쓴맛이 나면 소주를 붓는다.
3. 약 2주일간 발효시켜 발효가 끝난 술은 용수를 박아서 하루 정도 두었다가 가운데 맑은 술이 고이면 채주하고, 남은 술은 좋은 물을 부어가며 고운체에 걸러 막걸리로 마신다.

# 송순주(松荀酒)

채주한 후 다시 소주를 부어 놓으면 송순 향(香)이 좋은 술을 또 얻을 수 있다.

### 재료 및 분량

밑술 : 멥쌀 1kg, 누룩 250g, 끓는 물 1.6ℓ
덧술 : 찹쌀 2kg, 송순 150g, 소주 2ℓ (25~27%)

### 밑술 만들기

1. 멥쌀을 깨끗이 씻어 물에 5시간 담갔다 건져 1시간 물기를 빼고 빻아 가루로 만들어, 김 오른 찜기에 15분 동안 쪄서 백설기를 만든 다음 끓는 물을 넣어 백설기 죽을 만들어 식힌다.
2. 식힌 백설기 죽에 누룩을 넣어 잘 버무려 빚어서 술독에 담아 23~25℃ 정도에서 3일간 발효시킨다.

### 덧술 만들기

1. 찹쌀을 깨끗이 씻어 물에 5시간 담갔다 건져 1시간 물기를 빼고, 김 오른 찜기에 40분 정도 찐 고두밥을 채반에 펼쳐서 식힌다(송순도 마지막에 15분 쪄준다).
2. 식힌 송순 고두밥에 밑술을 넣어 잘 버무려 빚어 술독에 담아 23~25℃ 정도에서 5~6일 발효시켜 단맛이 돌고 쓴맛이 나면 소주를 붓는다.
3. 약 2주일간 발효시켜 발효가 끝난 술은 용수를 박아서 하루 정도 두었다가 가운데 맑은 술이 고이면 채주하고, 남은 술은 좋은 물을 부어가며 고운체에 걸러 막걸리로 마신다.

# 한산춘(韓山春)

여러 번 덧술 하여 빚는 고급술로 춘주(春酒)에 속하는 술이다. 통후추의 향과 대추의 달콤한 향이 난다.

### 재료 및 분량

찹쌀 1kg, 누룩 200g, 잣 25g, 통후추 10g
대추 10개, 끓여 식힌 물 1.2ℓ , 소주 1ℓ (25~27%)

### 만드는 방법

1. 찹쌀을 깨끗이 씻어 물에 5시간 담갔다 건져 1시간 물기를 빼고, 김 오른 찜기에 40분 정도 찐 고두밥을 채반에 펼쳐서 식힌다.
2. 잣은 굵게 다지고, 통후추는 샤주머니에 넣어 묶는다.
3. 식힌 고두밥에 누룩, 잣 다진 것, 통후추 넣은 샤주머니를 넣는다.
4. 대추와 끓여 식힌 물을 ③에 넣어 버무려 빚어서 술독에 담아 23~25℃ 정도의 온도에서 5~7일 정도 둔 다음 단맛이 들면 소주를 붓는다.
5. 약 2주일간 발효시켜 발효가 끝난 술은 용수를 박아서 하루 정도 두었다가 가운데 맑은 술이 고이면 채주하고, 남은 술은 좋은 물을 부어가며 고운체에 걸러 막걸리로 마신다.

# 수운잡방의 **황국화주**(黃菊花酒)

황국(黃菊)은 향기롭고 맛이 단 것을 골라 따서 햇볕에 쬐어 말린다. 술맛이 향기롭고 달며 모든 향기가 있는 꽃은 이와 같이 할 수 있다.

### 재료 및 분량

국화 120g, 청주 8ℓ

### 만드는 방법

1. 국화를 명주 주머니에 넣어, 청주 윗면에서 2㎝ 위에 매달고 항아리를 단단히 봉한다.
2. 하룻밤 지나서 꽃을 들어낸다.

## 규합총서의 구기자주(拘杞子酒)

구기자 열매에는 각종 아미노산이 함유되어 있고 잎에는 여러 가지 미네랄이 함유되어 있으며, 뿌리의 껍질은 한방에서 지골피(地骨皮)라 하여 약재로 쓰인다.

### 재료 및 분량

구기자 열매 100g, 구기자 잎 20g, 구기자뿌리 30g
소주 1.5ℓ , 설탕 100g

### 만드는 방법

1. 구기자 열매와 잎, 뿌리는 깨끗이 손질하여 물기를 닦고 항아리에 담고 분량의 설탕을 넣는다.
2. 소주를 붓고 봉하여 서늘한 곳에 둔다.
3. 3개월 후에 걸러서 채주하면 오래 보관 할 수 있다.

## 황정주(黃精酒)

중국의 「본초서(本草書)」에 황정주를 마시면 근골((筋骨)을 튼튼히 하고 정수(精髓)를 늘리며, 백발도 없애고 온갖 병을 낫게 한다고 적혀 있다. 둥굴레의 뿌리줄기를 황정이라 하며 술을 담그면 아름다운 담황색의 향기로운 술이다.

### 재료 및 분량

황정 500g, 소주 1.5ℓ , 설탕 100g, 레몬 2개

### 만드는 방법

1. 항아리에 황정을 잘게 잘라서 깨끗이 씻어 물기를 닦아 넣고, 설탕과 소주를 붓는다.
2. 이때 레몬 1개를 이등분하여 넣어 향과 맛을 산뜻하게 한다.
3. 레몬은 10여 일 후 건져내고 나머지는 3개월 정도 우려내서 채주하여 마실 수 있으며, 1년을 두면 술맛은 더욱 좋아진다.

# 매실주(梅實酒)

매실의 신맛은 주성분이 구연산인데 체내 노폐물의 축적을 막기 때문에 피로회복, 동맥경화 예방, 세균성 장염의 예방에 좋다.

### 재료 및 분량

매실(황매실) 500g, 소주 2ℓ, 설탕 500g, 생강즙 적당량

### 만드는 방법

1. 매실은 물에 깨끗이 씻어 물기를 닦아 항아리에 넣고 분량의 설탕을 넣고 소주를 붓는다.
2. ①에 생강즙을 넣어 향기와 풍미를 좋게 한다.
3. 3개월 후에 채주하여 맑은 술을 보관한다.

# 다시마주

다시마주는 혈압강화에 효과적이다. 다시마의 향과 맛이 좋은 술이다.

### 재료 및 분량

다시마 500g, 소주 1.8ℓ, 설탕 50g

### 만드는 방법

1. 다시마는 면보로 모래를 닦아내고 잘 손질하여 3cm 정도 길이로 잘라서 항아리에 담는다.
2. 분량의 설탕을 넣고 소주를 부어 밀봉하여 시원한 곳에 보관한다.
3. 3개월 후 건져서 보관한다.

# 모과주(木瓜酒)

모과에는 여러 가지 유기산과 사포닌 등이 들어 있어 소화 기능을 도와주고 신진대사를 좋게 하며 숙취를 풀어준다. 또한 기침이나 감기에도 효과가 좋다고 알려져 있다.

### 재료 및 분량

모과 1kg, 소주 1.5ℓ , 설탕 100g

### 만드는 방법

1. 노랗게 잘 익은 모과는 표피에 침출되어 나와 있는 당분을 따뜻한 물로 깨끗이 씻어 물기를 닦아 얇게 저며 항아리에 담고 설탕을 넣는다.
2. 소주를 붓고 3~6개월 정도 우려낸 다음 걸러서 보관한다.

# 마늘주

혈액순환을 좋게 하고 위장 기능 강화와 불면증, 저혈압에 좋다. 흑마늘을 사용해도 된다.

### 재료 및 분량

생마늘 500g, 소주 1.5ℓ , 생강 50g

### 만드는 방법

1. 생마늘은 깨끗이 손질하여 찜통에 5분간 쪄서 마늘의 특유한 냄새를 없앤다.
2. 쪄낸 마늘과 얇게 썬 생강은 항아리에 담고 소주를 붓는다.
3. 1개월 정도 우려 낸 다음 걸러서 보관한다.

# 찔레주(營室酒)

찔레꽃 나무 열매를 영실(營室)이라 하며 불면증, 건망증, 성기능 감퇴, 동맥경화 예방에 쓴다고 한다. 은은한 붉은 색이 아름다운 술이다.

### 재료 및 분량

영실 500g, 소주 1.5ℓ , 설탕 500g, 레몬 1개

### 만드는 방법

1. 영실은 깨끗이 씻어서 물기를 닦아 레몬은 이등분하여 항아리에 담고 분량의 설탕을 넣고 소주를 붓는다.
2. 레몬은 2주 후에 건져 내고, 2~3개월 우려낸 다음 걸러서 보관한다.

# 산수유주(山茱萸酒)

가을에 빨갛게 익은 산수유 열매를 따서 며칠 그늘에 말려 씨를 빼내고 건조시켜 사용한다. 한방에서는 산수유를 자양강장제로 쓰고 있다. 산수유의 새콤한 향이 좋은 술이다.

### 재료 및 분량

산수유 500g, 소주 1.5ℓ , 설탕 500g

### 만드는 방법

1. 산수유 열매를 깨끗이 씻어 물기를 닦아 항아리에 담고 설탕을 넣고 소주를 붓는다.
2. 3~6개월 정도 우려낸 다음 걸러서 보관한다.

# 더덕주

한방에서 더덕의 뿌리를 사삼(沙蔘) 이라 하여 가래 삭임 약으로 쓴다. 뿌리에 사포닌과 이눌린 성분이 들어 있다. 강장, 거담, 기관지염, 해수, 천식, 각종 폐질환에 효능이 있다.

### 재료 및 분량

더덕뿌리 100g, 소주 1.8ℓ , 설탕 100g

### 만드는 방법

1. 더덕 뿌리는 물에 깨끗이 씻고 물기를 닦고 잘라서 항아리에 담고 분량의 설탕을 넣는다.
2. 항아리에 소주를 부어 2~3개월 우려낸 다음 걸러서 보관한다.

# 가시오가피주

오가피는 오가피나무의 뿌리 및 줄기껍질을 약용으로 이용한다. 강장보정, 손발냉증, 요통, 하지무력에 효과가 있다. 지초의 붉은색과 레몬의 상큼한 향이 좋은 술이다.

### 재료 및 분량

오가피 40g, 오미자 60g, 감초 20g, 지초 2g
레몬 $\frac{1}{2}$개, 설탕시럽(황설탕 40g, 물 40cc), 소주 2ℓ

### 만드는 방법

1. 물 40cc에 황설탕 40g을 부어 약한 불에서 설탕시럽을 만든다.
2. 오가피는 깨끗이 씻어 물기를 닦고 레몬은 껍질을 벗겨 알맹이만 이등분한다.
3. 지초, 감초, 오미자는 깨끗이 씻어 물기를 빼고 준비한 오가피, 레몬과 함께 항아리에 담고 설탕시럽을 넣고 소주를 붓는다.
4. 레몬은 일주일 후에 건져 낸다. 6개월 정도 우려낸 다음 걸러서 보관한다.

# 숙지황주

빈혈, 어지럼증, 월경이상, 손발냉증에 효과가 있고 여성들에게 좋은 술이다. 숙지황을 술에 담갔다가 쪄서 말리는 과정을 아홉 번 되풀이하면 구지황이 된다.

### 재료 및 분량

숙지황 300g, 설탕 200g, 소주 1.5ℓ

### 만드는 방법

1. 숙지황은 깨끗이 씻어 물기를 닦아 항아리에 담고 분량의 설탕을 넣고 소주를 붓는다.
2. 6개월 정도 우려낸 다음 걸러서 보관한다.

# 영지주

영지는 피를 맑게 하고 해독작용을 하며 불면증, 당뇨, 저혈압, 동맥경화, 식욕부진, 피로회복 등에 좋은 술이다.

### 재료 및 분량

영지 150g, 설탕 100g, 소주 1.5ℓ

### 만드는 방법

1. 영지는 깨끗이 씻어 물기를 닦고 항아리에 담아 분량의 설탕을 넣고 소주를 붓는다.
2. 6개월 정도 우려낸 다음 걸러서 보관한다.

# 달래주

달래는 맛은 맵고 성질이 따뜻하여 혈액순환을 돕고 통증을 완화해준다. 정력보강과 불면증, 빈혈에 효과적이다.

### 재료 및 분량

달래 300g, 설탕 200g, 소주 1.5ℓ

### 만드는 방법

1. 달래는 깨끗이 씻어 물기를 닦아 항아리에 담고 설탕을 넣고 소주를 붓는다.
2. 3개월 정도 우려낸 다음 걸러서 보관한다.

# 하수오주

원기 회복에 좋은 술로 신경쇠약, 노화방지, 체력보강, 피부미용에 효과가 있다.

### 재료 및 분량

하수오 150g, 설탕 200g, 소주 1.5ℓ

### 만드는 방법

1. 하수오는 깨끗이 씻어 물기를 닦아 항아리에 담고 설탕을 넣고 소주를 붓는다.
2. 6개월 정도 우려낸 다음 걸러서 보관한다.

# 복분자주

복분자는 기운을 돋우고 몸을 가볍게 하며 눈을 밝게 한다. 정력부족, 발기부전에 효과가 있다. 복분자의 색이 아름다운 술이다.

### 재료 및 분량

복분자 150g, 설탕 200g, 소주 1.5ℓ

### 만드는 방법

1. 복분자는 살살 씻어 물기를 닦아 항아리에 담고 분량의 설탕을 넣고 소주를 붓는다.
2. 3개월 정도 우려낸 다음 걸러서 보관한다.

# 생강계피주

생강은 위를 보하고 소화를 도우며 건위, 복통, 냉병, 신경통에 효과가 있다. 생강과 계피의 향긋함이 좋은 술이다.

### 재료 및 분량

생강 300g, 계피 100g, 설탕 200g, 소주 1.5ℓ

### 만드는 방법

1. 생강은 껍질을 벗겨 깨끗이 씻어 물기를 닦는다. 계피도 깨끗이 씻어 항아리에 담고 설탕을 넣고 소주를 붓는다.
2. 3개월 정도 우려낸 다음 걸러서 보관한다.

## 밀감주

귤의 색과 향이 좋은 술로 피로회복, 감기, 식욕부진, 불면증에 효과가 있다.

### 재료 및 분량

밀감 1kg, 설탕 100g, 소주 1.5ℓ

### 만드는 방법

1. 귤껍질은 깨끗이 씻어 물기를 닦고 이등분하여 항아리에 담고 설탕을 넣고 소주를 붓는다.
2. 3개월 정도 우려낸 다음 걸러서 보관한다.

## 매화주

매화 향과 쌉쌀한 맛이 잘 어우러진 술로 소화불량, 피로회복에 좋다.

### 재료 및 분량

매화 100g, 소주 1.5ℓ

### 만드는 방법

1. 매화는 꽃잎이 떨어지지 않게 채취를 하여 흐르는 물에 살살 씻어 물기를 뺀다.
2. 항아리에 매화를 넣고 소주를 붓는다.
3. 2개월 정도 우려낸 다음 걸러서 보관한다.

# 레몬주

피부건강, 감기예방, 피로회복에 효과가 있다.
레몬향이 좋아 여성들이 좋아한다.

### 재료 및 분량

레몬 300g, 설탕 100g, 소주 1.5ℓ

### 만드는 방법

1. 레몬은 50g 정도는 껍질째 깨끗이 씻어 물기를 닦아 이등분 하고 나머지는 껍질을 벗긴다.
2. 손질한 레몬을 항아리에 담아 설탕을 넣고 소주를 붓는다.
3. 2개월 정도 우려낸 다음 걸러서 보관한다.

# 석류주

석류의 색과 달콤한 향이 좋은 술로 감기예방, 갱년기 장애에 효과적이다.

### 재료 및 분량

석류 1kg, 설탕 200g, 소주 1.5ℓ

### 만드는 방법

1. 석류는 200g 정도는 껍질째 깨끗이 씻어 물기를 닦고 나머지는 껍질을 벗겨내고 알맹이만 사용한다.
2. 손질한 석류는 항아리에 담아 설탕을 넣고 소주를 붓는다.
3. 3개월 정도 우려낸 다음 걸러서 보관한다.

# 인삼백일주

**재료 및 분량**

밑술 :
멥쌀 10kg, 효소제 200g, 효모 50g, 인삼 1kg, 물 12ℓ

덧술 :
찹쌀 20kg, 효소제 400g, 물 24ℓ

**밑술 만들기**

1. 멥쌀을 깨끗이 씻어 물에 5시간 정도 불린 다음 1시간 정도 물기를 빼고, 증자기에 50분 정도 고두밥을 찐 다음 식힌다.
2. 인삼은 깨끗이 씻어 칼로 굵게 다진다.
3. 물 1ℓ 에 효소제, 효모를 불려서 식힌 고두밥에 물 11ℓ 와 인삼을 넣고 함께 버무려 빚어서 발효탱크에 담아 23~25℃에서 3일간 발효시킨다.

**덧술 만들기**

1. 찹쌀을 깨끗이 씻어 물에 5시간 정도 불린 다음 1시간 정도 물기를 빼고, 증자기에 50분 정도 고두밥을 찐 다음 식힌다.
2. 물 1ℓ 에 효소제를 불리고 식힌 고두밥에 남은 물 23ℓ , 밑술을 넣고 잘 버무려 빚어서 발효통에 담아 23~25℃에서 2주일간 발효시킨다.

*개량누룩(조효소제) 사용하는 방법

1. 담금 30분 전에 담금 수의 일부를 별도의 용기에 취하여 효소제를 넣고 풀어준다.
2. 담금 수의 일부를 별도의 용기에 취하여 효모는 반드시 물에 효모를 넣어 풀어주어 활성화시켜 사용하도록 한다.

# 오감주

### 재료 및 분량

밑술 :
멥쌀 10kg, 효소제 200g, 효모 50g
산수유 150g, 오미자 500g, 지초 50g, 감초 25g, 물 14ℓ
(산수유, 오미자, 지초, 감초 끓인 물 12ℓ )

덧술 :
찹쌀 20kg, 효소제 400g
산수유 300g, 오미자 1kg, 지초 100g, 감초 50g, 물 25ℓ
(산수유, 오미자, 지초, 감초 끓인 물 24ℓ )

### 밑술 만들기

1. 멥쌀을 깨끗이 씻어 물에 5시간 정도 불린 다음 1시간 정도 물기를 빼고, 증자기에 50분 정도 고두밥을 찐 다음 식힌다.
2. 산수유와 오미자, 지초, 감초를 냄비에 넣고 센불에서 물이 끓어오르면 중불로 줄여 15분간 더 끓여 12ℓ 의 약재물을 만들어 식힌다.
3. 끓여 식힌 약재물 11ℓ 에 고두밥을 넣고 버무린 다음 남은 약재물 1ℓ 에 효소제, 효모제를 불려서 마저 버무려 빚어서 발효탱크에 담아 23~25℃에서 3일간 발효시킨다.

### 덧술 만들기

1. 찹쌀을 깨끗이 씻어 물에 5시간 정도 불린 다음 1시간 정도 물기를 빼고 증자기에 50분 정도 고두밥을 찐 다음 식힌다.
2. 산수유와 오미자, 지초, 감초를 냄비에 넣고 센불에서 물이 끓어오르면 중불로 줄여 15분간 더 끓여 24ℓ 의 약재물을 만든다.
3. 끓여 식힌 약재물 1ℓ 에 효소제를 불려서 식힌 고두밥과 밑술, 남은 약재물을 넣고 버무려 빚어서 발효탱크에 담아 23~25℃에서 2주일간 발효시킨다.

# 황정주

### 재료 및 분량

밑술 :
멥쌀 10kg, 효소제 200g, 효모 50g
황정 1kg, 천문동 200g, 백출 300g, 구기자 500g, 솔잎 100g
(황정, 천문동, 백출, 구기자, 솔잎 끓인 물 12ℓ )

덧술 :
찹쌀 20kg, 효소제 400g, 물 24ℓ

### 밑술 만들기

1. 멥쌀을 깨끗이 씻어 물에 5시간 정도 불린 다음 1시간 정도 물기를 빼고, 증자기에 50분 정도 고두밥을 찐 다음 식힌다.
2. 황정, 천문동, 백출, 구기자, 솔잎을 센불에서 끓으면 중불로 줄여 15분간 더 끓여서 12ℓ 의 약재물을 만들어 식힌다.
3. 식힌 약재물 1ℓ 에 효소제, 효모를 불려서 식힌 고두밥과 남은 11ℓ 의 약재물을 넣어 잘 버무려 빚어서 발효탱크에 담아 23~25℃에서 3일간 발효시킨다.

### 덧술 만들기

1. 찹쌀을 깨끗이 씻어 물에 5시간 정도 불린 다음 1시간 정도 물기를 빼고, 증자기에 50분 정도 고두밥을 찐 다음 식힌다.
2. 물 1ℓ 에 효소제를 불려서 고두밥과 밑술, 남은 물 23ℓ 를 넣고 잘 버무려 빚어서 발효탱크에 담아 23~25℃에서 2주일간 발효시킨다.

# 절주방

### 재료 및 분량

밑술 :
멥쌀 10kg, 효소제 200g, 효모 50g, 물 12ℓ

덧술 :
찹쌀 20kg, 효소제 400g, 물 24ℓ

### 밑술 만들기

1. 멥쌀을 깨끗이 씻어 찬물에 5시간 담갔다 건져 1시간 정도 물기를 빼고 가루로 만든 다음, 김 오른 찜기에 15분 정도 백설기를 쪄서 끓는 물을 부어 죽을 만들어 식힌다.
2. 물 1ℓ 에 효소제, 효모를 불려서 식힌 백설기 죽과 남은 11ℓ 의 물을 넣어 잘 버무려 빚어서 발효탱크에 담아 23~25℃에서 3일간 발효시킨다.

### 덧술 만들기

1. 찹쌀을 깨끗이 씻어 물에 5시간 정도 불린 다음 1시간 정도 물기를 빼고, 증사기에 50분 정도 고두밥을 찐 다음 식힌다.
2. 물 1ℓ 에 효소제를 불려서 식힌 고두밥에 밑술과 남은 물 23ℓ 를 넣고 잘 버무려 빚어서 발효탱크에 담아 23~25℃에서 2주일간 발효시킨다.

# 보리순주

### 재료 및 분량

밑술 :
멥쌀 10kg, 효소제 200g, 효모 50g, 보리순 15g, 물 12ℓ

덧술 :
찹쌀 20kg, 효소제 400g, 물 24ℓ

### 밑술 만들기

1. 멥쌀을 깨끗이 씻어 물에 5시간 정도 불린 다음 1시간 정도 물을 빼고, 증자기에 50분 정도 고두밥을 찐 다음 식힌다.
2. 물 1ℓ 에 효소제, 효모를 불려서 식힌 고두밥에 보리순과 남은 물 11ℓ 를 넣고 잘 버무려 빚어서 발효탱크에 담아 23~25℃에서 3일간 발효시킨다.

### 덧술 만들기

1. 찹쌀을 깨끗이 씻어 물에 5시간 정도 불린 다음 1시간 정도 물을 빼고 증자기에 50분 정도 고두밥을 찐 다음 식힌다.
2. 물 1ℓ 에 효소제를 불려서 식힌 고두밥과 밑술, 남은 물 23ℓ 를 넣고 잘 버무려 빚어서 발효탱크에 담아 23~25℃에서 2주일간 발효시킨다.

# 연화주

### 재료 및 분량

밑술 :
멥쌀 10kg, 효소제 200g, 효모 50g, 연화 3송이, 물 12ℓ

덧술 :
찹쌀 20kg, 효소제 400g, 물 24ℓ

### 밑술 만들기

1. 멥쌀을 깨끗이 씻어 물에 5시간 정도 불린 다음 1시간 정도 물을 빼고, 증자기에 50분 정도 고두밥을 찐 다음 식힌다.
2. 물 1ℓ 에 효소제, 효모를 넣고 불려서 식힌 고두밥과 연화, 남은 물 11ℓ 를 넣고 잘 버무려 빚어서 발효탱크에 담아 23~25℃에서 3일간 발효시킨다.

### 덧술 만들기

1. 찹쌀을 깨끗이 씻어 물에 5시간 정도 불린 다음 1시간 정도 물을 빼고 증자기에 50분 정도 고두밥을 찐 다음 식힌다.
2. 물 1ℓ 에 효소제를 불려서 식힌 고두밥과 밑술, 남은 물 23ℓ 를 넣고 잘 버무려 빚어서 발효탱크에 담아 23~25℃에서 2주일간 발효시킨다.

# 생강막걸리칵테일

### 재료 및 분량

막걸리 4oz, 생강즙 $\frac{1}{2}$oz, 시럽 $\frac{1}{2}$oz, 계피가루 2g, 배즙 1oz, 얼음 3개

### 만드는 방법

1. 쉐이커에 분량의 시럽과 배즙, 계피가루, 얼음을 넣고 잘 흔든다.
2. 잘 섞은 ①에 막걸리와 생강즙을 넣고 저어 글라스에 담고 장식한다.

# 오렌지막걸리칵테일

### 재료 및 분량

막걸리 4oz, 오렌지 $\frac{1}{3}$개, 시럽 $\frac{1}{2}$oz, 레몬즙 $\frac{1}{3}$oz, 사이다 $\frac{1}{2}$oz, 얼음 4개

### 만드는 방법

1. 믹서에 오렌지와 얼음 4개를 넣고 간다.
2. 잘 섞은 ①에 막걸리와 레몬즙, 사이다, 시럽을 넣고 저어 글라스에 담고 장식한다.

# 딸기막걸리칵테일

**재료 및 분량**

막걸리 4oz, 딸기 100g, 딸기청 $\frac{1}{2}$oz, 토닉워터 $\frac{1}{2}$oz, 얼음 4개

**만드는 방법**

1. 믹서에 딸기, 얼음 2개를 넣고 간다.
2. 쉐이커에 막걸리와 딸기청, 토닉워터, 남은 얼음을 넣고 잘 흔든다.
3. 잘 섞은 ①을 글라스에 담고 그 위에 ②를 붓고 장식한다.

# 사과막걸리칵테일

**재료 및 분량**

막걸리 4oz, 사과 $\frac{1}{2}$개, 사과주스 $\frac{1}{2}$oz, 시럽 $\frac{1}{2}$oz, 토닉워터 $\frac{1}{2}$oz, 얼음 4개

**만드는 방법**

1. 믹서에 사과, 얼음 2개를 넣고 간다.
2. 쉐이커에 막걸리와 사과주스, 시럽, 토닉워터, 얼음을 넣고 잘 흔든다.
3. 잘 섞은 ①을 글라스에 담고 ②를 붓고 장식한다.

# 멜론막걸리칵테일

### 재료 및 분량

막걸리 4oz, 멜론 30g, 멜론아이스크림 10g,
시럽 $\frac{1}{2}$oz, 토닉워터 $\frac{1}{2}$oz, 얼음 1개

### 만드는 방법

1. 믹서에 멜론, 멜론아이스크림, 얼음을 넣고 간다.
2. 잘 섞은 ①을 글라스에 담고 막걸리와 시럽, 토닉워터를 넣고 저어 글라스에 담고 장식한다.

# 유자칵테일

### 재료 및 분량

청주 2oz, 유자청 $\frac{1}{4}$oz, 토니워터 $\frac{1}{2}$oz,
시럽 $\frac{1}{2}$oz, 얼음 3개, 레몬즙 1작은술

### 만드는 방법

1. 쉐이커에 청주와 유자청, 토닉워터, 시럽, 레몬즙, 얼음을 넣고 잘 흔든다.
2. 잘 섞은 ①을 글라스에 담고 장식한다.

# 산수유칵테일

**재료 및 분량**

청주 $1\frac{1}{2}$oz, 산수유청 $\frac{1}{4}$oz, 토니워터 1oz,
얼음 3개, 레몬즙 1작은술

**만드는 방법**

1. 쉐이커에 청주와 산수유청, 토닉워터, 레몬즙, 얼음을 넣고 잘 흔든다.
2. 잘 섞은 ①을 글라스에 담고 장식한다.

# 녹차칵테일

**재료 및 분량**

청주, 가루녹차 1g, 시럽 $\frac{1}{2}$oz, 얼음 3개

**만드는 방법**

1. 쉐이커에 청주와 가루녹차, 시럽, 얼음을 넣고 잘 흔든다.
2. 잘 섞은 ①을 글라스에 담고 장식한다.

# 오미자칵테일

### 재료 및 분량

청주 2oz, 오미자청 $\frac{1}{2}$oz, 토닉워터 $\frac{1}{2}$oz, 얼음 3개

### 만드는 방법

1. 쉐이커에 청주와 오미자청, 토닉워터, 얼음을 넣고 잘 흔든다.
2. 잘 섞은 ①을 글라스에 담고 장식한다.

# 솔잎향칵테일

### 재료 및 분량

청주 2oz, 솔의 눈 $\frac{1}{2}$oz, 얼음 3개,
레몬즙 1작은술, 송홧가루 $\frac{1}{8}$작은술

### 만드는 방법

1. 쉐이커에 청주와 솔의 눈, 레몬즙, 얼음을 넣고 잘 흔든다.
2. 잘 섞은 ①을 글라스에 담고 송홧가루를 뿌려 장식한다.

# 코리아환타지

### 재료 및 분량

소주 1oz, 오렌지주스 $\frac{1}{2}$oz, 레몬에이드 $\frac{1}{2}$oz,
토닉워터 $\frac{1}{2}$oz, 얼음 4개

### 만드는 방법

1. 쉐이커에 소주와 오렌지주스, 레몬에이드, 토닉워터, 얼음을 넣고 잘 흔든다.
2. 잘 섞은 ①을 글라스에 담고 장식한다.

# 가을단풍

### 재료 및 분량

소주 1oz, 체리주스 1oz, 토닉워터 $\frac{1}{2}$oz, 얼음 4개

### 만드는 방법

1. 쉐이커에 소주와 체리주스, 토닉워터, 얼음을 넣고 잘 흔든다.
2. 잘 섞은 ①을 글라스에 담고 장식한다.

## 와이세대

### 재료 및 분량

소주 $1\frac{1}{2}$oz, 칼루아(커피술) $\frac{1}{2}$oz, 초코우유 1oz, 얼음 4개

### 만드는 방법

1. 쉐이커에 소주와 칼루아, 초코우유, 얼음을 넣고 잘 흔든다.
2. 잘 섞은 ①을 글라스에 담아 장식한다.

## 옥천선라이즈

### 재료 및 분량

소주 1oz, 오렌지주스 1oz, 그레나딘시럽 $\frac{1}{2}$oz, 얼음 4개

### 만드는 방법

1. 쉐이커에 소주와 오렌지 주스, 얼음을 넣고 잘 흔든다.
2. 잘 섞은 ①을 글라스에 담고 그레나딘시럽을 스푼을 이용하여 글라스 안에 타고 흐르도록 붓고 장식한다.

# 아름다운 우리 술 음식 만들기

## 제3부
## 아름다운 우리 술 음식 만들기

1. 막걸리와 어울리는 음식
2. 청주와 어울리는 음식
3. 소주와 어울리는 음식

〈부록〉

1. 전통주 부재료 한약재의 효능
2. 옛 전통주 기물
3. 고문헌에 소개된 전통주
4. 개정된 주세법

# 두부김치

### 재료 및 분량

배추김치 400g, 두부 250g, 베이컨 2줄
참기름 $\frac{1}{2}$큰술, 다시마물 $\frac{1}{2}$컵(물 1컵, 다시마 3g), 식용유 1큰술

### 만드는 방법

1. 다시마는 젖은 행주로 닦고 냄비에 물이 끓어오르면 손질한 다시마를 넣고 불을 끈 다음 약 10분 후에 건져내어 다시마국물을 만든다.
2. 잘 익은 배추김치는 속을 털어내고 길이 2㎝로 썰고 베이컨도 2㎝ 정도의 길이로 썬다.
3. 두부는 끓는 물에 넣고 데쳐서 길이 3㎝, 너비 4㎝, 폭 1.5㎝로 썬다.
4. 달구어진 팬에 식용유를 두르고 김치를 볶다가 다시마 물을 넣고 볶은 다음 베이컨을 넣어 함께 볶는다. 접시에 두부와 함께 담는다.

# 브로콜리전

### 재료 및 분량

브로콜리 300g, 밀가루 4큰술, 달걀 1개, 소금 $\frac{1}{8}$작은술, 식용유 3큰술
초간장 : 간장 1큰술, 식초 1큰술, 물 1큰술

### 만드는 방법

1. 브로콜리는 깨끗이 씻어 한입 크기로 자른 후 끓는 물에 소금을 넣고 살짝 데쳐 찬물에 헹구어 물기를 뺀다.
2. 밀가루에 달걀과 소금을 넣고 잘 섞어 반죽을 만든다.
3. 준비한 반죽에 데친 브로콜리를 넣고 고루 묻힌다.
4. 팬을 달구어 식용유를 두르고 브로콜리를 넣고 중불로 낮추어 앞뒤로 지진 다음 초간장과 함께 낸다.

# 감자전

### 재료 및 분량

감자 470g, 애호박 20g, 부추 20g
청고추 1개, 홍고추 1개, 소금 $\frac{1}{4}$작은술, 식용유 3큰술
초간장 : 간장 1큰술, 식초 1큰술, 물 1큰술, 잣가루 1작은술

### 만드는 방법

1. 감자는 손질하여 깨끗이 씻은 후 강판에 갈아 체에 밭쳐서 건더기는 건지고 앙금은 가라앉힌다.
2. 애호박은 씻어서 길이 2cm 정도로 자르고, 두께 0.3cm 정도로 돌려 깎은 후 폭 0.3cm 정도로 채 썬다. 부추는 손질하여 깨끗이 씻어 길이 1cm 정도로 썬다. 청 · 홍고추는 길이로 반을 잘라 씨와 속을 떼어 내고 길이 2cm, 폭 · 두께 0.3cm 정도로 채 썬다.
3. 애호박과 부추, 청 · 홍고추, 감자건더기, 앙금을 함께 넣고 고루 섞어서 소금으로 간한다.
4. 팬을 달구어 식용유를 두르고 감자전 반죽을 직경 5cm, 두께 0.8cm 정도로 둥글게 놓고 중불로 낮추어 앞뒷면을 지진 다음 초간장을 만들어 함께 낸다.

*감자전을 부치기 바로 전에 소금을 넣어야 삭지 않는다.

# 녹두빈대떡

### 재료 및 분량

거피녹두 $\frac{1}{2}$컵, 물 110g, 소금 $\frac{1}{4}$작은술
배추김치 40g, 불린 고사리 20g, 다진 돼지고기 30g
양념장 : 간장 $\frac{1}{2}$작은술, 다진 파 1작은술, 다진 마늘 $\frac{1}{2}$작은술, 후춧가루 $\frac{1}{8}$작은술, 참기름 $\frac{1}{2}$작은술
숙주 50g, 물 3컵, 소금 $\frac{1}{2}$작은술
양념 : 소금 $\frac{1}{8}$작은술, 참기름 $\frac{1}{2}$작은술
청고추 $\frac{1}{3}$개, 홍고추 $\frac{1}{4}$개, 식용유 2큰술
초간장 : 간장 1큰술, 식초 1큰술, 물 1큰술, 잣가루 1작은술

### 만드는 방법

1. 거피녹두는 물에 8시간 정도 불렸다가 비벼 씻어 껍질을 벗기고, 일어서 체에 밭쳐 물기를 뺀다.
2. 배추김치는 속을 털고 꼭 짜서 길이 1㎝ 정도로 썰고, 불린 고사리는 질긴 부분은 잘라 내고 길이 2㎝ 정도로 썰어, 다진 돼지고기와 함께 양념장을 넣고 양념한다.
3. 숙주는 꼬리를 떼어 내고 깨끗이 씻어 냄비에 물을 붓고 끓으면, 소금과 숙주를 넣고 2분 정도 데친 후 짜서 길이 2㎝ 정도로 썰어 양념을 넣고 양념한다.
4. 배추김치, 고사리, 돼지고기, 숙주를 한데 섞어서 빈대떡 소를 만든다.
5. 믹서에 녹두와 물을 붓고 1분 정도 갈아서, 소금을 넣고 간하여 녹두반죽을 만든다. 팬을 달구어 식용유를 두르고 갈아 놓은 녹두를 놓고 중불로 낮추어 직경 5~6㎝, 두께 0.5㎝ 정도로 둥글게 만들고 가운데에 빈대떡 소를 얹는다.
6. 빈대떡 소 위에 녹두반죽을 골고루 펴서 놓고, 청·홍고추를 올려서 중불에서 노릇하게 지진 다음 초간장과 함께 낸다.

# 해물파전

### 재료 및 분량

홍합살 100g, 조갯살 70g, 굴 70g, 물 5컵, 소금 $\frac{1}{2}$작은술
양념 : 소금 1작은술, 후춧가루 $\frac{1}{8}$작은술
쪽파 200g, 청고추 1개, 홍고추 1개
반죽 : 밀가루 1컵, 멥쌀가루 $\frac{1}{3}$컵, 소금 $\frac{1}{4}$작은술, 물 1컵
달걀 1개, 식용유 $\frac{1}{2}$컵
초간장 : 간장 1큰술, 식초 1큰술, 물 1큰술, 잣가루 1작은술

### 만드는 방법

1. 해물은 소금물에 살살 흔들어 씻어 체에 밭쳐 물기를 빼고, 폭 1㎝ 정도로 썬 다음 양념을 넣고 간을 한다.
2. 쪽파는 손질하여 깨끗이 씻어 길이 10㎝ 정도로 썰고 청 · 홍고추는 길이 2㎝, 두께 0.3㎝ 정도로 어슷썬다.
3. 밀가루에 멥쌀가루와 소금, 물을 붓고 고루 섞어 반죽을 한다.
4. 팬을 달구어 식용유를 두르고 반죽을 놓고 중불로 낮추어 직경 10㎝, 두께 0.8㎝ 정도로 둥글게 만든다.
   그 위에 쪽파를 펴서 놓고 준비한 해물과 청 · 홍고추를 얹은 후, 반죽을 더 떠서 골고루 펴고 풀어놓은 달걀물을 끼얹는다.
5. 중불에서 5분 정도 지져 밑면이 익으면, 뒤집어 뚜껑을 덮고 3분 정도 더 지져 초간장과 함께 낸다.

# 행 적

### 재료 및 분량

배추김치 120g, 깨소금 1작은술, 참기름 1작은술
돼지고기(삼겹살) 150g
양념장 : 간장 1큰술, 설탕 $\frac{1}{2}$큰술, 다진 파 1작은술, 다진 마늘 $\frac{1}{2}$작은술, 깨소금 1작은술, 후춧가루 $\frac{1}{8}$작은술, 참기름 $\frac{1}{2}$작은술
파 100g, 밀가루 3큰술, 달걀 120g, 식용유 4큰술, 꼬지 8개
초간장 : 간장 1큰술, 식초 1큰술, 물 1큰술, 잣가루 1작은술

### 만드는 방법

1. 배추김치는 속을 털어내고 꼭 짠 다음 길이 8cm, 폭 1.5cm 정도로 썰어서 깨소금과 참기름으로 양념한다.
2. 돼지고기는 길이 9cm, 폭 3cm, 두께 0.5cm 정도로 썰어서 양념장을 넣고 양념한다.
3. 파는 손질하여 깨끗이 씻은 후 길이 8cm, 폭 1.5cm 정도로 썬다.
4. 김치, 파, 돼지고기, 파, 김치를 차례로 꼬지에 꿰고 밀가루를 입히고 풀어놓은 달걀물을 씌운다.
5. 팬을 달구어 식용유를 두르고 꼬지에 꽂은 재료를 놓은 후, 중불로 낮추어 노릇하게 앞뒤로 지져 초간장과 함께 낸다.

# 콩전

### 재료 및 분량

흰콩 75g, 멥쌀 80g, 물 160g, 소금 $\frac{1}{4}$작은술
다진 돼지고기 80g
양념 : 소금 $\frac{1}{2}$작은술, 다진 마늘 $\frac{1}{2}$작은술, 후춧가루 $\frac{1}{8}$작은술
청고추 1개, 파 20g, 식용유 5큰술

### 만드는 방법

1. 흰콩은 씻어 일어서 8시간 정도 불려 비벼 씻어 껍질을 벗긴다.
2. 멥쌀은 깨끗이 씻어 30분 정도 불려 체에 밭쳐 10분 정도 물기를 뺀다.
3. 믹서에 흰콩과 멥쌀, 물, 소금을 넣고 갈아 콩부치개 반죽을 만든다.
4. 다진 돼지고기는 핏물을 닦아 양념하고, 청고추와 파는 다듬어 씻어 두께 0.2㎝ 정도로 썬다.
5. 반죽에 양념한 돼지고기와 청고추, 파를 넣고 고루 섞는다.
6. 팬을 달구어 식용유를 두르고 반죽을 지름 5㎝, 두께 0.5㎝ 정도로 둥글게 놓고 중불로 낮추어 앞면은 3분, 뒤집어서 2분 정도 지진다.

*빨리 뒤집으면 전의 모양이 흩어지므로 윗 표면에 물기가 적어지고 밑이 노릇해지면 뒤집는다.
*부침용 콩은 곱게 갈아서 지지면 씹는 맛이 덜하므로 거칠게 갈아서 사용한다.

# 단호박전

### 재료 및 분량

단호박 250g, 소금 $\frac{1}{2}$작은술, 밀가루 6큰술, 물 2~3큰술
식용유 2큰술, 호박씨 5g
초간장 : 간장 1큰술, 식초 1큰술, 물 1큰술

### 만드는 방법

1. 단호박은 씻어서 속을 긁어내고 껍질을 벗겨 길이 2㎝, 폭 · 두께 0.1㎝ 정도로 채 썰어 소금을 넣고 30분 정도 절인 다음 꼭 짠다.
2. 절여진 단호박에 밀가루와 물을 넣고 고루 섞어 반죽한다.
3. 팬을 달구어 식용유를 두르고, 단호박 반죽을 떠 놓고 중불에서 직경 4~5㎝, 두께 0.5㎝ 정도로 둥글게 만든다.
4. 호박씨를 올리고 앞뒷면을 지진 다음 초간장과 함께 낸다.

*단호박을 믹서에 갈아서 밀가루를 넣고 지지기도 한다.

# 두부구이부추볶음

### 재료 및 분량

두부 450g, 부추 150g, 청고추 1개, 홍고추 1개
양념 : 다진 파 1큰술, 다진 마늘 1작은술, 고추기름 1큰술,
설탕 $\frac{1}{2}$ 큰술, 참기름 2작은술, 깨소금 2작은술,
소금 $\frac{1}{2}$ 작은술
식용유 2큰술

### 만드는 방법

1. 두부는 길이 4㎝, 두께 0.7㎝, 폭 0.7㎝ 정도로 굵게 썰어서 식용유에 지진다.
2. 부추는 깨끗이 씻어서 4㎝ 정도의 길이로 썬다.
3. 청 · 홍고추는 반으로 갈라 씨와 속을 빼내고 길이 4㎝, 폭 0.5㎝ 정도로 채 썬다.
4. 팬에 양념을 $\frac{1}{2}$량을 넣고 중불에서 두부를 1분 정도 볶다가 청 · 홍 고추를 넣어 30초 정도 더 볶는다.
   마지막에 부추와 나머지 양념을 넣고 30초 정도 더 볶는다.

# 무쌈말이

### 재료 및 분량

무 250g
무 초절임 물 : 소금 2작은술, 식초 6큰술, 설탕 8큰술, 물 2컵
오이 $\frac{1}{2}$개, 빨간색파프리카 $\frac{1}{4}$개, 노란색파프리카 $\frac{1}{4}$개, 초록색파프리카 $\frac{1}{4}$개
무순 $\frac{1}{4}$팩, 슬라이스햄 3장
땅콩소스 : 땅콩버터 1$\frac{1}{2}$큰술, 마요네즈 1$\frac{1}{2}$큰술, 겨자 $\frac{1}{3}$큰술, 레몬즙 $\frac{1}{2}$큰술, 물엿 $\frac{1}{2}$큰술, 설탕 $\frac{1}{3}$큰술, 깨소금 $\frac{1}{3}$큰술

### 만드는 방법

1. 무는 깨끗이 씻어 껍질을 벗기고 0.2㎝ 두께로 둥글게 썬 다음, 무 초절임 물에 20분 정도 절였다 건져 물기를 뺀다.
2. 오이는 소금으로 비벼 깨끗이 씻어 길이 5㎝ 정도로 자르고, 두께 0.3㎝ 정도로 돌려 깎은 후 폭 0.5㎝ 정도로 채 썬다. 빨강 · 노랑 · 초록색 파프리카도 깨끗이 씻어 오이와 같은 크기로 채 썬다.
3. 무순은 흐르는 물에 씻어 체에 밭쳐 물기를 빼고, 슬라이스햄은 끓는 물에 데쳐 물기를 제거하여 길이 5㎝, 폭 0.5㎝ 정도로 채 썬다.
4. 그릇에 땅콩소스 재료를 함께 넣고 잘 섞는다.
5. 초절임 무에 오이와 파프리카, 햄, 무순을 놓고 돌돌 말아 그릇에 담고 땅콩소스를 곁들여 낸다.

# 명란젓달걀찜

### 재료 및 분량

달걀 2개, 명란젓 10g, 다시마물 $\frac{1}{2}$컵(물 1컵, 다시마 3g)
밤 1개, 은행 3개, 석이버섯 1g

### 만드는 방법

1. 다시마는 젖은 행주로 닦고 끓는 물에 넣고 불을 끈 다음 약 10분 후에 건져낸다.
2. 달걀은 다시마물에 잘 풀어 체에 거른다.
3. 명란젓은 반으로 갈라 칼로 알을 긁어낸다.
4. 밤은 껍질을 벗겨 6~8등분 하여 끓는 물에 데치고, 은행은 팬을 달구어 식용유를 두르고 중불에서 굴려가며 2분 정도 볶아 껍질을 벗긴다. 석이버섯은 물에 1시간 정도 불려 비벼 씻어 가운데 돌기를 떼어내고, 물기를 닦아 폭 0.1㎝ 정도로 채 썬다.
5. 그릇에 잘 풀은 달걀과 명란젓, 밤, 은행을 넣고 찜기에 물이 끓어 오르면 달걀찜 그릇을 넣고 위에 알루미늄 호일을 덮어서 약불에서 5분 정도 찌다가 석이버섯을 넣고 약 10분간 더 찐다.

# 삼색묵샐러드

### 재료 및 분량

도토리묵 100g, 청포묵 180g, 소금 ½작은술, 참기름 1큰술
치자물 : 치자 2개, 물 1컵
샐러드채소 : 로메인 30g, 그린비타민 20g, 라디치오 10g
간장소스 : 참기름 ½큰술, 간장 1큰술, 꿀 1작은술, 고춧가루 1작은술, 다진 파 2작은술, 다진 마늘 1작은술, 깨소금 1큰술, 식초 1큰술

### 만드는 방법

1. 도토리묵과 청포묵은 가로 1㎝, 세로 3㎝, 두께 0.7㎝ 정도로 썬다. 도토리묵에는 소금과 참기름을 넣고 양념한다.
2. 그릇에 물을 넣고 치자를 넣어 30분 정도 우려내고 체에 걸러 치자물을 준비한다. 청포묵의 ½량은 치자물에 30분 정도 담가 물을 들인다.
3. 흰 청포묵과 노란 청포묵은 끓는 물에 1분 정도 데쳐 소금과 참기름으로 양념한다.
4. 채소는 깨끗이 씻어 물기를 빼고 가로 1㎝, 세로 2㎝ 정도의 크기로 썬다.
5. 그릇에 준비한 삼색묵과 채소를 담고 간장 소스와 함께 낸다.

# 매실불고기샐러드

### 재료 및 분량

쇠고기등심 200g
불고기양념장 : 간장 1큰술, 설탕 $\frac{1}{2}$큰술, 다진 파 2작은술, 다진 마늘 $\frac{1}{2}$큰술, 깨소금 $\frac{1}{2}$큰술, 후춧가루 $\frac{1}{8}$작은술, 참기름 1큰술
오이 80g, 소금 $\frac{1}{8}$작은술, 양상추 100g, 양파 50g, 수삼 20g, 홍피망 20g
매실소스 : 매실청 4큰술, 간장 2큰술, 설탕 2작은술, 깨소금 2작은술, 식초 3큰술, 참기름 1큰술

### 만드는 방법

1. 쇠고기는 핏물을 닦고 기름과 힘줄을 떼어 낸 후, 쇠고기 결의 반대 방향으로 가로 5㎝, 세로 4㎝, 두께 0.3㎝ 정도로 썰어서 불고기 양념장에 30분 정도 재운다.
2. 양상추는 씻어서 길이 5㎝ 크기로 뜯고 찬물에 담갔다가 건져서 물기를 빼고, 양파는 손질하여 씻은 후 0.2㎝ 두께로 채 썬다. 오이는 소금으로 비벼 씻고 길이로 2등분 하여 길이 5㎝, 폭 0.3㎝ 정도로 채 썬다. 홍피망도 씻어서 오이와 같은 크기로 채 썬다.
3. 수삼은 손질하여 씻은 후 뇌두를 자르고 길이 5㎝, 폭 · 두께 0.3㎝ 정도로 채 썰어 찬물에 담갔다 건져서 물기를 닦는다.
4. 매실소스 재료를 한데 넣고 잘 섞어 소스를 만든다.
5. 팬을 달구어 양념한 쇠고기를 중불에 구운 후 식힌다.
6. 그릇에 양상추와 오이, 홍피망, 양파, 수삼을 고루 섞어서 담고 구운 불고기를 얹어 매실소스와 함께 낸다.

# 오가피제육볶음

### 재료 및 분량

삼겹살 300g, 청주 1큰술
오가피물 $\frac{1}{2}$컵(오가피 1.5g, 물 1컵)
양념장 : 오가피물 $\frac{1}{4}$컵, 고추장 1큰술, 고춧가루 $\frac{1}{2}$작은술, 간장 $\frac{1}{2}$작은술, 오가피 발효액 1$\frac{1}{2}$작은술, 설탕 $\frac{1}{2}$작은술, 청주 $\frac{1}{2}$큰술, 다진 파 1큰술, 다진 마늘 $\frac{1}{2}$큰술, 후춧가루 $\frac{1}{8}$작은술, 참기름 1큰술

### 만드는 방법

1. 냄비에 오가피를 넣고 물을 부어 20분 정도 끓여 $\frac{1}{2}$컵이 되도록 한다.
2. 삼겹살은 핏물을 닦고 두께 0.3㎝, 길이 5㎝ 정도로 썰어 청주와 오가피물의 $\frac{1}{2}$량을 넣고 30분 정도 재워둔다.
3. 나머지 오가피물에 분량의 양념 재료를 넣고 양념장을 만들어 오가피물에 재운 삼겹살을 넣고 버무려 30분 정도 재운다.
4. 달궈진 팬에 양념한 삼겹살을 넣고 중불에서 볶아 낸다.

*오가피 물이 들어가 돼지고기의 누린내가 나지 않는다.

# 곤약골뱅이무침

### 재료 및 분량

골뱅이 150g, 참나물 30g, 미나리 30g, 오이 $\frac{1}{3}$개
사과 $\frac{1}{4}$개, 배 $\frac{1}{4}$개, 실곤약 100g
양념장 : 간장 1큰술, 고추장 1큰술, 식초 1큰술, 고춧가루 1큰술, 설탕 1큰술, 매실청 1큰술, 레몬즙 $\frac{1}{2}$ 큰술, 참기름 $\frac{1}{2}$큰술, 깨소금 $\frac{1}{4}$작은술

### 만드는 방법

1. 골뱅이는 물기를 뺀 다음 폭 0.4㎝ 크기로 썬다.
2. 미나리, 참나물은 깨끗이 씻어 손질한 후 길이 4㎝ 정도로 썬다.
3. 오이는 소금으로 비벼 깨끗이 씻어 길이로 반을 갈라 길이 3㎝, 두께 0.3㎝ 정도로 어슷 썬다. 사과, 배는 깨끗이 씻어 껍질을 벗긴 후 길이 5㎝, 너비 0.3㎝, 폭 0.3㎝ 크기로 채 썬다.
4. 실곤약은 끓는 물에 살짝 넣었다가 건져 물기를 뺀다.
5. 준비한 골뱅이와 채소, 과일에 양념장을 넣고 무쳐서 접시에 담고 실곤약을 옆에 담아낸다.

# 맥적

### 재료 및 분량

돼지고기(목살) 800g, 달래 20g, 부추 10g

양념장 : 된장 $2\frac{1}{2}$큰술, 소금 $\frac{1}{2}$작은술, 설탕 $\frac{1}{2}$큰술, 꿀 1큰술, 청주 2큰술, 생강즙 $\frac{1}{2}$큰술, 양파즙 1큰술, 다진 마늘 1큰술, 깨소금 1작은술, 후춧가루 $\frac{1}{8}$작은술, 참기름 $\frac{1}{2}$큰술

식용유 1큰술

### 만드는 방법

1. 돼지고기는 핏물을 닦고 가로 6cm, 세로 7cm, 두께 0.4cm 정도의 크기로 썰어 잔칼질을 한다.
2. 달래는 뿌리 부분을 다듬어 깨끗이 씻어 길이 0.5cm 정도로 썬다.
3. 부추는 다듬어 깨끗이 씻어 길이 0.5cm 정도로 썬다.
4. 돼지고기에 양념장과 달래, 부추를 넣고 간이 잘 배도록 주물러 30분 정도 재워 놓는다.
5. 석쇠를 달구어 식용유를 바르고 양념한 돼지고기를 한 장씩 가지런히 얹고, 높이 15cm 정도로 올려 센불에서 앞면 5분, 뒤집어서 5분 정도 굽는다.

# 너비아니

### 재료 및 분량

쇠고기(등심) 600g, 배즙 70g(배 140g)
양념장 : 간장 5큰술, 설탕 3큰술, 꿀 1큰술, 다진 파 2큰술, 다진 마늘 1큰술, 생강즙 1큰술, 깨소금 1큰술, 후춧가루 1/5작은술, 참기름 2큰술
잣 1작은술, 상추 50g, 식용유 1큰술

### 만드는 방법

1. 쇠고기는 핏물을 닦고 기름과 힘줄을 떼어 내어 쇠고기 결의 반대방향으로 가로 5㎝, 세로 7㎝, 두께 0.3~0.5㎝ 정도로 썰어 잔칼질하여 배즙에 10분 정도 재운다.
2. 양념장을 만들어 쇠고기에 넣고, 간이 배도록 주물러 30분 정도 재워놓는다.
3. 석쇠를 달구어 식용유를 바르고 양념한 쇠고기를 한 장씩 가지런히 얹고, 석쇠를 높이 15㎝ 정도로 올려 센불에서 앞뒤로 타지 않게 굽는다.
4. 잣은 고깔을 떼고 면보로 닦아 곱게 다져 잣가루를 만들고, 너비아니 위에 한 줄로 얹고 상추와 함께 낸다.

*고기를 결대로 썰면 질기므로 결 반대방향으로 썬다.

# 양파게살냉채

### 재료 및 분량

게살 200g, 양파 100g, 무순 20g
겨자소스 : 겨자 $\frac{1}{2}$큰술, 식초 2큰술, 간장 1작은술, 설탕 2큰술, 소금 $\frac{1}{2}$큰술, 다진 마늘 $\frac{1}{2}$큰술, 참기름 $\frac{1}{2}$큰술

### 만드는 방법

1. 게살은 5~6㎝ 길이로 잘라 잘게 찢는다.
2. 양파는 0.1㎝로 얇게 채 썰어 물에 담가 매운맛을 뺀 다음 체에 밭쳐 물기를 뺀다. 무순은 물에 씻어 물기를 뺀다.
3. 겨자소스 재료를 섞어 겨자소스를 만든다.
4. 양파와 무순, 게살을 접시에 올려 담고 겨자소스를 뿌려 담는다.

# 은행채소꼬지튀김

### 재료 및 분량

은행 70g , 양파 130g, 마늘 100g, 식용유 1큰술
달걀 1개, 밀가루 $\frac{1}{2}$컵, 빵가루 60g, 식용유 5컵
초간장 : 간장 1큰술, 식초 1큰술, 물 1큰술

### 만드는 방법

1. 마늘은 손질하여 깨끗이 씻고 달궈진 프라이팬에 기름을 두르고 1분 정도 볶는다.
2. 은행은 중불에서 굴려 가며 2분 정도 볶아 껍질을 벗긴다.
3. 양파는 깨끗이 씻어 가로 2㎝, 세로 2㎝ 크기로 썬다.
4. 꼬지에 은행과 양파, 마늘 순으로 끼우고 밀가루를 묻히고 계란물을 씌우고 빵가루를 입힌다.
5. 팬에 식용유를 부어 온도가 180℃ 정도가 되면 준비한 꼬지를 노릇하게 튀겨 초간장과 함께 낸다.

# 조개탕

**재료 및 분량**

모시조개 300g, 물 3컵, 소금 $\frac{1}{2}$큰술
물 6컵, 실파 20g, 홍고추 $\frac{1}{2}$개, 마늘 1개, 소금 2작은술

**만드는 방법**

1. 모시조개는 깨끗이 씻어 소금물에 담가 3시간 정도 해감을 시킨다.
2. 마늘과 실파는 손질하여 깨끗이 씻고, 마늘은 곱게 다지고 실파는 길이 3㎝ 정도로 썬다. 홍고추는 씻어 길이로 반을 잘라 씨와 속을 떼어내고 길이 3㎝, 폭 0.3㎝ 정도로 채 썬다.
3. 냄비에 물을 붓고 센불에 올려 끓으면, 조개를 넣고 중불로 낮추어 5분 정도 더 끓인다.
4. 조개가 입을 벌리면 실파와 홍고추, 다진 마늘을 넣고 소금으로 간을 맞추어 2분 정도 더 끓인다.

*조개는 반드시 살아있는 것을 사용해야 맛이 좋고 비린내가 나지 않는다.
*오래 끓이면 조갯살이 질겨지고 맛이 떨어지므로 시간에 유의한다.

# 대구맑은탕

### 재료 및 분량

대구 400g, 무 200g, 배추속대 100g
대파 50g, 두부 100g, 팽이버섯 30g, 청고추 1개, 홍고추 1개
쑥갓 10g, 다진 마늘 1큰술, 생강즙 $\frac{1}{2}$큰술, 소금 1큰술, 후춧가루 $\frac{1}{8}$작은술
국물재료 : 물 10컵, 무 100g, 대파 50g, 다시마 10g

### 만드는 방법

1. 대구는 비늘을 긁고 지느러미와 꼬리를 자르고 내장을 떼어내고 4~5㎝ 길이로 자른다.
2. 무는 반으로 잘라 두께 0.6㎝ 정도의 반달모양으로 썰어 끓는 물에 데치고, 배추속대는 2~3㎝ 정도의 길이로 썬다.
3. 대파는 깨끗이 다듬어 씻어 어슷 썰고 두부는 가로 4㎝, 세로 5㎝, 두께 0.7㎝로 썬다.
4. 팽이버섯은 밑동을 잘라내어 가닥을 떼어내고 청 · 홍고추는 깨끗이 씻어 어슷 썬다.
5. 냄비에 물과 무, 대파, 다시마를 넣고 끓이다 대파와 다시마를 먼저 건져내고, 국물이 7컵 정도 되게 중불에서 더 끓여준다. 이때 무를 건져낸다.
6. 반달모양으로 썰어 놓은 무를 국물에 넣고 끓인다. 무가 거의 익으면 대구를 넣고 거의 익을 때 배추, 두부를 넣고 끓이다가 마늘과 생강즙, 대파를 넣고 소금으로 간을 한다. 팽이버섯과 청 · 홍고추를 넣고 한소끔 끓인 후 쑥갓을 넣고 불을 끈다.

# 버섯전골

### 재료 및 분량

느타리버섯 60g, 새송이버섯 120g, 생표고버섯 60g
쇠고기(우둔) 150g
양념장 : 청장 $\frac{1}{2}$작은술, 설탕 $\frac{1}{2}$작은술, 다진 파 $\frac{1}{2}$작은술, 다진 마늘 $\frac{1}{4}$작은술, 깨소금 $\frac{1}{2}$작은술, 후춧가루 $\frac{1}{8}$작은술, 참기름 $\frac{1}{2}$작은술
쪽파 20g, 미나리 50g, 홍고추 1개
물 5컵, 청장 1큰술, 소금 1작은술

### 만드는 방법

1. 느타리버섯과 새송이버섯, 생표고버섯은 물에 살짝 씻어 물기를 뺀 후 길이 5cm, 폭 · 두께 0.5cm 정도로 썬다.
2. 쇠고기는 핏물을 닦고 길이 5cm, 폭 · 두께 0.3cm 정도로 채 썰어 양념장을 넣고 양념한다.
3. 쪽파와 미나리는 깨끗이 다듬어 씻어 길이 5cm 정도로 썬다. 홍고추는 씻어 길이 4cm, 폭 · 두께 0.3cm 정도로 채 썬다.
4. 전골냄비에 모든 재료를 색깔 맞춰 돌려 담은 후 물을 붓는다.
5. 전골냄비를 센불에 올려 끓으면 중불로 낮추어 10분 정도 끓인 다음, 청장과 소금으로 간을 맞추고 2분 정도 더 끓인다.

*버섯전골은 오래 끓이지 않아야 버섯의 향을 느낄 수 있다.

# 떡찜

### 재료 및 분량

흰떡 300g, 유장 : 간장 ½작은술, 참기름 1작은술
쇠고기(사태) 100g, 물 4컵, 다진 쇠고기(우둔) 40g
양념장1 : 간장 1작은술, 설탕 ½작은술, 다진 파 ½작은술, 다진 마늘 ¼작은술, 깨소금 ½작은술, 후춧가루 0.1g, 참기름 1작은술
당근 60g, 물 2컵, 소금 ¼작은술, 표고버섯 1개, 밤 4개, 대추 4개, 은행 12개, 잣 1작은술
양념장2 : 간장 1½큰술, 설탕 1큰술, 다진 파 ½큰술, 다진 마늘 1작은술, 깨소금 1작은술, 참기름 ½큰술
달걀 1개, 미나리 15g, 밀가루 1작은술, 식용유 1작은술

### 만드는 방법

1. 흰떡은 길이 6㎝ 정도로 썰고 양끝을 1㎝ 정도 남기고, 길이로 네 군데에 칼집을 넣고 유장으로 양념한다.
2. 쇠고기와 다진 쇠고기는 핏물을 닦고 다진 쇠고기는 양념장①의 ½량을 넣고 떡소를 만든다. 냄비에 쇠고기와 물을 붓고 센불에 올려 끓으면 중불로 낮추어 30분 정도 삶는다. 쇠고기는 건져서 가로 2㎝, 세로 3㎝, 두께 0.7㎝ 정도로 썰어 남은 양념장①을 넣어 양념하고 국물은 식혀 면보에 걸러 육수를 만든다.
3. 흰떡의 칼집 사이에 다져서 양념한 쇠고기를 흰떡이 찢어지지 않게 소를 잘 채워 넣는다.
4. 당근은 손질하여 깨끗이 씻은 후 가로·세로 2.5㎝ 정도로 썰어 모서리를 다듬는다. 표고버섯은 물에 1시간 정도 불려 기둥을 떼고 물기를 닦아 2~4등분 한다. 밤은 껍질을 벗기고, 대추는 면보로 닦아서 살만 돌려 깎아 말아준다. 은행은 중불에서 굴려 가며 2분 정도 볶아 껍질을 벗기고, 잣은 고깔을 떼어 면보로 닦는다.
5. 달걀은 황백지단을 부치고, 미나리는 초대를 부쳐 길이 2㎝ 정도의 마름모꼴로 썬다.
6. 냄비에 양념한 쇠고기와 당근, 표고버섯, 밤을 넣고 육수와 만들어 놓은 양념장②의 ½량을 넣고, 센불에 올려 5분 정도 끓인다. 흰떡과 대추, 나머지 양념장②를 넣고 중불로 낮추어 13분 정도 끓이다가 은행과 잣을 넣고 고루 섞는다. 그릇에 담고 황백지단과 미나리 초대를 얹는다.

# 닭갈비볶음

### 재료 및 분량

닭다리 2개
양배추 50g, 청고추 1개, 고구마 $\frac{1}{4}$개, 양파 $\frac{1}{3}$개, 파 10g, 깻잎 5장
양념장 : 고추장 $\frac{1}{2}$큰술, 간장 2작은술, 소금 $\frac{1}{4}$작은술, 설탕 1큰술, 고춧가루 1큰술, 양파즙 2큰술, 꿀 1큰술
청주 2큰술, 다진 마늘 2작은술, 다진 생강 $\frac{1}{2}$작은술, 깨소금 1큰술, 참기름 1큰술, 식용유 1큰술

### 만드는 방법

1. 닭다리는 깨끗이 씻어 닭뼈 쪽으로 칼집을 넣고 뼈를 발라낸 다음 가로 3cm, 세로 4cm 정도로 썰고 양념장 $\frac{2}{3}$량을 넣고 1시간 정도 재운다.
2. 양배추는 씻어서 길이 5cm, 폭 1.5cm 정도로 썬다. 청고추는 씻어 길이 2cm, 두께 0.3cm 정도로 어슷하게 썬다.
3. 고구마는 손질하여 깨끗이 씻은 후 길이 5cm, 폭 1.5cm, 두께 0.7cm 정도로 썬다.
4. 양파는 손질하여 깨끗이 씻은 후 길이 5cm, 폭 1cm로 썰고 파는 손질하여 깨끗이 씻어 길이 3cm, 두께 0.3cm 정도로 어슷하게 썬다. 깻잎은 깨끗이 씻어 길이로 2등분한다.
5. 팬을 달구어 식용유를 두르고, 닭고기와 고구마를 넣고 중불에서 5분 정도 볶다가 양배추, 청고추, 양파, 나머지 양념장을 넣고 볶는다. 파와 깻잎을 넣고 30초 정도 더 볶는다.

# 오이선

### 재료 및 분량

오이 1개, 물 1컵, 소금 1작은술
쇠고기(우둔) 30g, 표고버섯 2장
양념장 : 간장 1작은술, 설탕 1작은술, 다진 파 $\frac{1}{2}$작은술, 다진 마늘 $\frac{1}{4}$작은술, 깨소금 $\frac{1}{2}$작은술, 후춧가루 $\frac{1}{8}$작은술, 참기름 $\frac{1}{2}$작은술
달걀 1개, 식용유 2작은술, 실고추 0.1g
단촛물 : 소금 1작은술, 설탕 2큰술, 식초 4큰술, 물 1큰술

### 만드는 방법

1. 오이는 소금으로 깨끗이 비벼 씻어 길이로 2등분하여, 껍질 쪽에 폭 0.5㎝ 정도의 간격으로 비스듬히 칼집을 세 번 넣고, 네 번째 잘라 소금물에 15분 정도 절인 후 물기를 닦는다.
2. 쇠고기는 핏물을 닦아 길이 2.5㎝, 폭·두께 0.2㎝ 정도로 채 썬다. 표고버섯은 물에 1시간 정도 불려 기둥을 떼고 물기를 닦아 쇠고기와 같은 크기로 채 썰고, 쇠고기와 함께 양념장을 넣고 양념한다.
3. 팬을 달구어 식용유를 두르고 오이를 넣어 센불에서 1분 정도 볶아서 식힌다. 팬을 달구어 식용유를 두르고, 쇠고기와 표고버섯을 중불에서 각각 볶는다.
4. 달걀은 황백지단을 부쳐 쇠고기와 같은 크기로 채 썰고, 실고추는 길이 1㎝ 정도로 자른다. 단촛물을 만든다.
5. 오이의 칼집 사이에 볶은 쇠고기와 표고버섯을 같이 넣고, 황백지단을 각각 넣는다. 실고추를 얹고 단촛물을 끼얹는다.

*오이는 곧고 가늘고 연한 것으로 사용한다.
*단촛물은 먹기 전에 끼얹는 것이 맛과 색이 좋다.

부록 1.

# 전통주 부재료 한약재의 효능

### 구기자(枸杞子)

구기자의 성질은 보통(平)이며 맛은 달다(甘). 단백질, 지방, 당질, 칼슘, 인, 철분, 베타인, 루틴 등이 들어 있어 흡수가 빠르며 한방에서는 강장제 · 해열제로 쓰고 간 기능 보호 작용이 뛰어나 부작용이 별로 없다. 시력을 좋게 하고 성인병을 예방하며 폐와 신장의 기능을 좋게 하는데 효과가 있다.

### 국화(菊花)

국화의 성질은 달고(甘) 쓰며(苦) 약간 차다(微寒). 간 기능을 활성화 시켜 눈이 충혈 되고 아픈 증상을 치유하며 위열을 제거하므로 복통, 위산과다 및 입안에서 냄새가 나는 것을 치료한다. 또한 항균작용도 하여 관상동맥질환, 고혈압, 동맥경화 등에 널리 쓰인다.

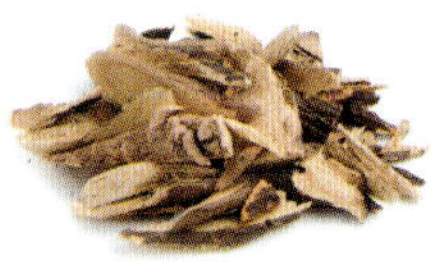

### 감초(甘草)

감초의 성질은 보통(平)이며 독이 없으며 맛은 달다(甘). 비위(脾胃) 기능을 좋게 하여 식욕부진, 위장의 경련, 동통을 그치게 하며 폐를 촉촉하게 하여 기침이나 갈증 등을 치료하는데 도움이 된다. 또한 독에 대한 해독작용이 있고 약과 약의 조화를 이루게 한다.

### 당귀(當歸)

당귀의 성질은 따뜻하고(溫) 달며(甘) 맵고(辛) 독이 없다. 당귀는 피가 부족할 때 피를 생성해 주는 보혈작용(補血作用)을 한다. 또한 약리학적으로 당귀는 관상동맥의 혈류량을 촉진시키고, 적혈구 생성을 왕성하게 하며 항산화작용, 기관지 천식에도 효과적이다.

### 대추(棗)

대추의 성질은 따뜻하며(溫) 단맛(甘)을 갖는다. 비위의 기능을 보충하고 혈액을 더하여 정신을 안정시켜주며 한방에서는 이뇨 · 강장(强壯) · 완화제(緩和劑)로 쓰인다.

### 맥문동(麥門冬)

백합과에 속한 식물로서 뿌리의 생김이 보리(麥)와 비슷하고 잎사귀는 겨울(冬)에도 시들지 않아 맥문동이라 하며 성질은 약간 차며(微寒) 맛은 약간 달고(微甘) 쓰다(苦). 기침이나 갈증, 열병으로 인한 땀과 입안이 마를 때 등 일반적으로 몸이 허약할 때 쓰며 협심증에도 사용한다.

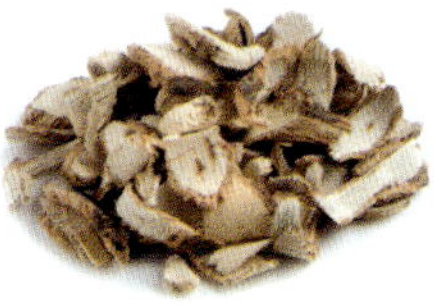

**목통(木通)**

목통의 성질은 차고(寒) 맛은 쓰며(苦) 독이 없다. 목통은 방광의 습열로 인한 신우신염, 방광염, 요도염으로 복수가 찰 때, 심화(心火)로 입안에 발진이 날 때, 가슴앓이, 소변이 붉을 때, 마비동통 등에 사용한다. 또한 산후 유즙분비를 촉진해서 젖이 잘 돌게 한다.

**산수유(山茱萸)**

산수유의 성질은 약간 따뜻하고(微溫) 맛은 시다(酸). 예로부터 한방에서는 과육을 약용하였는데, 과육(果肉)에는 로가닌(Loganin) · 탄닌(tannin) · 사포닌(Saponin) 등의 배당체와 포도주산 · 사과산 · 주석산 등의 유기산이 함유되어 있고, 그밖에 비타민 A와 다량의 당(糖)도 포함되어 있다. 두통 · 이명(耳鳴) · 해수병 · 해열 · 월경과다 등에 약재로 쓰이며 식은땀 · 야뇨증 등의 민간요법에도 사용된다.

**숙지황(熟地黃)**

숙지황은 사물탕의 주요 약재로 뿌리를 한방에서 약재로 쓰는데 날것을 생지황, 말린 것을 건지황이라 한다. 성질은 따뜻하고(溫) 맛은 달며(甘) 쓴맛(苦)이 돌아 혈을 보(補)하고 정(精)을 보충해서 허리와 무릎이 시리고 아픈 증상이나 월경이상, 어지럼증 등을 치료하고 머리를 검게 하는 효능이 있다.

**속단(續斷)**

성질은 약간 따뜻하고(微溫) 맛있고 매우며(苦) 독이 없다. 아픔을 그치고 살을 돋아나게 하며 근골을 이어주기 때문에 속단이라고 부르며, 기(氣)를 돕고 산후(産後)에 일체의 병을 조절해준다.

**삼백초(三白草)**

열매는 둥글고 종자가 각 실에 1개씩 들어 있다. 뿌리 · 잎 · 꽃이 흰색이기 때문에 삼백초라고 한다. 성질은 차갑고(寒) 맛은 달고(甘) 맵다(辛). 한방에서는 식물체 전체를 말려 몸이 붓고 소변이 잘 안 나올 때 쓰고, 노화방지 · 황달 · 간염 등에도 사용한다.

**솔잎(松葉)**

솔잎은 예로부터 뇌 기능을 맑게 하고 심장을 튼튼하게 한다 하여 선인식(仙人食)으로까지 불렸다. 솔잎에는 비타민A · C · K, 엽록소, 칼슘, 철분 등 다양한 영양성분이 들어 있으며 체내의 콜레스테롤 수치를 내리고, 말초신경을 확장시켜 고혈압, 심근경색 등에 효과적이다.

**인삼(人蔘)**

뿌리는 약용하며 그 형태가 사람 형상이므로 인삼이라 한다. 인삼은 예로부터 불로 · 장생, 익기(益氣), 경신(輕身)의 명약으로 일컬어진다. 성질은 약간 따뜻하고(微溫) 맛이 달며(甘) 독이 없다. 오장(五臟)의 기(氣)가 모자라는 것을 치료하고, 정신을 안정시키며 눈을 밝게 하며 폐위(肺胃)의 담을 치료한다.

**음양곽(陰陽藿 : 삼지구엽초)**

성질은 따뜻하고(溫) 맛이 매우며(苦) 독이 없다. 일명 삼지구엽초라 하여 산과 들에서 나고 강장 및 자양강장제로 잘 알려져 있어 차로 이용을 많이 한다.

**용안육(龍眼肉)**

용안(龍眼)은 말그대로 용의 눈이란 뜻으로 열매가 동물의 눈처럼 생겼고 열매의 껍질에 해당하는 가종피가 두터워 붙여진 이름이다. 성질이 따뜻하고(溫) 맛은 달다(甘). 비위를 보하여 주고 지나치게 생각을 많이 하여 건망증이 있거나, 심장이 불규칙하게 뛰거나, 소화력이 떨어지는 사람에게 좋으며 항균 · 항암 · 항노화 · 항산화 · 강장작용 등이 있다.

**영지(靈芝)**

신령스러운 버섯이라는 뜻의 영지(靈芝)는 많이 복용하여도 절대 몸에 손해나 부작용이 나타나지 않고 오히려 몸을 가볍고 튼튼하게 만든다 하며, 한의학에서 신경쇠약이나 불면증 그리고 소화불량은 물론이고 각종 만성 질환에 사용되는 경우가 많다.

**연자육(蓮子肉)**

연자육은 연꽃의 씨로 성질은 보통(平)이며 맛은 달고(甘) 떫다. 영양 상태를 좋게 하며 비장, 신장을 보하고 흥분 상태를 가라앉히며 설사를 멈추게 하는 효능이 있다. 또한 신체허약, 위무력증(胃無力症), 불면(不眠)증 등의 여러 증세에 주된 치료제로 사용 한다.

**오가피(五加皮)**

오가피는 잎이 다섯 개로 갈라져 있으며 성질은 따뜻하고(溫) 맛은 맵고(辛) 쓰다(苦). 오가피는 간과 신장의 기운을 보하여 힘줄과 뼈를 튼튼하게 하므로 사지마비, 허리와 무릎의 연약증상, 하지무력감, 골절상, 타박상, 부종 등에 쓰인다.

**오미자(五味子)**

오미자의 성질은 따뜻하고(微溫) 맛은 시다(酸). 껍질과 살은 달고 시며 씨 속은 맵고 쓰고 모두 합하면 5가지 맛이 있으니 이것은 오미(五味)가 갖추어진 것이기 때문에 오미자(五味子)라 한다. 사과산(malic acid) · 시트르산(citric acid) 등의 성분이 들어 있어 심장을 강하게 하고 혈압을 내리며 면역력을 높여 주어 강장제로 쓰며, 폐 기능을 강하게 하고 기침이나 갈증 등을 치료하는 데 도움이 된다.

**의이인(薏苡仁 : 율무)**

의이인은 율무의 종피를 제거한 씨를 말하며, 성질이 약간 차고(凉) 맛이 달며(甘) 독이 없다. 의이인은 수종 · 각기 · 비위허약으로 소변이 잘 나오지 않는 증상, 설사, 식욕부진 등에 쓰인다. 사지마비, 동통, 근육통, 해열, 배농, 맹장염 등에도 사용한다.

**지초(紫草 : 지초뿌리)**

성질이 약간 차고(凉) 맛이 쓰며(苦) 독이 없다. 여러  곳의 산과 들에서 나며 자주색의 물감으로 쓰고 3월에 뿌리를 채취하여 그늘에 말려서 쓴다. 장염, 해열, 배앓이,  해독, 청열작용이 있으며 상처, 화상치료 등 연고제로도 사용한다.

**진피(橘皮)**

귤껍질 말린 것을 한방에서는 진피라 하며, 이것은 가래를 제거하고 기침에 효과가 있으며, 혈액순환 장애, 스트레스 등에 좋은 효과가 있다. 그리고 비타민 C의 저장고이며 피로 회복이나 신진대사를 활발하게 해주고 동맥경화를 예방해주며 혈압을 안정시키는 작용도 한다.

**천궁(川芎)**

성질은 따뜻하고(溫) 맛은 맵다(辛). 한방에서는 뿌리줄기를 진정 · 진통 · 강장에 효능이 있어 두통 · 빈혈증 · 부인병 등에 사용하며 항균작용 및 항진균 작용을 한다. 여성들의 기미, 주근깨 등 얼굴 잡티가 많은 사람에게도 효과적이다.

**포공영(蒲公英)**

포공영은 꽃이 금비녀의 머리처럼 생겨서 금잠초(金簪草)라고도 하고 성질은 차고(寒) 맛은 쓰면서도(苦) 달다(甘). 포공영은 열독을 내리고 종기를 삭히는 약으로 종창, 유방염, 인후염, 맹장염, 폐농양, 복막염 등에 쓰이고 안구충혈, 급성간염, 황달, 열로 인해 소변을 보지 못하는 증상에도 사용한다.

**홍화(紅花)**

'잇꽃'이라고도 부르며 이른 아침 이슬에 젖었을 때 꽃을 따서 말린 것을 홍화라 한다. 한방에서는 부인병 · 통경 · 복통에 쓰며 종자에서 짠 기름에는 리놀산(linolic acid)이 많이 들어 있어 콜레스테롤로 인한 동맥경화증의 예방과 치료에 좋다.

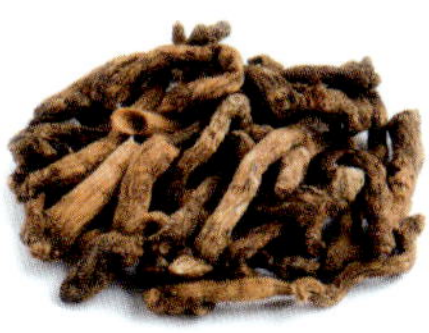

**황정(黃精 : 둥굴레)**

황정은 둥굴레라고도 부르며 그 성질이 평(平)하고 맛은 달다(甘). 주로 비장을 보하고 폐를 윤택하게 하며 온몸이 나른하고 무기력한 증상을 완화시킨다. 특히 근육과 뼈의 무력증에 뛰어난 효과를 보이며, 풍습에 의한 통증을 치료하기도 한다. 황정에는 다당(多糖), 아미노산, 니코틴산 등 인체에 유익한 성분이 함유돼 있는 것으로 알려져 있다.

**하수오(何首烏)**

황해도와 강원도에서 나는데 성질이 고르고 따뜻하며(溫) 맛이 쓰고(苦) 깔깔하며 독이 없다. 혈기(血氣)를 더해주며 근육과 뼈를 튼튼하게 해주며 머리털을 검게 만들어 주는 것으로 알려져 있다.

부록 2.

# 옛 전통주 기물

## 누룩 누를 때

### 누룩고리

술의 주원료인 누룩을 성형하기 위한 용기로 '누룩틀' 이라고도 한다.
누룩고리는 나무와 짚을 이용하여 만든 것이 주류를 이루는데,
대리석을 깎아 만든 석물과 쇠를 녹여 만든 주물(鑄物)이 있다.

## 재료를 옮겨 담거나 계량할 때

### 홉, 되, 말

되는 곡식이나 액체, 가루 등 물질의 분량을 재는 한 단위, 또는 그에 맞도록 쓰는 용기의 기능으로 승(升)이라고도 한다. 보통 10홉이라고 하면 1되를, 10되는 1말(斗)을 가리킨다.

## 술 재료를 섞을 때

### 함지박

주로 식품을 담는 데 사용하는 나무그릇으로, 큰 나무를 반으로 쪼개고 안을 파서 만들며 곡식 등의 식품류나 떡가루를 버무리거나 반죽을 할 때 사용한다

### 자배기

흙으로 빚은 옹기의 일종으로 둥글넓적하고 밑바닥이 좁은 반면 주둥이는 크게 벌어졌으며 운두가 높은 그릇이다.

## 술 재료를 가열할 때

### 시루

떡이나 쌀 등을 찔 때 쓰는 '찜기' 이다. 시루는 만드는 재료에 따라 도제(도제)시루, 질시루, 동제시루 등이 있고, 용도에 따라 떡시루, 콩나물시루, 약시루, 봉치시루, 치성시루 등이 있다.

## 술을 증류 시킬 때

### 소주고리

술밑을 무쇠솥에 넣고 끓여서 증발해 오른 알코올 성분을 식혀서 흘러내리게 하는 일종의 증류기로 고조리, 고소리라고도 한다. 소주고리를 술밑을 담은 솥 위에 올려놓고 솥에 열을 가하면 증기가 된 알코올분이 상승하는데, 소주고리 위에 올려놓은 솥뚜껑이나 물그릇에 닿아 냉각되면서 술(소주)이 소주고리의 귀때로 흘러내리게 만들어 사용한다.

## 술을 거를 때

### 쳇도리

쳇도리는 술이나 참기름 등의 액체를 주둥이가 좁은 그릇에 옮겨 담기에 편리하도록 만든 용구로서 밑에 작은 구멍이 뚫려 있으며 깔때기, 누두(漏斗)라고도 한다.

### 쳇다리

술이나 장, 기름을 비롯하여 국물이 있는 것을 체로 거를 때 받는 그릇 위에 걸쳐서 체를 올려놓을 수 있도록 두 갈래로 만들었으며, 나무로 되어 있다.

### 술자루

술을 빚을 때, 또는 술을 걸러 낼 때 주원료인 술밥과 누룩, 술바탕을 담는 자루이다. 주로 마포로 크게 만들어서 사용하는데 여기에 술밥(지에밥, 고두밥)과 잘게 부순 누룩가루를 버무려 담고, 주둥이가 풀어지지 않도록 잘 묶어 술독에 담고 물을 알맞게 부어 술을 안친다.

## 술을 뜰 때

### 용수

맑은 술을 거르는 데 사용하는 기구이다. 주로 대나무나 싸리를 이용, 둥글고 긴 원통형의 바구니처럼 만드는데 틈이 막히게 촘촘하게 엮는다. 용수는 지방에 따라 술독의 크기에 따라 길이와 넓이 등 형태와 크기가 다양하다.

## 술을 빚어 보관할 때

### 독, 항아리

주로 곡물이나 간장, 된장, 김치, 술, 조미료 등을 담아 저장하는 옹기로 독과 항아리가 있는데, 옹기는 다시 오지그릇과 질그릇 두 가지로 나뉜다. 독은 항아리에 비하여 운두가 높고 전이 있으며, 배가 조금 부르나 크기는 일정하지 않다.

### 술통

많은 양의 술을 멀리 운반할 목적으로 만든 용기로 18 *l* 에서부터 180 *l* 까지 크기가 매우 다양하다.

### 술춘

입구가 좁고 목이 짧은 반면, 어깨는 밋밋하다. 몸통은 둥근 원형으로 일직선을 이루면 바닥이 상부보다 약간 좁다. 주로 오지그릇이 사용되었으며 회사 이름과 술 이름 등을 새기기도 했다.

### 장군

산간 지방이나 고지대 사찰에서 둥글고 납작하게 오지로 만든 장군을 등에 지고 다니면서 술이나 물 등을 운반, 저장하는데 이용해 왔다. 자기나 사기, 오지를 재질로 한다.

## 술독을 보온 할 때

### 짚방석

먼지나 짚 등이 떨어질 염려가 있을 때는 베 보자기나 삼베보자기를 씌운 뒤에 짚방석을 덮기도 한다.

# 고문헌에 소개된 전통주

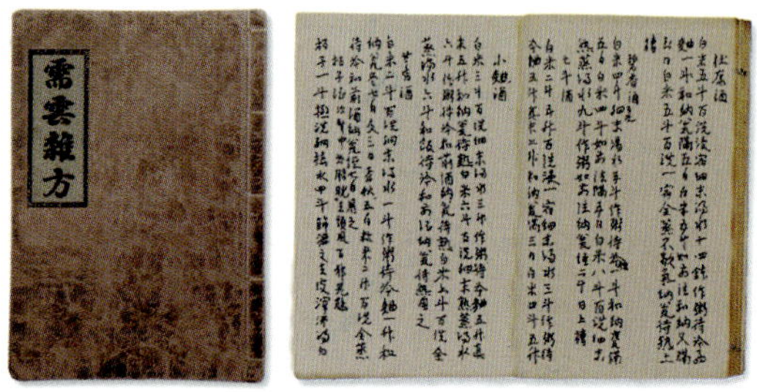

**고사촬요(攷事撮要), 1554년**

구주법, 구산주법, 도소주, 내국향온법, 홍로주, 자주, 백자주, 호도주, 청감주, 하향주, 백하주, 부의주

**지봉유설(芝峰類說), 1613년**

이아의 술, 조선부의 술, 춘주, 구기주, 중산주, 선장주, 포도주, 야자주, 미인주, 소주, 자소주

**음식디미방(閨壼是義方), 1670년경**

주국방문, 순향주법, 삼해주, 삼오주, 이화주, 점감청주, 감향주, 송화주, 죽엽주, 유화주, 향온주, 하절삼일주, 사시주, 소곡주, 일일주, 백화주, 동양주, 벽향주, 남성주, 녹파주, 천일주, 두강주, 절주, 행화춘주, 하절주, 시급주, 과하주, 점주, 점검주, 하향주, 부의주, 약산춘, 황금주, 칠일주, 오가피주, 소주, 밀소주, 찹쌀소주

**주방문(酒房文), 1600년대 말**

과하주, 백하주, 삼해주, 벽향주, 합주, 저주, 절주, 자주, 소주, 점주, 연엽주, 감주, 급청주, 송령주, 급시주, 무국주, 이화주, 모주, 모소주, 일일주, 감주국조법, 구산조소법, 소주별방, 일해주, 하향주, 청명주

**요록(要錄), 1680년 경**

이화주, 감향주, 향온주, 백자주, 삼해주, 자주, 벽향주, 소곡주, 하일주, 하목주, 하일청주, 연해주, 무시주, 칠일주, 일일주, 급주, 죽엽주, 송자주, 송엽주, 애주, 오정주, 황화주, 황금주, 출주, 국화주, 인동주

**치생요람(治生要覽), 1691년**

내국향산, 홍로주, 청감주, 하향주, 백하주, 부의주, 송엽주, 도화주, 청서주, 소곡주, 과하주, 약산춘, 구황주, 송순주, 천금주

### 음식보(飮食譜), 1700년대

삼해주, 청명주, 백화주, 태화주, 두강주, 백병주, 진향주, 단점주, 과하주, 오병주, 소국주, 천일주

### 술 만드는 방법, 1700년대

사절주, 삼일주, 일일주, 사시통음주, 사절소곡주, 두견주, 두광주, 청명주, 오병주, 방문주, 여름디주, 이화주, 부의주, 송엽주, 삼선주, 청감주, 벽향주, 감주, 삼일주

### 역주방문(曆酒方文), 1700년대

세신주, 신천주, 소국주, 백자주, 백화주, 녹파주, 진상주, 옥지주, 우방, 과하주, 벽향주, 삼해주, 삼오주, 과하주, 하향주, 감하향주, 편주방, 이화주, 향온주, 삼일주, 소주, 유화주, 두강주, 아황주, 연화주, 오가피주, 소자주, 송엽주, 모소주, 삼칠소곡주, 일야주, 광제주, 백화주, 모소주방, 소곡주, 삼미음, 자주

### 산림경제(山林經濟), 1715년

백하주, 소곡주, 약산춘, 호산춘, 삼해주, 내국향온법, 백자주, 호도주, 도화주, 연엽주, 경면녹파주, 벽향주, 하향주, 이화주, 청서주, 부의주, 청감주, 포도주, 백주, 일일주, 삼일주, 잡곡주, 지주, 내국홍로주, 노주이두방, 자주, 과하주, 밀주, 화향입주방, 주중지약법, 구주불비법, 구산주법

### 증보산림경제(增補山林經濟), 1766년

백하주, 삼해주, 도화주, 연엽주, 소곡주, 약산춘, 경면녹파주, 부의주, 지주, 일일주, 삼일주, 칠일주, 사절칠일주, 잡곡주, 송순주, 과하주, 노주, 소주다출방, 소맥소주, 하향주, 이화주, 청감주, 포도주, 감주, 하엽주, 추모주, 모미주, 백자주, 와송주, 죽통주법, 소자주, 죽력고, 이강주, 백화주, 구기주, 화향입주방, 지황주, 오가피주, 천문동주, 백출주, 무술주, 주중지약법, 구주불비법, 변탁주위청주법, 수잡주법, 구산주법, 하월수중양주법, 음주방병법

### 고사십이집(攷事十二集), 1787년

- **이류(청주)** : 향온주, 백로주, 녹파주, 벽향주, 방문주
- **주주(중양주)** : 호산춘, 삼해주, 도화주, 연엽주, 과하주
- **앙주(탁주)** : 이화주, 청감주
- **제류(홍주)** : 소주양법, 관서감홍로, 관서계당주
- **복식류** : 문장주, 구기주, 국화주, 창포주, 천문동주, 백자주
- **서류(미주)** : 약산주, 소곡주, 부의주, 자주, 밀주
- **잔류(미청주)** : 하향주, 백주
- **예주** : 일숙주, 일일주
- **약이류** : 무술주, 송액주, 송절주

### 규합총서(閨閤叢書), 1815년

구기주, 오가피주, 술 빚는 길일, 술 못 빚는 날, 화향입주방, 도화주, 연엽주, 두견주, 소곡주, 과하주, 백화주, 감향주, 송절주, 송순주, 한산춘, 삼일주, 일일주, 박문주, 녹파주, 오종주방문, 술이 쓰거든, 술이 더디 괴거든, 소주, 음주금기, 성주불취, 단주방

### 농가월령가(農家月令歌) 1816년

정월 소국주, 유월 유두국, 팔월 신도주

### 임원십육지(林園十六誌), 1827년경

- 이류 : 백로주방, 향온주방, 녹파주방, 벽향주방, 유하주방, 소국주방, 부의주방, 동정주방, 경액춘방, 죽엽춘방, 인유향방, 석탄향방, 벽매주방, 오호주방, 하향주방, 향설주방
- 주류 : 호산춘방, 잡곡주방, 두강춘방, 무릉도원방, 동파주방
- 시양류 : 약산춘방, 삼해주방, 춘주방, 율미주방, 법주방, 청명주방, 삼구주방, 서미법주방, 당량주방, 갱미주방, 납주방, 칠석주방, 분국상락주방, 동미명주방
- 향양류 : 도화주방, 도로양방, 송화주방, 송순주방, 죽엽청방, 하엽청방, 연엽양방, 영주방, 국화주방, 만전향주방, 밀온투병향방, 밀주방
- 과라양류 : 송자주방, 핵도주방, 상실주방, 산사주방, 포도주방, 감저주방, 청서주방, 봉래춘방, 신선벽도춘방, 죽통주방, 지주방, 포양방
- 순내양류 : 일일주방, 삼일주방, 하삼청방, 백화춘방, 계명주방, 두강주방, 칠일주방, 사절칠일주방, 급수청방
- 제차류 : 천태홍주방, 건창홍주방, 하동이백주방, 백주방, 왜백주방
- 양료류 : 이화주방, 집성향방, 추모주방, 백류주방, 분국백료주방
- 예류 : 감주방, 청감주방, 왜례주방, 왜미림주방
- 소로류 : 소주총방, 내국홍로방, 노주이주방, 절주방, 관서감홍로방, 관서계방주방, 죽력고방, 이강고방, 적선소주방, 삼일로주방, 모미소주방, 소맥로주방, 호맥로주방, 이모로주방, 송순주방, 과하주방, 오향소주방, 포도소주방, 감저소주방, 천리주방, 왜소주방, 소주다취로법, 소로잡법, 소번황주법
- 의주제법 : 치주불배법, 요산주법, 해백주산법, 치주변미방, 치산박주작호주방, 치다소주법, 치로주화염법, 변탁주의청주방
- 수주의기 : 수주불훼법, 수로주법, 수잡주법, 잡기
- 약양제품 : 도소주, 장춘주, 신선주, 고본주, 오수주, 신선고본주, 준순주, 유학주, 홍국주, 거승주, 오가피주, 선령비주, 의이인주, 천문동주, 백령등주, 소자주, 백출주, 지황주, 우슬주, 당귀주, 창포주, 구기주, 인삼주, 서여주, 복령주, 국화주, 황정주, 상심방, 밀주, 요주, 강주, 장송주, 회향주, 축사주, 사근주, 인진주, 청호주, 백부주, 해조주, 선묘주, 통초주, 남등주, 천금주, 송액주, 송절주, 백엽주, 송지주, 초백주, 죽엽주, 괴지주, 우방주, 마인주, 자근주, 화사주, 호골주, 미골주, 녹용주, 녹두주, 무술주, 양고주, 온눌제주, 백화주, 주중지약법 등이 소개되고 있다. 그리고 [임원십육지]에서는 [본초강목]을 인용하여 술의 종류를 한자로 다음과 같이 표기하고 있다. 술의 맑은 것을 양이라 하고 흐린 것을 앙, 두터운 것을 순, 묽은 것을 리, 여러번 덧술 한 것을 주, 하룻밤 사이에 만든 것을 례라 하며 또 붉은 것을 제, 푸른 것을 유, 흰 것을 차라한다.

### 양주방(釀酒方), 1837년

소국주, 삼해주, 해일주, 청명주, 청명향, 포도주, 백화주, 당백화주, 백하주, 절주, 벼락술, 일일주, 삼일주, 오호주, 육병주, 부의주, 무술주, 삼합주, 닥나무잎술, 연잎술, 쪄서 빚는 술, 녹파주, 세심주, 소백주, 백단주, 댓잎술, 솔잎술, 복사꽃술, 매화술, 충층지주, 황금주, 사절주, 오두주, 과하주, 석탄향, 배꽃술, 햅쌀술, 방문주, 향로주, 하향주, 점주, 감향주, 석술, 백수환동주, 경향옥액주, 솔순술, 천금주, 창출술, 창포술, 일두사병주, 석임 만드는 방법, 황감주, 극파주방문, 사시주, 소주 많이 나게 하는 법, 동파주, 백화춘, 솔방울술, 오미자술, 차조기술, 오가피주, 혼돈주, 구기자주, 옥로주, 만년향, 점성향, 호산춘

### 술방문, 1800년대

송순주법, 백화주법, 향훈주법, 진장주법, 석탄주법, 홍나주법, 두견주법, 월곡사주법

### 농정회요(農政會要), 1830년경

백곡법, 내부비전곡방, 연화곡, 금경로곡, 조홍곡법, 양양젓, 동양주곡, 두강주, 도원주, 향설주, 납주, 건창홍주, 오향소주, 산우주, 포도주, 황정주, 백출주, 지황주, 창포주, 양고주, 천문동주, 송화주, 국화주, 오가피삼투주

### 군학회등(群學會騰), 1800년 중엽

화행입주법, 일일주법, 삼일주법, 백자주법, 포도주법, 상심주법, 소자주법, 백화주법, 도화주법, 하향주법, 하엽주법, 연엽주법, 송순주법, 내국향온법, 벽향주법, 청서주법, 지주법, 노주법, 두강주법, 신선고본주법, 백화춘법, 죽력고법, 이강고법, 추모주법, 일일주법

### 김승지댁주방문(金承旨宅酒方文), 1860년

사철소주 주방문, 술방문, 내주방문, 찹쌀청주법, 두견주법, 백환주법, 녹자주방문, 삼월주법, 견표향주법, 소주 되는 날, 황금주법, 적성소주법, 보리소주법, 부의주법, 치황주법, 감향주법, 이화주방문, 소자주법, 송엽주방문, 절주방문, 도화주법, 천명주법, 백화주법

### 술 빚는 법, 1800년 말엽

과하주, 방문주, 백일주방문, 소국주방문, 두견주, 송절주, 송순주, 삼일주, 일일주

### 조선무쌍신식요리제법(朝鮮無雙新式料理製法), 1943년

밑술 만드는 방법, 술 담글 때 알 일, 술 담그는 날과 기하는 날, 곡미주, 송순주, 백로주, 삼해주, 이화주, 도화주, 연엽주, 호산춘, 경액춘, 동정춘, 봉래춘, 송화주, 죽엽춘, 죽통주, 집성향, 석탄향, 하삼청, 청서주, 자주, 매화주, 연화주, 유자주, 포도주, 두견주, 과하주, 향설주, 무릉도원주, 동파주, 법주, 송자주, 감저주, 칠일주, 백료주, 부의주, 잡곡주, 신도주, 백화주, 삼일주, 혼돈주, 청주, 탁주, 합주, 모주, 감주, 능금술, 계피주, 생강주, 소주 내리는 법, 소주특방, 수수소주, 옥수수소주, 감홍로, 이강고, 죽력고, 우담소주, 상심소주, 관서홍로

부록 4.

# 개정된 주세법

## 차례



## 주요 개정내용

· 다양한 종류의 탁주와 약주를 개발하고 관련 산업을 지원하기 위하여 과실 및 채소류를 탁주 및 약주의 원료나 첨가재료로 사용할 수 있도록 허용

· 검사목적으로 수거하는 수입 주류의 경우와 수출한 주류가 품질불량 등의 사유로 동일한 주류 제조자에게 다시 들어온 경우에는 주세를 면제

· 국가 · 지방자치단체나 국공립연구기관 및 대학이 업무상 또는 학술연구 목적으로 주류를 시험 제조하는 경우에는 주류 제조면허를 면제함

· 과도한 주류제조시설 기준이 신규 주류제조사업자의 시장진입을 어렵게 하는 문제점을 해결하기 위하여 주류제조시설 기준을 완화

· 원산지 표시 위반에 대한 적용 법률 명확화

· 카지노사업자와 외국항행(항공기 및 선박) 사업자에 대한 의제주류판매업면허제도 신설로 주세법체계 내에 편입

· 유통 중에도 발효되는 제품의 특성을 반영하여 탁 · 약주의 알코올분 허용한도 일부 확대

## 관계법령

· 주세법 일부 개정법률 (법률 제10402호) : 2010. 12. 27 공포

· 주세법 시행령 일부 개정령 (대통령령 제22584호) : 2010. 12. 30 공포

## 1. 탁 · 약주의 원료 및 주류 첨가재료 확대

(주세법 제4조 제2항 별표, 같은 법 시행령 제2조 제1항 별표1 및 제3조 제1항)

### 가. 개정취지

■ 다양한 주류 개발 지원 및 관련 산업 육성

### 나. 개정내용

| 종 전 | 개 정 |
|---|---|
| (신 설) | ▣ 탁 · 약주의 발효 · 제성과정에 과실 및 채소류를 원료 및 첨가재료로 각각 사용 가능<br>● 과실 및 채소류는 원료(녹말+당분+과실 · 채소류)합계중량의 20% 이하<br>※ 현재 과실을 탁주에 20% 이하 사용할 수 있으나 살균하여야 하며, 약주에는 알코올분 1도 이상으로 발효시킬 수 있는 과채류를 제외하고 있음<br>● 녹말은원료(녹말+당분+과실 · 채소류)합계 중량의 50% 이상 |
| (신 설) | ▣ 약주에 주정 또는 증류식소주 혼합 가능<br>● 첨가한도 : 제품 알코올분 총량의 20% 이하<br>● 제품의 알코올분 도수 : 25% 미만 |
| ▣ 주류의 첨가재료<br>● 아스파탐 · 스테비오사이드 · 수크랄로스 · 「식품위생법」 상 허용되는 식물약재 등 | ▣ 첨가재료 범위 확대<br>● 식물약재를 식물로 확대하고 토마틴을 추가 |

### 다. 적용시기 및 적용례

■ 2011.4.1. 이후 출고하는 분부터 적용

## 2. 원산지 표시 위반에 대한 적용 법률 명확화

(주세법 제12조 제1항)

### 가. 개정취지

■ 원산지 표시 위반에 대한 적용 법률 명확화

### 나. 개정내용

| 종 전 | 개 정 |
|---|---|
| ▣ 다음의 경우 3개월 이내 제조 · 출고 정지 처분<br>● 「식품위생법」 등을 위반하여 주류를 제조한 경우<br>● 주류 제조 원료의 종류 등의 지정사항을 위반한 경우<br>● 주류의 표시사항을 표시하지 아니한 경우 | (현행 유지) |
| (신 설) | ● 주된 원료의 원산지 표시 위반은 「농수산물의 원산지 표시에 관한 법률」 을 적용 |

### 다. 적용시기 및 적용례

■ 2011.1.1. 이후 위반하는 분부터 적용

## 3. 검사목적으로 수거하는 수입주류의 주세 면세

(주세법 제31조 제2항, 같은 법 시행령 제32조 제4항 및 제5항)

### 가. 개정취지

■ 수입주류에 대한 과세 불형평 및 납세자의 불편 해소

### 나. 개정내용

| 종 전 | 개 정 |
|---|---|
| ▣ 다음 용도로 수입하는 주류는 주세 면세<br>● 사원, 교회 등에 의식용으로 외국에서 기증한 것<br>● 의약품을 제조하기 위한 원료로서 수입하는 것 등 | ▣ 수입주류의 주세 면세범위 확대 |
| (신 설) | ● 「주세법」 또는 「식품위생법」 에 따라 검사목적으로 수거하는 것<br>- 수거 사실을 증명하는 서류를 세관장에게 제출하여 승인을 얻어야 함 |
| (신 설) | ● 수출한 주류가 품질불량 기타 사유로 동일 주류제조자의 어느 한 제조장에 환입되는 것<br>- 당초 수출면세 승인서류를 첨부하여 세관장의 승인을 얻어야 함<br>- 세관장은 환입사실을 제조장 관할 세무서장에게 통보<br>- 수입신고를 한 자는 수입신고 수리일 부터 7일 이내 환입하여야 함 |

### 다. 적용시기 및 적용례

■ 2011.1.1. 이후 검사목적으로 수거하는 분과 동일 주류제조자의 제조장에 환입되는 분부터 적용

## 4. 농민주의 생산자 및 제조원료 범위 확대

(주세법 제22조 제3항, 같은 법 시행령 제9조 제2항)

### 가. 개정취지

■ 농민주의 생산자 범위에 농 · 어업법인을 추가하고, 제조원료의 범위를 확대

### 나. 개정내용

| 종 전 | 개 정 |
|---|---|
| ▣ 전통주의 범위<br>● 전통문화를 전수 · 보전하기 위하여 필요하다고 인정되는 주류(민속주)<br>- 추천권자 : 문화재청장, 특별시장, 광역시장, 도지사<br>● 주류 부문의 전통식품 명인이 제조한 주류(민속주)<br>● 농업인, 임업인 또는 생산자 단체가 제조하는 주류(농민주) | ▣ 전통주의 범위 확대<br>● (좌동)<br>- 농림수산식품부장관 추가<br>● (좌동)<br>● 농어업경영체(농 · 임 · 어업인, 농 · 어업법인) 또는 생산자단체가 제조하는 주류(지역특산주) |
| ▣ 농민주의 제조원료<br>● 농업인, 임업인 또는 생산자 단체가 스스로 생산하는 농산물을 주원료로 하여 제조하는 주류 | ▣ 제조원료 범위 확대<br>● 생산자 단체및 농어업경영체가 직접 생산하거나 제조장 소재지 관할 시 · 군 · 구 및 그 인접 시 · 군 · 구에서 생산된 농산물을 주된 원료로 제조하는 주류 |

### 다. 적용시기 및 적용례

■ 2011.4.1. 이후 면허신청 또는 출고하는 분부터 적용

## 5. 국 · 공립연구기관 등의 시험제조시 제조면허 면제
(주세법 제6조)

### 가. 개정취지

■ 다양한 주류가 개발될 수 있도록 양조기술 시험 · 연구를 지원

### 나. 개정내용

| 종 전 | 개 정 |
| --- | --- |
| (신 설) | ▣ 다음은 주류제조 면허 없이 주류제조 허용<br>● 국가 및 지방자치단체가 직제에 의한 분장사항으로 시험제조를 하는 경우<br>● 국 · 공립연구기관, 국립 · 사립대학 등이 학술연구 목적으로 제조하는 경우 |

### 다. 적용시기 및 적용례

■ 2011.1.1. 이후 제조하는 분부터 적용

## 6. 환입주류에 대한 세액공제 및 환급절차 간소화
(주세법 제34조)

### 가. 개정취지

■ 다른 제조장으로의 환입을 허용하여 납세편의 제고

### 나. 개정내용

| 종 전 | 개 정 |
| --- | --- |
| ▣ 환입주류에 대한 세액공제 및 환급 방법<br>● 주세를 납부한 주류가 변질 · 품질불량 등의 사유로 동일한 주류제조장에 환입된 경우에만 세액공제 또는 환급 | ▣ 환입주류에 대한 세액공제 및 환급 방법 개선<br>● 주세를 납부한 주류가 변질 · 품질불량 등의 사유로 동일 주류제조자에게 환입된 경우 |

### 다. 적용시기 및 적용례

■ 2011.1.1. 이후 최초로 환입되는 분부터 적용

## 7. 주류 제조시설 기준 완화
(주세법 시행령 제5조, 별표3)

### 가. 개정취지

■ 다양한 주류의 생산 여건 조성으로 소비자의 주류 선택권 제고

### 나. 개정내용

| 종 전 | 개 정 |
|---|---|
| ▣ 희석식 소주 시설기준<br>● 희석조 및 검정조 총용량 : 130㎘ 이상 | ▣ 희석식 소주 시설기준 완화<br>● 희석조 및 검정조 총용량 : 130㎘ 이상 → 25㎘ 이상 |
| ▣ 맥주 시설기준<br>● 전발효조 : 925㎘ 이상<br>● 후발효조(저장조) : 1,850㎘ 이상 | ▣ 맥주 시설기준 완화<br>● 전발효조 : 925㎘ 이상 → 50㎘ 이상<br>● 후발효조(저장조) : 1,850㎘ 이상 → 100㎘ 이상 |
| ▣ 농민주 시설기준<br>● 탁주 · 약주 및 청주의 국실(제조방법상 필요한 경우) : 6㎡ 이상<br>● 증류식소주 · 일반증류주 · 리큐르 및 기타주류<br>- 증류실(제조방법상 필요한 경우) : 8㎡ 이상<br>- 증류시설(제조방법상 필요한 경우) | ▣ 농민주의 시설기준 일부 폐지<br>(삭 제) |
| ▣ 민속주 등의 시설기준<br>● 국실(제조방법상 필요한 경우) : 6㎡ 이상<br>● 담금실 : 10㎡ 이상<br>● 증류실(제조방법상 필요한 경우) : 8㎡ 이상 | ▣ 민속주 등의 시설기준 일부 폐지<br>(삭 제)<br>(현행 유지)<br>(삭 제) |

### 다. 적용시기 및 적용례

■ 2011.1.1. 이후 면허를 부여하는 분부터 적용

## 8. 종합주류도매업 면허요건 완화
(주세법 시행령 제9조, 별표5)

### 가. 개정취지

■ 소규모자본으로 창업할 수 있도록 지원

### 나. 개정내용

| 종 전 | 개 정 |
|---|---|
| ▣ 종합주류 도매업 면허 요건<br>● 인구 50만 명 이상의 시<br>- 자본금 1억 원 이상<br>- 창고면적 165㎡ 이상<br>● 기타 지역<br>- 자본금 5천만 원 이상<br>- 창고면적 66㎡ 이상 | ▣ 인구수 구분 없이 요건 단일화<br>● 자본금 5천만 원 이상, 창고면적 66㎡ 이상 |

### 다. 적용시기 및 적용례

■ 2011.1.1. 이후 면허를 부여받는 분부터 적용

## 9. 의제주류판매업 면허 범위 확대
(주세법 시행령 제10조 제5항)

### 가. 개정취지
■ 카지노사업자와 외국항행(항공기 및 선박) 사업자에 대한 의제주류판매업면허 제도 신설로 「주세법」 체계 내에 편입

### 나. 개정내용

| 종 전 | 개 정 |
| --- | --- |
| ▣ 의제주류판매업 면허의 범위<br>● 「식품위생법」 에 따른 영업허가를 받은 장소에서 주류판매업을 하는 자<br>● 주류 판매를 주업으로 하지 아니하는 자로서<br>- 식료잡화점 등에서 주류를 소매하는 자 | (현행 유지) |
| (신 설) | - 「관광진흥법」 제5조에 따른 카지노사업장에서 무상으로 주류를 공급하는 카지노사업자 |
| (신 설) | - 외국을 왕래하는 항공기 또는 선박에서 무상으로 주류를 제공하는 항공업자 및 선박업자(통칙 8-9…26) |

### 다. 적용시기 및 적용례
■ 2011.1.1. 이후 신고하는 분부터 적용

## 10. 탁 · 약주의 알코올분 허용한도 확대
(주세법 시행령 제1조)

### 가. 개정취지
■ 유통 중에도 발효되는 제품의 특성을 반영

### 나. 개정내용

| 종 전 | 개 정 |
| --- | --- |
| ▣ 주류는 최종제품 알코올분 표시도수의 0.5도까지 증감 허용 | |
| (신 설) | ● 살균하지 않은 탁 · 약주는 감(減)은 0.5도, 증(增)은 1도까지 허용 |

### 다. 적용시기 및 적용례
■ 2011.1.1. 이후 출고하는 분부터 적용

## 11. 탁주 · 약주의 제조방법 다양화

(주세법 시행령 제3조 제1항)

### 가. 개정취지

■ 전통문화의 전수 · 보존 지원

### 나. 개정내용

| 종 전 | 개 정 |
| --- | --- |
| ▣ 약주는 「식품위생법」에 따른 식품 · 첨가물 공전상 미탁 이하로 여과 | ▣ 약주 중 전통주의 경우 국세청장이 정하는 바에 따라 미탁(微濁) 이상으로 여과할 수 있도록 허용 |

### 다. 적용시기 및 적용례

■ 2011.1.1. 이후 출고하는 분부터 적용

## 12. 주류의 제조면허 등 신청 서류 법령화

(주세법 시행령 제4조 제1항, 제6조 제1항, 제8조 제1항, 제9조 제3항 등)

### 가. 개정취지

■ 제출서류의 법령화로 행정의 예측가능성을 제고

### 나. 개정내용

| 종 전 | 개 정 |
| --- | --- |
| ▣ 제조면허, 용기주입 제조장의 설치허가, 밑술 · 술덧의 제조면허, 주류판매업 면허, 이전신고 또는 이전허가의 신청시 | |
| ● 국세청장이 정하는 서류를 첨부 | ● 기획재정부령으로 정하는 서류를 첨부 |

### 다. 적용시기 및 적용례

■ 2011.1.1. 이후 제출하는 분부터 적용

# 참고문헌


『한국의 전통 민속주』, 이효지, 한양대 출판사, 1996

『우리말 조리어 사전』, 윤숙경, 신광출판사, 1996

『다시 찾아야 할 우리의 술』, 조정강, 서해문집, 1999

『전통주 제조기술』, 배상면, 배상면주류연구소, 2002

『한국의 저장발효음식』, 윤숙자, 신광출판사, 2003

『규합총서』, 윤숙자 엮음, 도서출판 질시루, 2003

『우리나라 술의 발달사』, 정동효, 신광출판사, 2004

『전통주조백년사-배다리 술도가의 숨겨진 이야기』, 배다리박물관, 2004

『증보산림경제』, 윤숙자 엮음, 지구문화사, 2005

『수운잡방』, 윤숙자 엮음, 도서출판 질시루, 2006

『동아시아의 전통 민속주』, 동아시아 식생활학회지, 2006

『주당들의 명정과 풍류』, 남태우, 도서출판 태일사, 2007

『청주제조기술』, 일본양조협회간행, 배상면 편역, 우곡출판사, 2008

## 찾아보기

## 아



## 자



## 차



## 카



## 파



## 하

전통음식의 연구 · 개발 및 대중화를 위한 작은학교

# (사)한국전통음식연구소

Institute of Traditional Korean Food

| | |
|---|---|
| 10F | 발효음식 교육관, 외국인 체험관 |
| 9F | (주)질시루, 떡 연구실 |
| 8F | 연구개발실, 홍보실 |
| 7F | 떡 · 한과 교육관 |
| 6F | 전통주 · 차 교육관, 식품조리학과 |
| 5F | 식문화 콘텐츠관 |
| 4F | 의례 · 궁중음식 교육관, 도서실 |
| 3F | 떡 박물관 / 체험 학습 |
| 2F | 떡 박물관 / 떡 문화 전시 |
| 1F | 질시루 떡카페 / 음식 문화 전시 |

아름다운 창덕궁 앞, 서울 종로구에 위치한 '사단법인 한국전통음식연구소'는 우리 조상들이 쌓아 온 오랜 경험과 지혜의 산물인 전통음식의 연구 · 개발과 대중화, 세계화를 목표로 설립된 전문기관입니다. 10층으로 이뤄진 건물전체가 우리 전통음식에 대한 열정과 향기로 가득 채워진 '한국전통음식연구소'는 전통 식문화를 보다 깊이 있게 연구 · 개발하고 보급하는 전문 교육기관으로서 한국음식 세계화의 산실입니다.

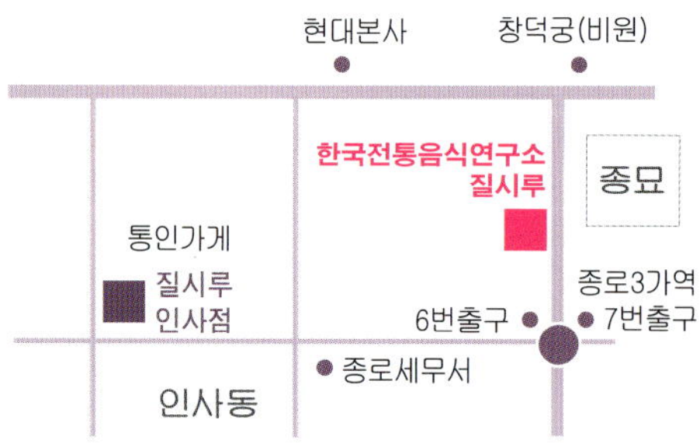


서울시 종로구 와룡동 164-2 인산빌딩
Tel. 02-741-5411~4 Fax. 02-741-7848
http://www.kfr.or.kr

전통음식의 전수 · 보급과 대중화 · 세계화를 위한 전문교육기관

## (사)한국전통음식연구소 부설 평생교육원

(사)한국전통음식연구소 부설 평생교육원에서는 훌륭한 강사진을 모시고 최상의 전문화된 시설에서 전통음식의 이론과 실기를 기초부터 실제까지 체계적이고 전문적으로 배울 수 있는 다양한 교육프로그램을 운영하고 있습니다. 떡 · 한과, 폐백 · 이바지, 전통음식, 궁중음식, 전통민속주, 차와 음청류, 장 · 장아찌, 약선음식, 보양죽, 김치반, 어린이 떡교육 지도사, 떡카페 창업반 등 다양하고 전문화된 수업을 많은 분들이 참여할 수 있도록 저렴한 교육비로 주 1회 3시간, 3개월 과정으로 진행됩니다. 특히 우리의 떡을 쉽고 재미있게 지도합니다.

www.kfr.or.kr Tel. 02-741-5414 Fax. 02-741-5435

**평생교육원 프로그램 안내**

| 정규과정 | | | | |
|---|---|---|---|---|
| 전문가 과정 | 떡 · 한과<br>폐백 · 이바지 | 일반<br>중급<br>고급<br>연구 | 개강<br>1월<br>4월<br>7월<br>10월 |
| 일반 과정 | 전통음식 | | |
| | 궁중음식(일반, 전문) | | |
| | 차와 음청류 | | |
| | 전통민속주(일반, 전문) | | |

| 특별과정 | |
|---|---|
| 장류(간장, 된장, 고추장) | 1월 개강 |
| 한방 · 약선음식 | 4월 개강 |
| 보양죽상차림 | 7월 개강 |
| 김치 | 10월 개강 |
| 카빙반 | |
| 어린이 떡교육 지도사반 | |
| 떡카페 창업반 | |

· 각 과정은 반별로 50명 정원이며 접수마감은 개강 전까지 선착순 마감입니다.

조리학계의 지도자를 양성하는 4년제 학사과정

## 식품조리학과

식품조리의 전문 지식과 조리기능을 보유한 인재양성을 위한 학점은행제 학사과정 식품조리학과는 2002년에 설립되어 깊은 학문적 지식과 풍부한 현장 경험을 보유한 교수진들의 지도 아래 조리학계의 전문인 및 유능한 지도자를 양성하는 교육기관입니다.

www.kfr.or.kr Tel. 02-741-5477 Fax. 02-741-7848

우리 떡의 역사를 한눈에 만날 수 있는 산 교육장

## 떡박물관

떡박물관에는 윤숙자 소장이 20여 년간에 걸쳐 수집해 온 사라져 가는 우리네 옛 부엌살림과 떡 관련 소장품을 주제별, 재료별, 용도별로 전시하고 있습니다. 또한 전국 팔도의 향토떡과 전통차, 민속주 등도 전시하여 우리 조상들의 지혜롭고 슬기로웠던 삶의 모습과 숨결을 느낄 수 있는 체험의 공간이자 산 교육장입니다.

*관람시간 : 월~일요일 및 공휴일 10:00~17:00(설, 추석 당일 휴관)

www.tkmuseum.or.kr Tel. 02-741-5447 Fax. 02-741-7848

아름다운 떡과 차의 향기가 있는 곳

## 떡카페 질시루

예쁘고 맛있는 떡과 차가 있는 떡카페 질시루는 한국의 문화와 전통의 향기를 느낄 수 있는 특별한 만남의 공간입니다. 질시루에서는 아름답고 맛있는 우리 떡과 한과, 전통차를 직접 즐기실 수 있으며, 다양한 떡케이크와 예쁘고 고급스런 떡 · 한과 선물세트도 구입하실 수 있습니다.

www.jilsr.com Tel. 02-741-0258